JN267812

# アクセス 国際関係論

天児 慧
押村 高
河野 勝 編

日本経済評論社

## まえがき

　20世紀が終焉し，21世紀の扉が開き始めた今日，国際関係の諸問題に携わってきた人々の多くが，その扉の向こうにある未来が過去の世紀とはどう異なった世界になっていくのかと想いをめぐらせていることでしょう．しかし，それはどのような世界なのでしょうか？　豊かで活力に満ちた輝ける「千年王国」でしょうか，あるいは枯渇する生存条件の中で紛争や不条理の絶えない「カオス世界」なのでしょうか？　未来を見定めようとする時，人は過去を教訓とすることでその視座を創ろうとする知恵を持っています．では過去はどのように捉えられるのでしょうか．

　世界は遅れた状態から進んだ状態へ進歩するものだという考え方があります．しかし，20世紀だけを見ても人類の発展がそれほど単純でないことは明らかです．例えば，史上もっとも残忍だったとも言えるナチズムの独裁体制は，世界でもっとも民主主義的な憲法といわれた「ワイマール共和国憲法」の下で生まれているのです．そのほかにも，人類がこの100年の間に経験してきた矛盾や困難は，数え切れません．自由主義や共産主義といったイデオロギーをめぐる確執，民族や宗教をめぐる紛争，資本主義的発展と恐慌，経済開発と同居する貧困，工業化による生態系の破壊など，さまざまな問題がわれわれの世界に問いかけてきます．こうした問題を，本書では，国際理論の視点（第I部），政策イシューの視点（第II部），地域からの視点（第III部），歴史からの視点（第IV部）の4つの視点から考えようと思います．その前提として，まず第I部の冒頭で，河野勝は，そもそも社会科学として国際関係を学ぶとはどういうことなのかを論じます．

　さて，本書で話題とする20世紀世界とはどういうものなのか，ということについて少しばかり整理しておくと，さしあたり以下の3点をその特徴として指摘することができるでしょう．第1にそれは，人類がこれまで経験し

たことのなかった大規模で激しい戦争とその緊張を体験した世紀でありました．それ故に「戦争と平和」は常に20世紀の国際政治学の中心テーマとなりました．2つの世界大戦，それに続く「冷戦」がそうした代表的なものです．冷戦体制が崩壊した今日，民族や宗教をめぐる紛争が局部的に発生しながらも，人々は不安定な中に「奇妙な」平和を享受しています．ここで「奇妙な」と表現したのは，明確な安定のための枠組み＝国際新秩序体系が見えてこない中での平和という意味であります．

　今日，米国は自国の突出したパワー（一超）による現状維持的秩序を求めているように見えます．S・P・ハンチントンは現在の状態を軍事と経済の「一極－多極秩序」と表現しております．他方で中国は冷戦以後を「多極化への過渡期」と主張しています．いずれにせよ複数の大国のパワーの組み合わせによるある種の均衡に秩序の保障を見ようとする発想です．これに対して国際連盟や国際連合，さらには近年顕著に見られ始めた地域統合，地域協力システムなど国際的な制度に秩序の中核的な枠組みを見ようとする考え方があります．これらのいずれが次代の趨勢になるか依然不透明ですが，こうした2つの考え方の源流に土山實男が議論する「リアリズムとリベラリズム」の系譜があります．そして次代の安全保障を考える上で，冷戦とその構造の中核的概念であった核抑止の意味を問いなおす必要があると思いますが，伊藤憲一はそれに対する一つの解釈を提示しております．

　20世紀の第2の特徴は，国際政治の主役は圧倒的に国民国家であり，それを支える意思としてナショナリズムが強く作用していたということでした．戦争も安全保障も，まさにナショナル・アイデンティティを基盤とした国家（国民国家）が基本単位となって遂行されたものでありました．しかしながら20世紀も終わりに近づいたあたりから，国際政治の舞台に国境を超えるイシューが急増しております．大気汚染，生態系破壊などの環境問題，爆発する人口問題，それを養う食糧・エネルギー問題，国際貿易摩擦や人権問題などです．そうした問題の解決にあたっては，無論個々の国の政府の取り組みが重大でありますが，今日では国家を超えた新たな枠組み，システムの存

在が不可欠になっていることに注目すべきでしょう.

　今日の国際政治学の中でもっとも脚光を浴びてきた分野,グローバル・ガヴァナンスはまさにそうした国際的ニーズに対応した新たな研究ということができますが,第II部は主にこうした国際関係における新しいイシューを扱っております.柘山堯司が扱っている人権ガヴァナンス論は,国家間の相互関係で捉えられていた国際法の伝統に対して生まれてきた新しい潮流であります.次いで国際貿易,多国籍企業などによって発生する経済摩擦,企業間紛争などは,今日では日常茶飯の出来事となってきておりますが,そうした中で今後ますます問われてくるのは,国際レベルでの賄賂とか会計のごまかしといった経済的不正,時には発展した政治的不正の問題であります.マキロイ　ロバートは国際的な腐敗防止への取り組みを紹介しつつ,これらの問題を扱っております.さらに太田宏は人口問題を議論しながら,それがいくつもの異なったアプローチから対処しなければならない複雑な国際政治経済学の問題であることを痛感させてくれます.

　20世紀の第3の特徴は,イデオロギー的な国際統合をめぐる確執が続いていたという点であります.共産主義イデオロギーは,19世紀末以来ドイツ社会民主党を軸に第2インターナショナルによる国際統合を目指しましたが,第一次大戦期に国民国家の強靱さ故に挫折しました.その後,ロシア革命によって生まれたソヴィエト連邦は,第二次大戦を経て社会主義陣営を形成するようになりました.これに対抗したのが西欧民主主義を基盤にした自由主義陣営であります.この2つの陣営によるいわゆる「冷戦体制」は,米ソの核を含む軍拡競争や,政治体制,経済発展などの優劣を争うさまざまな確執を続けたのであります.しかしほぼ40年の争いを経て,ソ連・東欧諸国が崩壊し,共産主義的統合のシナリオは瓦解を余儀なくされました.

　そこで次に,社会主義をめぐる地域からの視点で問題を考えることにしましょう.袴田茂樹は,ソ連社会主義が与えた国際的インパクトの大きさと,それ自身の内包した体制的脆弱性をリアルに描いております.ソ連解体後のロシア共和国など旧ソ連は,未だ安定的な発展の道を模索し続けているのが

現実です．ソ連と対照的な道を歩んでいるのが，同じ社会主義大国であった中国であります．天児慧は，ここで毛沢東の失敗を大胆に断ち切り積極的に西側との経済交流を進め，グローバリゼーションを受け入れていった鄧小平の中国を分析しています．しかしいずれにせよ共産主義イデオロギーによる国際統合の夢は，20世紀の歴史とともに終焉しました．

かわって新たな国際統合の動きとして注目されているのがアジア太平洋の地域統合の可能性とEUです．菊池努は，これまで地域での協力体制の構築がおくれていると指摘されてきたアジア太平洋においても，重層的な相互信頼・依存関係ができつつあることを明らかにしております．しかし20世紀に強靱に生き続けた国民国家との実際的な緊張関係を持ちながらも，国家の超克の現実的可能性を21世紀に指し示しているのは，やはりEUでしょう．押村高はこうしたEUを検討し，「超国家組織」の可能性と問題点を指摘しております．

もちろん20世紀世界を彩るその他のファクターを指摘することはできます．南北問題も，数々の宗教紛争も，大衆消費社会と情報化社会の登場も忘れてならない問題であります．しかしとりあえず本書では，以上の3つの特徴に問題を絞りながら，現代国際関係を描いております．そしてそのような文脈で，今一度「歴史の教訓」を汲み取ってみようと考えたのが第IV部であります．なによりも最大の事件となった2つの世界大戦の起源を探った池田清は，読者にヨーロッパ世界の大国関係，外交の特徴はどのようなものであったかの理解の手がかりを与えてくれるでしょう．そして木村明生は，20世紀に徘徊した2つの衝撃的な全体主義のイデオロギー「共産主義とファシズム」の系譜を解説しております．

20世紀を見るもう1つの視点は欧米とアジア，あるいは西洋と東洋という「切り口」であります．欧米の対抗概念として始まった「アジア」が，今世紀後半から世界を揺るがすほどの台頭を示しています．渡邉昭夫は，近代史以来のアジアの軌跡を欧米とアジアの接触，それと日本の近代史との関わりで紐解くことによって描き，さらに両者の狭間にある日本の行方について

議論を展開しております．以上が，本書の構成をベースにした現代国際関係の趨勢の概要です．

　ところで本書は，青山学院大学国際政治経済学部国際政治学科の一年生を対象としたシリーズ「入門セミナー」での同学科教員の講演録をもとに構成したものであります．日本経済評論社のご理解のもとに出版の運びとなりました．また，校正の段階で，青山学院大学の小林翠さん，須賀敦子さんが協力してくれました．末筆ながら心より謝意を表したいと思います．

　　2000年爽春

　　　　　　　　　　　　　　　　　　　　　国際政治学科主任　天児　慧

◆アクセス 国際関係論／目次

まえがき

## 第I部◉理論とその検証

世界の進歩をめぐる方法論 ……………… 河野　勝　3

秩序とカオス ……………………………… 土山實男　23
　冷戦後の国際関係論

国際政治の変容と核の意味 ……………… 伊藤憲一　42

## 第II部◉グローバル・イシューへの対応

人権ガヴァナンスと新しい国際法 ……… 柘山尭司　63

国際商取引における公正と責任 ……… マキロイ　ロバート　83

グローバルな問題への多元的アプローチ …… 太田　宏　100

## 第III部 ●地域からの発想

グローバリゼーションと中国 ……………… 天児　慧　123

アジア・太平洋地域と日本 ……………… 菊池　努　147

ソ連社会主義の挑戦と挫折 ……………… 袴田茂樹　164

変貌するヨーロッパ ……………………… 押村　高　181

## 第IV部 ●歴史の教訓

戦争の起源 ……………………………… 池田　清　201
　　両大戦を比較して

共産主義とファシズム …………………… 木村明生　216

21世紀はアジアの世紀か ………………… 渡邉昭夫　231

索　引　255

第I部

# 理論とその検証

ベルリンの壁崩壊（1989 年）　　　　　　　　　　　　　ロイター・サン・毎日提供

# 世界の進歩をめぐる方法論

河野　勝

## はじめに

　世界は進歩しているのか．そして，われわれが世界を見る眼は進歩しているのか．私の話は，このむずかしい，政治学的とも哲学的ともいえるような問題を考えるヒントと契機を提供できればと考えております．

　いくつかの日常的な例から始めたいと思います．たまたまテレビで，次のようなニュースが報じられていた日がありました．まず一つは，台風が来ているというニュースで，画面は，衛星から雲の動きをとらえた画像を映しておりました．次に，福井県のある繊維メーカーの話．このメーカーは，水をよくはじき，それでいて通気性の高いポリエステルの新製品を開発したのですが，不景気でスポーツウエアだけでは需要が少ないので，それを犬や他のペットの雨具として売り出して，ヒット商品化に成功した，ということでした．それから三番目には，核実験をともに断行し緊張が高まっているインドとパキスタンのあいだで，外務次官級の協議が始まるというニュース．インドがパキスタンからタマネギを輸入するのだそうです．インド料理ではよくタマネギを使うにもかかわらず，これまでパキスタンからタマネギはなかなか輸入されたことがなく，この次官級協議が両国間の貿易を一層促進するのではないかと期待されている，ということでした．

　これらは，一見なんの関連性がないようにみえるニュース項目ですが，よく考えてみると，それぞれが世界は進歩していると思わせるニュースだとも

考えられるのではないでしょうか．

たとえば，台風のニュースについていえば，かつて，私が子供の頃は，簡単なおそらく手書きの天気図によって，低気圧や台風の目の位置はわかりましたが，雲の動きをリアルに伝える衛星画像などはなかったと思います．気象衛星が打ちあがったことによって，各地の天気を予想する能力も向上したと考えられます．すると，それは農業をはじめとして天気予報に依存せざるを得ない産業に従事している方々，あるいはわれわれ一般の人々の生活を改善しているということになります．では，ペット用の雨具が売り出されたことはどうか．こうした商品が出たことによって，ペットのオーナーとペットがそろって雨の日でも外に出て楽しい思いができるようになるのであるから，こうした新製品が開発されることも，やはりこの世界をより住みごこちのよい世界に変えていると考えられる．そして，三番目のニュースですが，国際的な緊張関係にあるインドとパキスタン両国の外交的接触が，地域や世界をより安全，平和にするのであれば，それが好ましい進展であることはいうまでもないことでしょう．こう見てくると，世の中すてたものでもないな，世界は進歩しているんだな，とも思えてくるのではないでしょうか．

では，世界は本当に進歩しているのでしょうか．

## 未体系な政治学

この問いは，そう簡単に答えられるものではありません．そこでちょっと脇道へそれまして，まず，学問としての政治学がいかに未発達であるかということについてふれておかなければなりません．

政治学には，ノーベル賞がありません．そもそも，ノーベル賞というような賞は，ある分野ですばらしい業績をあげた人に対して，その功績を認めてご褒美をあげる，そしてそのことによって研究者たちに刺激と希望を与えるという発想に基づいているわけです．すると，それはその分野で何がいい業績であるかが，ある程度合意できることが前提にある．自然科学系の学問分

野では，新たな物質や法則の発明・発見が，その後の研究を一変してしまうとことがあって，すばらしい研究業績とそうでない業績とを比べるスタンダードのようなものが暗黙のうちに存在する．ところが，社会科学，あるいは人文科学においては，そのスタンダードが何であるのかよくわからないのです．だから，ノーベル文学賞なるものがありますが，この決定はいつも論争を呼ぶわけですね．ノーベル平和賞も同様で，その年に一体だれが平和に最も貢献したのかというようなことをはかる尺度が，どこかに転がっているわけではありません．

社会科学でノーベル賞があるのは経済学だけですが，これも正確にはノーベル賞ではなく，ノーベル記念賞といって，他のノーベル賞とは区別されているのだそうです．また，それを廃止すべきだという意見も根強いとききました．なぜかというと，やはり，経済学において，これはすばらしい業績であった，これはそうでもなかったということを決める尺度が見つけにくいところに問題があるのではないかと考えられます．

さて，政治学においては，このような尺度は，まったく存在しないのです．学問体系として政治学が未発達であるというのは，そういう意味です．このことは，政治学にスタンダードなテキストブックとよべるものが存在しないことによく反映されていると思います．本屋で，政治学の「教科書」として書かれたものを2冊3冊と手に取ると，そのどれもがほとんど違う章立てになっていることに気がつかれるでしょう．つまり，政治学においては，どういうことを学生たちが学ぶべきかについて，何のコンセンサスもないのです．ちなみに経済学は，そこまで未体系な学問ではありません．経済学は，ミクロ経済学やマクロ経済学などと細分化されていて，それぞれで何を学ぶのかがたいてい決まっています．しかし，政治学では，そうしたことはありえないのです．政治学原論とか政治学という授業が多くの大学にはありますが，そこでは，最初，国家や権力とは何かという概念を説明する先生もいるし，プラトンやアリストテレスを紹介する先生もいるし，民主主義の歴史から入る先生もいらっしゃる，という具合に，まったく統一性がないのです．

とくに日本においては，政治学は未発達だといわなければなりません．日本の大学では，法学部や政治経済学部の中に政治学科があるところはありますが，政治学が学部として独立しているところはほとんどない．国際学部，あるいは（私の奉職している大学のように）国際政治経済学部など頭に「国際」がついている名前の学部で政治学が教えられていることもありますが，政治学の中で，国際政治というのは一つの分野にすぎないわけで，これも奇妙なことです．政治学の中には，投票行動を専門にする人もいれば，比較政治や地域研究を勉強する人もいれば，あるいは政治思想をやる人もいるのであって，国際政治だけが特別扱いされて，他方で，政治学全体としては不利な扱いを受けていることにかわりはありません．

政治学が未体系，未発達であるということは，そのまま，日本において政治学者に与えられた役割やエクスペクテーションがはっきりしないことにも通じていると思います．たとえば，私の同僚の中には，アメリカで社会科学としての政治学のトレーニングをうけた方々もいますが，かつて新聞記者だった方，あるいはもと官僚だった方，現職の弁護士や国際機関の職員といった方々も入っています．残念ながら，政治学が体系的な学問として成り立っていないがゆえに，各界で活躍されている中から人を集めて，いい言い方をすれば multidisciplinary で開かれた学問として，悪い言い方をすれば，統一性がないままに，政治学の教育が行われている，というのが現状です．

いま，残念ながらと言ったのは，私は，やはり体系だった学問としての政治学を育てていくのは大事だと思うからです．つまり「実学」としてではない，社会科学としての政治学の重要性，これをもっと多くの方々にわかって頂きたいと思っているのです．実学というのはどういうことかといいますと，自民党の政策ブレーンになったり，あるいは野党のほうのシンパになって，自分の政治信条や政策提言を実際の政治の場で生かしていこう，そういうことをする中から政治の研究をやろうというアプローチのことです．ご承知のとおり，日本には審議会というものがありまして，それぞれの省庁が何か新しい政策をつくったり，古い政策を見直すために議論する場なのですが，そ

ういうところに参加する学者もたくさんいらっしゃいます。それから、政治評論家と称して、マスメディアで当面の政治的課題についてコメントする人も多い。事実、世間では、こういう評論家の発言や著作が、政治学だと誤解されている風潮もあります。

　しかし、私は、個人的には、実学というアプローチから政治を研究することには限界があると思っております。ブレーンになって政治家を応援するとか、あるいはある政党に政策提言をはたらきかけるとかということは、そのときはそれで結構かもしれない。自分の意見が生かされたことになるのかもしれませんが、いったんそのような政策がとられてしまうと、その政党や政府に対して文句を言えなくなるのではないかということが非常に気になるわけですね。学者としての中立性が損なわれるのではないかという気がしてならない。これは私個人の倫理、学者としての価値観の問題で、それは必ずしも多くの方に共有されるとは思っておりません。しかし、それよりももっと重要なことは、たとえば審議会に入って、ある政策決定にかかわったとしても、政治家とか、官僚とか、その政策に四六時中かかわっている人たちに、情報量としては、学者は太刀打ちできないのではないかと思うのです。実学として政治を研究すると、いかにそういうインサイダーとつき合って生の情報を得るかということが鍵になるわけだけれども、やはり情報量としては、情報の発信者であるインサイダー自身たちにかなうわけがないと思うのです。

　そうではなくて、現場から一歩離れたような傍観者の視点、それは悪く言えば傍観者ですけれども、いい言い方をすれば客観的な立場から、政治を見ていくことができるのではないか、そういう立場があってもいいのではないかという前提に私は立ちたいと思っているわけです。政治が行われている、あるいは政策がつくられている現場にいないということは、学者として二流なのでしょうか。私は、そうは思わないのです。

　たとえば、経営学の先生が経営に秀でてなければならないということは、別にないですね。経営学の先生が自分で会社を経営したら必ずもうかるとか、そういう保証はない。もしそうだったら、大学の給料より自分で会社を作っ

た方が稼ぎがいいので，大学に経営学の先生なんていなくなってしまう．あるいは，心理学の先生が，人とのカウンセリングを非常に得意にしているのだけれども，自分の家庭環境を見たら，奥さんと離婚していたとか，子供の躾や教育に手を焼いているとか，そういうことはよくあるわけですね．つまり，ある一つの学問に特化して研究している人が，その学問の対象である分野で実際に秀でているとは限らないと思うのです．だから，政治学を志す人も，自分の政治信条を実現させるという使命感にあふれていなければならない必然性はないのではないか，政治を客観的に，傍観者的に眺めて，興味深い解釈をしてみせるとか，今まで気がつかれなかったようなパターンを見出すとか，そういう探求にもそれなりに価値があると思うのです．

## 社会科学としての政治学の価値

では，ここまで述べた上で，冒頭に掲げた大問題に立ち返りたいと思います．もし，今いったように，政治や世界を客観的にとらえるというような立場が学者として認められる，学問として認められるという前提に立つと，政治は進歩するか，世界は進歩するかという問題と，政治や世界を見る眼は進歩するかという問題とは，これは別々に考えなければいけないということになりますね．世界が平和にならない，政治がちっとも良くならない，進歩してないではないかと幻滅したとしても，もしかすると，世界や政治を見る眼の方は進歩しているかもしれない．前よりはなぜ良くならないのかがわかってきたということはあるかもしれませんね．逆に，政治が進歩しているかという問いに対して「イエス」と答えても，なんで進歩しているのかよくわからないということもありうる．どうも最近国家間での戦争が少なくなってきたけれども，なんで戦争がなくなってきたのかよくわからないということはあるかもしません．

つまり，政治が改善しているとかいないとか，世界がいい方向に向かっているとかいないとかということと，政治や世界を分析する能力といいますか，

見る眼ですね，これが進歩しているかどうかというのは，まったく別問題なのではないでしょうか．

これが私の話の，第一番目のポイントです．これを了解してもらった上で，話をもう一歩進めます．実は，ここからが重要なのですが，では，政治や世界が進歩しているかどうかということにイエスかノーかと答えようとする，その判断ですね，つまり第一の問題に対する判断というのは，第二の，政治を見る眼がある程度研ぎ澄まされていないとできないのではないかというふうに思うのです．先ほど，実学から離れて，客観的，傍観者的に政治を分析することにはそれなりの価値があると述べましたが，そうした分析は「それなりの価値」どころではなくて，非常に重要な意味をもった知的営為なのではないか，といいたいのです．この意味で，私は，実学ではない，社会科学としての政治学が日本において未発達だというのは，大変不幸なことだと思っているのです．

例をあげましょう．先ほどもいったように，ある日のテレビのニュースの項目に，インドとパキスタンの間で貿易が拡大するかもしれないという話がありました．国家と国家とのあいだで貿易が促進されることは，その国家同士，あるいはその地域の安全や緊張緩和にとっていいことではないかと思うかもしれませんね．また外交官や国家のリーダーたちが定期的に会って，お互いの意見を交換したりすることは，誤解を解くことにもなるし，よいことであると．だから，印パ両国の次官級協議の進展をみて，よかった，世界はいい方向に向かっているのだとお思いになるかもしれませんね．

しかし，本当にそういえるのでしょうか．そもそも，外交官やリーダーたちが会談をもたなければならない理由が，国家間に存する根の深い緊張対立であったとすると，その根本的なところは，年に一回や二回ぐらい外務次官が会ったからといって改善されるものではないかもしれません．タマネギが入ったくらいで，核兵器開発の脅威や長い間の歴史的な対立構図がとけるわけがない，というシニカルな見解もありえますね．そうしますと，このニュースをきいても，それが世界がいい方向に向かっていることを示唆している

かどうかは，貿易や国家の交流といったものと，戦争や国際的安定化といったものとの因果関係をよく理解した上でないと，なかなか簡単には判断がつかない問題だといえるのではないでしょうか．貿易が盛んになることによって戦争が少なくなるだろう，そうした経済交流は緊張緩和や地域的安定につながるであろうというビジョンに立てば，確かにこの話は「イエス，世界は進歩したのだ」ということを示唆しているとも考えることができる．しかし，経済や貿易はいざとなると取るに足らないもので，重要なのは，やはり防衛や安全保障問題であって，そういうイシューについて印パ間の関係というのはまったく変化していない，そういう立場に立てば，同じニュースをきいても，世界は進歩しているわけではないという結論を下すことになりますね．

では，どちらのビジョンが正しいのか．その判断を下すには，過去のパターンをよく調べて，これまでの国際関係を客観的に分析する以外ないと思うのです．貿易がよく行われた二つの国家間の関係を見たときに，そのような国同士は本当になかなか戦争しなかったかどうか，そういう地域は安定していたかどうかを，データを集めてきて提出しないと，人を説得することはできないのではないでしょうか．つまり，それが，世界を見る研究者の眼，社会科学者の視点なのですね．

今，たまたま，貿易と世界の安定との関係についての二つの考え方を述べましたが，大まかに言って，この二つの考え方は，国際関係論の中での二つの代表的な理論に基づいているといえると思います．貿易が戦争をなくして平和に貢献するというのはリベラリズムの考え方です．それに対して国家というのは防衛や安全保障を第一にするもので，貿易の拡大は国際システムの安定に必ずしも寄与しないというのはリアリズムの考え方です．アメリカで

―― キーワード ――
リベラリズム：ロックやカントなどの思想に依拠して，経済的な相互依存や国際交流，あるいは世界的な民主化が進展することにより，国家間の協調が促進され，世界が安定するという立場をとる国際関係の理論．

国際関係を専門にしている学者たちは、この二つの理論的陣営に分かれて、何度も何度も論争を重ねてきました。そうした議論は、たしかに、机上の空論にみえないこともない。とくに日本においては、政治学を実学と考える風潮が強いものですから、こういう議論をすると、学者はなんて無駄な論争にあれだけのエネルギーをさくのであろう、と批判されるかもしれません。しかし、この一見役にたたないような机上の空論をたたかわせることが、実は重要なのだといいたいのです。そういうような一歩引いたような観察や分析をこつこつとしない限り、世界が進歩しているかどうかという大きな問題に関して、われわれは何の判断も下せなくなってしまうのです。

## 進歩か、革命的変化か

さて、さらに次へと話を進めます。客観的、傍観者的分析が大事なのではないかということですが、では一体、そうした客観的、傍観者的分析をする能力自体は、これまでに進歩してきたのでしょうか。いま国際関係の分野では、リベラリズムとリアリズムの間で論争が繰り返されていると言いました。政治学者たちは、このように、理論やモデルを通してさまざまな政治のパターンを分析しようとするのですが、そういう理論やモデルといわれるもの、われわれが世界を分析する能力は、これまで進歩してきたのでしょうか。つまり、われわれの世界を見る眼は、本当に研ぎ澄まされてきたのでしょうか。これは、また違う問題を提起しています。今度は、これを考えてみなくてはならない。

先ほどの例にひっかけていいますと、今日の気象情報、天気予報は衛星に多くを依存しているわけですね。では、衛星を打ち上げるにはどうすればよ

---
**キーワード**

リアリズム：ツキジデス、ホッブス、マキャベリなどにその思想的淵源をもち、国際社会にすべてのアクターが認める公権力がないこと、国家が国益に基づいて合理的に行動することを重視し、国家間の協調に悲観的な立場をとる国際関係の理論。

いか．私は詳しいことはわかりませんが，素人が考えたって，天動説のように地球が世の中の中心で天が回っているという説でいくと，当然衛星など打ち上げられないことぐらいはわかります．おそらく物理学がニュートン力学の時代でもだめだったでしょう．衛星を打ち上げるには，やはりアインシュタインの相対性原理に基づいて，何本かの方程式をといて，この角度で打ち上げて，ここのところで加速度をこのぐらいにすれば，上空何キロのところで軌道に乗せることができるというふうな計算ができるようにならないと無理なのではないでしょうか．こう考えると，われわれの分析能力というのは進歩していると思うわけですね．天動説のときにはできなかったものが，今は方程式を書いて，燃料や速度を計算して衛星を打ち上げられるようになったのですから．そうすると，世界がどういう原理で動いているかということを分析する理論は，進歩しているではないかと思えるわけですね．

　もう一つ例を挙げましょう．医学，これも，やはり進歩していると思った方が適当なのではないでしょうか．たとえば，癌は，今では早くから治療ができるようになった．乳癌などは今では早期に発見する技術があって，取り除いたりして，手後れになることを防ぐことができる．あるいは新薬ができたとしましょうか．古い薬を使ったら，100人のうち25人しか助からなかった．それが新薬を使ったら，100人のうち50人が助かるようになった．とすれば，やはり医学は進歩したのだと．新しい化学物質の調合が，人間のからだのしくみによく合って，25人助かるところが50人助かるようになったのだから，これは古い薬と比べれば新しい薬は良くなった，進歩したのだという評価を与えたくなる．

　これらは，物理や医学といった自然科学の例ですが，では，社会科学はどうか．政治学の分野ではどうでしょうか．たとえば，戦争をなくしたい，戦争の犠牲者を少なくしたいと願うとすれば，まずそもそもどうして戦争が起こるのかをつきとめなければなりません．それで，戦争に関する理論というものがたくさんあります．以後の話をわかりやすくするために，いま三つほど例として挙げてみましょう．一つは，戦争が起こるのは，軍拡競争が各国

の疑心暗鬼を生んで戦争を勃発させることになるからだ，という軍拡説．第二は，政治が不安定だと戦争が起こるという内政説．内政がクーデターなどで不安定化する，民主主義が崩れて独裁政権になったり，その逆にそれまで独裁だったところが民主化したというような，内政の変化が起こると，それが戦争につながるという説ですね．そして，第三は，世界に急激なショック，たとえば経済危機等が起こると，戦争が起こりやすくなるというシステムショック理論もあり得ますね．これだけではないのですが，とりあえずこの三つの理論が有力であったとしましょう．

では，このあいだの理論的優劣をどうつけるかというわけですが，さっきの新薬の例を参考にして考えると，こういうことになるのではないでしょうか．今まで起こった戦争，いくつあるか知りませんが，それを全部数え上げまして，それがn個あったとしまして，そのn個の戦争のうち，軍拡競争説によると，n個のうち40％の戦争は説明でき政治不安定説だと45％説明できるとする．すると，40％より，45％の方が説明力が高いのだから，後者の方がいいということになります．しかし，急激なシステム変化によって戦争が起こったという説によると55％であることがわかった．すると，一番いい，進歩した理論というのはシステムショック説だということになる．先ほどの新薬の例では，今まで25人しか助からなかったものが50人助かるようになった，そうした新たな薬の調合は進歩として認められるのではないかということでした．そこからアナロジーを引くのであれば，全体の40％の戦争を説明する理論よりも，55％の戦争を説明する理論は，われわれの分析能力をそれだけ研ぎ澄ましているのであるから，同じようにそこに進歩を認めることができるとも考えられる．

しかし，本当に，そういうふうに考えていいのでしょうか．ちょっとここで考えて頂きたいのです．たしかに先ほどの医学の例から類推すると，戦争の理論の方も進歩しているではないかと思うかもしれませんね．そういう意味では，自然科学における理論の進歩と社会科学における理論の進歩は，同じように測れるではないか，と．ところが，そう簡単にアナロジーを引いて

はいけないのだという人が，実は社会科学をやっていらっしゃる方には多いのです．なぜか．たとえば，「戦争がn個あった」と言いましたね．n個の戦争を数え上げた人がいるわけですね．しかし，そもそも，戦争というものをどう定義するのでしょうか．何人の人が犠牲になったら戦争と呼ぶのですか．200人以上の犠牲者を出した国家間の紛争を戦争と呼ぶと定義した場合と，20人以上の死者を出した紛争を戦争と定義した場合とのあいだで，上の三つの理論の説明力，すなわちそのランク付けが一致するとは限りません．犠牲者が20人の場合も戦争と数えたら，内政説の説明の方がシステムショック説より説明力が高くなるというような逆転がおこるかもしれない．

　また，戦争というのは，いつはじまっていつおわるのか，これもはっきりしない場合がある．日本人にとって第二次世界大戦というと，アメリカとの太平洋戦争を思い浮かべる人が多いが，それはヨーロッパや中国の人々のもっている第二次世界大戦のイメージとは異なります．すると，この戦争をひとつの戦争として数えていいのだろうか，という問題もでてくる．さらには，戦争を国家と国家の間の紛争とだけ定義するのではなく，最近旧ソビエトやアフリカで起こっているいろいろな内戦も勘定に入れなければ意味がない，という主張をする人もいるかもしれませんね．いずれにせよ，戦争をどう定義するかによって，各理論の説明力が変わってくるというようなことがあるかもしれない．すると，理論間の優劣をはかることはそう簡単ではない，ということになります．

　これは，データの理論負荷性の問題といいます．データでもってある理論の有効性を支持しようとしても，そもそもデータ自体が何らかの色眼鏡でもって集められているのではないかということです．200人以上の死者を出した紛争を戦争と呼ぶと定義して，過去にいくつの戦争がおこったかを数えはじめる研究者は，もうすでにその定義の段階で，大きな紛争しか戦争と呼ばないという色眼鏡でもって世界を見ているのであると．社会現象を観察し分析する上では，純粋無垢なデータというものが存在しない，という問題ですね．

戦争などはまだいい方でしょう．とりあえず死者の数を数えることができるのですから．しかし，たとえば，民主主義というような概念は，定義することが非常にむずかしい．なにをもって民主主義の体制をそれ以外の体制と区別するのか．民主化の起こる諸条件を解明しようと思っても，何をもって民主主義と呼ぶかという定義のところで，さまざまなバイアスがかかってしまう可能性がありますね．こういう例を考えはじめると，社会科学において理論の進歩を目指すことなど到底不可能ではないか，と悲観的になってしまいます．

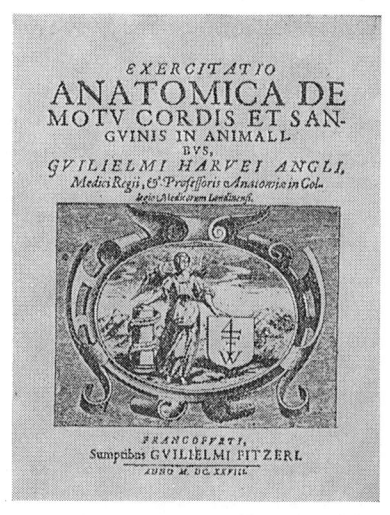

W・ハーヴィー『心臓と血液の運動』

　しかし，データの理論負荷性の問題が社会科学に特徴的かというと，実はそうではないのです．この問題は，自然科学の方でもしばしば指摘される問題なのです．私が大学生のとき，村上陽一郎先生にならったひとつの有名な例をご紹介します．

　それは，ハーヴィーという人の「血液循環論」に関する話です．人間のからだの中には静脈と動脈という二種類の血管があって，心臓からきれいな血が流れていくのは動脈で，各部へ流れていった血が静脈を通って帰ってきて循環するという理論です．今では，これはもう常識として受け止められているわけですが，ハーヴィー以前に血液の流れがどう考えられていたかというと，血液がからだの各部へ行ってそのまま帰ってくる，循環しているのではなくて，同じ血管を通って帰ってくると考えられていたのだそうです．すると，ハーヴィーが登場したことによって，この分野での理論が進歩したと一見思えるのですが，しかし，実は話はそう単純ではないのです．面白いことには，このハーヴィーの考えが発表されるはるか以前から血管の中には弁が

世界の進歩をめぐる方法論　15

あるということがわかっていたのだそうです．弁があるというのは，これは循環理論にしてみればよくわかる話ですね．循環しているから，動脈のほうに汚い血が流れていったら困るので，弁があるわけですね．しかし，おかしいのは，ハーヴィー以前，つまり循環論が登場する前，血液が行ったり来たりしていると考えられた時代に，どうして人々は，こうした弁の存在を不思議に思わなかったのか，ということなのです．この弁というのは，本来ならハーヴィー以前にあった考え方を反証すべきデータだったわけですね．つまり，理論の進歩が起こるのであれば，この弁が発見された時点で起きても不思議ではなかったはずですね．ところが，こういうような研究をしていた人たちは，そんな弁が観察されてもその重要性に気づかなかった．なぜかというと，血液とは行ったり来たりするものだという固定観念でもって人体を観察するものだから，弁があるというデータを無視してしまったのではないかと思われるのです．

　村上先生は，自然科学史の専門家で，こういう例をたくさん紹介して下さいました．すると，自然科学においてさえも理論の進歩があるのか疑問に思えてくるわけです．こういう弁が観察，発見されて，それが旧来の理解の仕方を覆して，この弁の存在を整合性をもって説明できるような新しい理論が生まれてきたのであれば，それは進歩だと言えるかもしれない．けれども，実際の自然科学の歴史を見ていくと，一つの理論から次の理論へ移行するのは，どうもまったくの偶然といいますか，突然新しい人が変なことを言い出して起こるのだ，というのです．クーンという人は，これをパラダイムシフトと呼びました．つまり，理論は連続的に進歩するのではなくて，ある日突然変化するのであると．データを積み重ねて，40％よりも45％，45％よりも55％がいいといってわれわれの知識が徐々に蓄積されるのであれば，これは進歩と言えるかもしれないけれども，突然変異的に起こるならば，これは進歩というよりもむしろ知的な革命ではないか，というのですね．

　これは，考えてみると，ちょっと不気味です．なぜかというと，われわれが今当たり前と思っている世界の法則が，ある日突然，実は天動説やハーヴ

ィー以前の血液理論みたいに，時代遅れなものであることに気づかされる，というわけですからね．

## 反証可能性と研究者の態度

　知識の発展が，連続的ではなく，断続的，革命的に起こるのが本当だとすると，われわれ研究者は途方にくれなければならないのでしょうか．先ほど，こつこつと客観的な分析をすることが大事だといいましたが，そうした営為は，知識の進歩を促すことにならないのではないか．すると，なんでわれわれは学問をやっているのか，どうもわからなくなってきます．

　しかし，私は，だからといって，われわれのやっている職業といいますか，政治学，社会科学の研究がまったく無駄だとは思っていないのです．ここからの話は，何も私に賛成してくれなくても，考えるヒントを与えるつもりでするのであって，あとで御自分で御自分の立場を考えて頂きたいと思いますが，私は，われわれの研究を正当化するキーコンセプトは，反証可能性と呼ばれるものだと思っております．

　最後に，このことを説明したいと思います．

　反証可能性とは，むずかしい言葉に聞こえますが，理論とかモデルというものには絶対的なものはないのだと自分からすすんで受け入れてしまうことだ，といえると思います．どんな理論もいつかは覆される可能性を持っているということを受け入れる，そうすることで初めて，知識の進歩が担保されるのだという考え方です．われわれが考え得る理論というのは，たかだか，

---
**キーワード**

反証可能性：「すべてのSはPである」という普遍的な命題は，いくら一つひとつ個別のSを調べてそれがPという性質をもっていることを確かめても，経験的には証明（し尽くすことが）できない．ゆえに，この命題が「真正な」科学理論であろうとする限りは，「Pでないようなs」の実例が発見される可能性，すなわち反証可能性を認めなければならないとポパーは主張した．

反証されるまでの仮説にすぎない，でもそれでいいのだと．なぜかというと，そういう立場を受け入れることによって，はじめて，ハーヴィー以前の学者たちが見過ごした弁のようなデータを見過ごすことが少なくなるのではないか，と考えられるからです．

反証可能性の重要性を唱えたのは，クーンの論敵であったポパーやラカトッシュという人々です．しかし，彼らの論点は，なかなかよく理解されていない，とくに日本の政治学者にはほとんど共有されていないと思います．そういう意味では，私の立場は，学会や同僚のあいだでも圧倒的にマイノリティーですが，そのことをお断りした上で，話を続けさせて頂きます．

反証可能性を受け入れることの重要性をいうために，逆に，反証可能性のない理論がどういうものかを考えてみましょう．ポパーやラカトッシュによれば，反証可能性のない理論というのは，科学的ではない，知識の進歩の芽を摘んでしまうような議論だというのです．しかし，実に多くの人々が，反証可能性のない理論を正々堂々といろいろなところで述べております．

わかりやすい例を二つほど紹介しましょう．一つは，政治文化という概念です．ある国の政治システムや政治過程を説明する上で，その国の政治文化なるものを理解することが大切だということが当たり前のように主張されることがあります．政治文化論という授業もたいていどこの大学にもあります．では，ちなみに日本の政治文化というのは何だろうかと考え始めると，これがよくわからないのですね．たとえば中根千枝という人の書いた『タテ社会の人間関係』という有名な本がありますが，それをもとに，日本の社会や政治を説明する上では，日本独特の人間関係を見ることが重要なのであるとい

---

**キーワード**

ラカトッシュ：ハンガリーから亡命し，イギリスの哲学界の中心的存在となるものの，1974年，師のポパーより早く，突然逝去した．クーンらの批判に対して，反証主義からの論陣をはった．一つひとつの理論を別個にとらえるのではなく，理論とはそれをとりまく他の理論や前提などと有機的に結びついて成立すると考え，そうした一連の理論体系を「科学研究プログラム」と呼んだ．

うような議論をききます．では，そうしたタテ社会なるものの人間関係が日本の政治文化なのかというと，それを反証するようなデータがたくさんあるのです．たとえば，会社でも政治的な意思決定の上でも，日本では時間をかけて妥協を図ったり全会一致でまとめようとする慣習がありますが，これはタテ社会の人間関係には合わないですね．もしタテ社会であるのなら，権限をもった人が採決をとろうといって，多数決で決めてもいいわけですね．そう問い詰めると，多くの政治文化論者は，いや，日本の政治文化はそんな単純なものではなく，日本には「和の精神」もあるというようなことをいいだして，この反証するデータを封殺してしまうのです．いくら反証データを持ってきても，何か手品師みたいにいろいろなものを出してきて，何でも政治文化におさまってしまうのであれば，そうした議論は何も説明していないのに等しいですね．

　もう一つ例を挙げます．先ほど国際関係のリアリズムの考えを紹介しましたが，リアリズムにおける中心的な概念は，国益という概念です．国家は，ナショナルインタレストを目指して行動するというのです．国益を追求する，それは何となくわかるような気がするのですが，実はこれもよくわからない概念です．国家は国益を追求するがゆえに，戦争をすることもあるし，通商条約を結ぶこともある．時には国益を追求することによって戦争をしないこともある．このように，何でも国益としておさまってしまうのですね．すると，これも政治文化と同じように，国益というものが何なのかを最初からはっきり定義しておかないと，反証することができない理論になってしまいます．

　繰り返しますが，われわれの知識や分析能力を進歩させようと思うのなら，一体どこまでが自分の理論では説明できるのかということを自分からはっきりと打ち出すこと，これが研究者の態度として重要であると思います．次世代の研究者たちが新しいデータを持ってきて「あなたの説明は間違っていますよ」と言ったときに，「そうですね」と言える可能性を残していくことが，社会科学の進歩，世界の見る眼を進歩させることにつながるのです．

最後に，私自身がこの問題を自分のすすめていた研究の上での問題として考えた例をお話しします．私の専門は日本政治ですが，日本の政権党である自民党の衆議院選挙における得票率は，1955年から1972年まで連続的に下降しました．そして，この時期がたまたま高度成長と重なっていたので，自民党は高度成長によって政治的に損をしたのだという考えが学界で長い間支配的だった．今でもそういう考えはかなり強いといえるかもしれません．朝日新聞の記者だった石川真澄という人が，これについて有名な仮説を提示しまして，高度成長が自民党にとってよくなかったのは，それまで保守的な農村にいたような人が都市に移り住んだり，地方の都市化が進んで，保守基盤が侵食されたからだ，と考えました．たしかに東京都の人口の推移は，あたかも自民党の後退と逆比例するように伸びていたのですね．だから，石川さんはこの二つには相関関係があるというふうに考えたのです．

　しかし，私は，この考えは間違っていると思います．なぜかというと，選挙の結果ではなく，世論調査で見ると，自民党の支持率が高度成長期に連続的に下降するということはまったくなかったからです．石川説が正しくて，都市化や人口移動が原因だったとすると，選挙結果だけでなく，世論調査においても，自民党の支持率の低下がみられなければならないはずです．石川さんは，朝日新聞社にいたわけですから，当然，定期的に行われる自分の会社の世論調査の結果を知っていたはずです．選挙結果における自民党の後退は，あまりに劇的だったもので，そちらについては本の中で大々的に強調する．しかし，石川さんは，世論調査について，あるいは世論調査と選挙結果との明らかなギャップについて何も語ってくれないのです．これは，まさしく，ハーヴィーの弁なのではないでしょうか．

　私が思うには，衆議院の選挙結果の方は，自民党の選挙対策といいますか，一体何人の候補者を立てるかという自民党の選挙戦略に影響されていました．候補者の数という点では，1955年から1972年まで，自民党は絞り込んでいったわけですね．それは，共倒れを防ぐためで，もし2人出していたら，2人とも落選してしまうけれども，1人に絞ったら，1人は必ず当選できると

いう状況があったからです。そもそも，自民党は，1955年に二つの政党が合体してできた党であるから，最初は候補者調整がうまくいかなかったのです。その調整が進んだのが，ちょうど高度成長期にあたっていたので，候補者の数が減少することによって，得票もへってしまったのです。これは，ほとんど都市化の問題とは関係なかったと考えられます。

　では，なぜ，世論調査の方では，自民党の支持率の方は減少しなかったのか。それはやはり高度成長のもとで日本が裕福になっているわけですから，自民党という政権党に対してポジティブな評価を与えたのではないかと思います。たしかに農村から都会に出ていって自民党支持をやめた人もいるかもしれないけれども，その反面，その影響を打ち消すぐらいには，高度成長は自民党にとって良いことでもあったのではないか。とすると，選挙結果と自民党の支持率というのは必ずしも同じものではなくて，違うものをはかっていて，選挙のデータの方は候補者の数という自民党の選挙戦術みたいなものに影響され，他方，世論調査の方は，影響されていないと。そう考えると両方とも，整合性をもって説明できるということになると思います。石川さんは，自分の都市化・人口移動説に都合のよい選挙のデータの方は語ってくれるけれども，都合の悪い世論調査の方はあまりいわない。これは，ハーヴィー以前に血管の中の弁の重要性を見損なっていたのと同じ問題です。私はこの研究をすすめているときに，自分が知識の進歩に貢献しているのだと，かなり興奮したわけですね。今までの石川説によれば，うまく説明できなかったが，選挙結果も世論調査結果も両方とも説明できるようになったのだ，と。

　というわけで，私は，個人的には，ポパーとラカトッシュが提唱した反証可能性をよりどころにして，学問には進歩があると信じております。そして，進歩があると思うからこそ，政治学の研究を続けているのです。

◆参考文献

　Thomas S. Kuhn, *The Structure of Scientific Revolution* (1962). 中山茂訳『科学革命の構造』(みすず書房, 1971年)

Imre Lakatos and Alan Musgrave (eds.), *The Criticism and the Growth of Knowledge* (Cambridge University Press, 1970)

中根千枝『タテ社会の人間関係』(講談社, 1967 年)

石川真澄『戦後政治史』(岩波書店, 1995 年)

三宅一郎・西澤由隆・河野勝『55 年体制下の政治の経済―時事世論調査の分析』(木鐸社, 近刊)

# 秩序とカオス
### 冷戦後の国際関係論

土山 實男

## はじめに

　10年ひと昔と言いますが，冷戦の終結を1989年12月のマルタのブッシュとゴルバチョフの首脳会談ということにしますと，冷戦が終結しましてちょうど10年たちました．冷戦終結の2，3年前，1987年の12月8日に中距離核戦力（INF）ミサイル全廃交渉の締結があり，そこから大きく世界が変わったわけですね．そのINF交渉妥結から，1989年のいわゆる東欧革命（東欧6カ国の共産体制が崩壊）があり，マルタで米ソの首脳会談があり，そして，1990年には東西ドイツが統一し，91年の8月にはソ連でクーデタ騒ぎが起こり，12月に突然ソ連が崩壊する．それから，10年ということですので，この10年を振り返りまして，国際政治学がどのように変わってきたのか，あるいは国際政治学がそのことをどのように考えてきたのか，そういう大きなテーマについて話をしたいと思います．

## 国際政治学の試練

　1989年前後から国際社会が変わってまいりますが，変わってきた国際社会に国際政治学そのものがうまく対応できているのかどうか我々政治学者は疑問を持っています．一体国際政治学者が国際社会をうまく読んでいるかどうかについて，今はなはだ自信を喪失していて，そういう意味で試練なんで

す．従来の国際政治学は，簡単にいうと冷戦政治学だといっていいと思うんです．バージニア大学のM・レフラーという優れた外交史学者が書いた冷戦史の大著の中で，戦後のアメリカ社会が最も大きな影響を受けたものは冷戦だったと，書いておりますが[1]，とくに国際政治学はまさしくそういう分野でありまして，冷戦を抜きにして語れないものであります．

冷戦政治学が最も懸念しているものは戦争ですから，第二次世界大戦が終わって，戦争は起こりそうにないのに，それでも平和ではない，一体この平和でもない，戦争でもない状況をどうとらえたらいいのかというのが冷戦学のそもそもの起こり，すなわち，戦後国際政治学だったわけです．しかし，ソ連が崩壊して冷戦が終わりましたから，もうその冷戦政治学ではいまの国際社会の理解にあまり役に立たないのではないかと言われ出したんですね．F・フクヤマが『歴史の終わり』の中で，いまの国際政治学は，がんが治った患者に対してなおも化学療法を施すようなものである，といっているんですね[2]．それをやや極端に言うと，安全保障というような分野はなくなるだろうという議論さえ，1990年代には起こってきたんですね．「安全保障研究の終焉」というようなことが盛んにいわれました．僕は1993年から1994年まで，ハーバード大学におりましたが，そこの戦略研究所の最大の課題は，一体ぜんたい国際政治学というのは残るのか，とくに安全保障研究というのは残るのかということをずっと議論しておりました．国際政治学をたて直すとすればどういうふうに再構築するのかということが大きなテーマとして当時あったし，今もあります．

## リアリズムとリベラル制度論

国際政治学を考えるときに，リアリズムとリベラル制度論の二つの大きな流れがあります．簡単にいいますと，リアリズムは力と利益によって世界が動くとみる．リベラル制度論は規範や制度でも動いていると見る．両方の考え方がずっとあるわけですけれども，制度論のほうがやや歴史が古くて，そ

もそも国際政治学が起こったのは，先ほど冷戦だと申し上げましたけれども，正確にはそれに先立つ二つの世界大戦，とくに，第一次大戦の衝撃によって国際政治学が生まれたんです．1920年代に，英米を中心として起こりましたが，ドイツとの戦いで，ヨーロッパは幾つかの帝国と1,000万人を失いますから，ヨーロッパ文明にとって最も大きな衝撃は，実は第二次大戦ではなくて第一次大戦なんですね．第一次大戦の衝撃の中で，国際政治を学問としてとらえる必要，つまり，アングロアメリカン世界をどのように運営していくかを解明する必要が出てきたわけです．

その一つの議論が制度の強化です．制度というのは規範と法の束のことで，規範と法をベースにして社会を動かそう，と．力ではなくて，制度を中心にして，何が問題かを設定し，問題解決の仕方についてのルールを提供して，国際社会全体の合意を形成していくのが制度アプローチです．例えば国際連盟がそうですね．国際連盟という組織をつくって国際社会を制度化していくという考え方がその例です．1928年のパリ不戦条約（ケロッグ・ブリアン条約）というのがありますが，これは，戦争を違法化することによって，戦争をなくそうという考え方に立つもので，1920年代の国際政治学の特色は，そういう法，規範，制度，あるいは国際組織を強化することによって国際社会の安定を築こうという考え方です．

制度とは何か，わかりにくいかもしれませんが，我々の日常社会でも制度の力というのはいろいろあるわけで，一番わかりやすいのは結婚ですね．結婚が制度化して慣行となり，慣行が倫理とかモラルとかを要求するようになるわけで，そういう倫理とかモラルとかの要求がありますから，例えば誰それの不倫とか，いろいろ話題になるんですね．国際社会にも，そういう形で，

― キーワード ―

リベラル制度論：国際政治学における理想主義の系譜のひとつ．主権国家の他に非政府組織，国際機構，国際法などを分析対象とし，政治制度や社会規範が大きな影響力を持ち，協調的な国際関係の発展に寄与すると考える．

国際社会に秩序を築いていく上で，力じゃなくて制度をいかに使うかという議論，今日リベラル制度論といわれているアプローチがあり，これは1920年代に端を発する政治学なのです．

　しかし，この国際社会の運営の仕方が，結局1939年に，第二次世界大戦が勃発しますと，そういう政治学だけではやっぱり国際政治はわからないという認識が生まれてまいります．やはり，国際社会を動かしていくのは制度だけではだめで，力だという議論のほうが説得力を持ってきた．第二次世界大戦というのは，そういう力をベースに世界を考え始めるきっかけとなったわけですね．その第二次世界大戦が1945年に終わったとき，制度論が力を持っていなかったわけではありません．例えば，国際連合というのがそうですね．

　ところが，そういうものがあまり機能しないだろうと，だんだん考えられ出すのが1946年くらいからで，そして47年には冷戦ということが次第にはっきりします．米ソ関係がうまくいかないわけです．そのころから，国際社会を考える場合には，やはり力だという議論が強い影響力を持ってくる．1948年に，ハンス・モーゲンソーの『国際政治』が出ますが，これはリアリズム国際政治学の，あるいは戦後国際政治学のバイブルと言ってもいいかもしれません．ことに，48年に出たというのは非常に象徴的です．これからアメリカが国際政治を運営していくときに，何を基準に，何をどう考えなければならないのかという，一つの指針を出したのが，この本です[3]．

　今日，それはリアリズム（現実主義）と言われていますが，その現実主義の議論のベースになるものは，次のような論理構造になっているんですね．国際社会を考えるときの一大特色は，国際社会には政府がない，すなわちアナーキーという事実を非常に重く見ております．国内社会では政府が法をつくり，法を実行し，法に従わない場合には裁判にかけて制裁を加えることができる．これに対して，国際社会には政府がありません．これを「法がない」というふうに解釈する人もいますし，仮に自国があることに協力しようとしても，ほかの国が協力しない場合には，自国だけが協力するとばかを見

ますから，じゃあ自分も協力しないというふうにみる政治学者もいます．アナーキーを論理の起点におきまして，アナーキーだから国際社会は，自分で自分の安全を保障しなければならない「自助体系」になる．アナーキーだからほかの国との協力が難しい．なぜなら，人の安全とか全体の安全よりも，自分の安全とか繁栄を第一義的に考えなければなりませんから．自国の安全を，他国よりもより大きくしようと考えるはずです．あるいは他国よりもより豊かになりたいと考えるはずです．モーゲンソーはこれを「マージン・オブ・セイフティ」（余分の安全）とよんだ．ほかの国よりも大きな安全，つまり余裕を持ちたい．ほかの国よりも優位に立ちたいということです．そうすると，各国がそう思うわけですから，ライバル関係が起こる場合もあるし，ライバル関係が高じて，紛争になる場合もある．こういう議論が，「セキュリティ・ジレンマ」という議論です．すなわちA国とB国がライバル関係にあって，A国が自分の安全を強化しようとすれば，そのライバル国であるB国の安全を強化することには必ずしもならないわけで，A国の安全はB国の不安になるかもしれない．不安を覚えるB国は，A国に対して何らかの処置を講ずる必要を感じるかもしれない．必要を感じて，その政策をとった場合には，A国は，自分が初めに増やした分の安全を結果的には失うかもしれない．これが「セキュリティ・ジレンマ」です．

　例えばこれからの日本と中国を考えた場合，日本が中国に対して，中国が安全を強化すれば，日本の安全は高まると思っているか，あるいは日本の安全は低くなると思うか．中国の繁栄がより大きくなればその分日本も豊かになると思うか，あるいは日本の豊かさが減ると思うかということを考えてみるといい．21世紀の中国が日本のGNPを抜くことが出てくる場合，果たして日中関係というのがどれくらいスムーズに進むかは，疑問もあるわけですね．日米関係もそうでありまして，かつて，1980年代後半から90年代初めにかけての日米関係というのはぎくしゃくしました．これは日本が一人当たりGNPでアメリカを抜いたことなど，日本がアメリカの経済力をしのぐかもしれないとアメリカ人が思って警戒したからです．アメリカは日本に対

して不安や脅威を感じていたわけで，国際政治ではそういう想像上の不安が起こり得るというのがリアリズムの議論です．そして，そういう立場に立って冷戦時代，米ソ関係を考えていたんです．アメリカとソ連の関係をある種の「戦い」と見たわけですね．そしてその戦いの中でどういうふうにアメリカは対応していくかということを考えていたのがリアリズムの議論だったのです．

　この現実主義国際政治学を再構築する上で大きな役割を果たしたのが，ヨーロッパから亡命してまいりました非常に高いレベルの知識人ですね．例えば，先ほども名前を申し上げたモーゲンソーとか，あるいはJ・ハーツ，A・ウォルファーズ，G・リシュカ，そして，1970年代に国務長官をしたH・キッシンジャーです．彼らはほとんどがユダヤ人でありまして，主にドイツと東ヨーロッパから来ます．彼らは，同胞600万人をホロコーストで失ったわけですから，理想主義では世の中は動かないという，非常にシビアな見方で国際社会を見た．したがって，法律や国際組織だけを強化すれば国際社会が安定するというふうにはどうしても思えなかったのです．人間にも社会にも非常に悲観したグループが国際政治学をつくったのは，悲劇だったかもしれませんが，事実はそういうことでした．

　そして戦後国際政治学は，彼らのつくった論理を中心にして成長してきた．その国際政治学が，先ほど申しましたように，10年前の地殻変動によって，その論拠を失いつつあるようにいわれているわけです．1988年ごろから起こったいろいろな事件――ドイツ統一，ソ連の崩壊につながる一連の東欧革命――は，確かに冷戦国際政治学に根本的な見方の変革を迫るものだったし，そして，これはたまたまですが，日本においては1989年1月には昭和天皇が亡くなりますから，我が国でも世の中が変わったという意識を非常に強くもちました．合わせて1989年というと，中国では何がありましたか？　そうですね，天安門事件ですね．天安門事件の衝撃というのは大変なものでした．大きい数としては3,000人，少なく見積もっても数百人の学生運動家が，軍隊に殺された．文明社会に対する大変な挑戦と映りました．こうして天安

門事件以後の中国をどう位置づけるかという問題が急浮上しました。ソ連の崩壊後、唯一残った共産中国に対する懸念というものが強まったんですね。合わせて中国の経済がずっと、1990年代前半急成長しましたから、そのことと重なりあって、「中国の脅威」というものが浮上してまいります。そういう動きの中で、中国と北朝鮮を国際政治学の例外として見るのか、国際政治学をどう再構築していったらいいのか、この10年間、さまざまな議論がたたかわされてきたわけです。

　国際政治を、力で見るか制度で見るかという問題は、冷戦終結後の世界を、力で見るか制度で見るかという新たな問題を生んだ。力で見る人にとっては、そもそも冷戦というのは一つの力の構造であり、それゆえ一つの秩序であったわけですから、その秩序が崩壊したことは、大変なことになったというふうに思ったんです。他方、冷戦の崩壊によって、軍事対立が解消したんだから、国際社会は必ずしも不安定にならず、むしろ安定すると見たグループがあります。一つは大変だ、カオスだ、混沌とした時代がくるという議論が先にあり、そして、それとやや遅れて登場したのが、国際政治に大きな混乱がないと見るグループです。この二つのグループの見方がどのように違うのかをお話ししながら、冷戦後世界を国際政治学者がいかに見ているかについて話をしていきたいと思います。したがって、私の話は、力と制度をパラレルに見ながら、冷戦後の国際社会、国際政治学を考えていきたいと思います。

## リアリズムと日本の国際認識

　少し余談になりますが、日本の国際社会の認識というのは、いま申し上げたリアリズムとリベラリズムという議論から申しますと、大変なリアリズムだと思いますね。そのリアリズムの日本が、開国をして、明治維新をやり、1902年に日英同盟を締結し、日英同盟から2年目に日露戦争をやりまして、日露戦後2年目に日仏協商、日露協商、その二つをベースにして、1907年8月、英露協商が生まれまして、ここに英、露、仏の三国協商体制が生まれた

わけですね．その橋渡しをやったのが日本です．さらに日本はその翌年1908年に，アメリカとルート・高平協定を結んで，米国とも一種の協商関係に入ります．この明治の国際社会の認識は透徹したリアリズムだったと言えると思います．

しかしその日本の協商外交は，日露協商がやがて日英同盟と齟齬と来してまいりますし，また，ロシア革命が起きましたから，だんだんかげってまいります．そして，日本は第一次世界大戦に参戦するなかで，中国に21カ条の要求をつきつけ，リアリズムを失ったのです．

それでは戦後はどうか．1947年の夏に，社会党が連立内閣を組んだときの外務大臣芦田均がアメリカ側に三度にわたって秘密の打診を行います．それは日本が講和条約を結んだ後も，アメリカが日本に置いている占領軍を何らかの形で置いてもいい，基地を日本が提供してもいいが，米国はどう考えるかという打診です．今の日米安保条約の基本的戦略は，このように日本が出したものです．日本が基地を提供し，アメリカが安全を提供すると．この構想を出したのは芦田が冷戦というものを予測したからです．アメリカとソ連が対立すれば，その戦略的な拠点に立っている日本はアメリカの戦略的利益になる．日本におけるアメリカ軍の基地はより大きな戦略的利益になる．その芦田均が昭和電工疑獄に巻き込まれまして失脚しますと，次に出てくるのが吉田茂です．吉田は首相兼外務大臣として，講和をやり，そして日米安保条約を1951年9月に締結するわけですが，そのときの基本戦略は，実はこの芦田メモのラインにそったものなんですね．

1951年1月末，講和条約交渉の第1日目の冒頭，吉田がダレスに言った言葉が，「日本をアメリカの圏内に入れてくれ」という議論です．吉田が日本を米国の圏内に入れることに使ったのが日米安全保障条約です．しかし，これは単に軍事面だけではなくて，経済をも含むもので，ゆくゆくは日本が国際社会に入っていく足がかりをつくるためのステッピングストーンとして使ったのです．これもまたなかなかのリアリズムです．

## 冷戦後のカオス論

　このように，我が国はリアリズムにたって，冷戦体制をうまく利用してきたわけですが，その冷戦体制が10年前，誰も予想しなかったスケールとスピードで崩壊した．急に崩壊しましたから，さてこれからどうなるんだろうという危惧の念が当然出た．少なくとも二つの見方がありました．

　我が国で，大変だという意識を持った代表的な論者の一人は，青山学院の永井陽之助氏ですね．永井先生は，1990年代の初め，冷戦後は秩序よりも混沌に向かうだろうと予測されたんです．国際社会というのはこれから大変な時代を迎えると．永井先生は，後で述べるミアシャイマー論文を引き合いに出して，我々はもう間もなく冷戦時代というのが懐かしくなるであろう，なぜならば，今起こっているユーゴスラビアの状況を見てもそういう気分になっていることは否定すべくもない，と言われまして，冷戦という一つの秩序が崩れてカオスが出現しつつあるのではないか，と言われた[4]．リアリズムの立場から見るとそういう見方が一つあり得たわけです．そういうカオス論がまず1980年代後半から90年代の初めにかけて登場します．混乱するだろうという議論が出てまいります．

　話が多少前後しますが，欧米では，アメリカがこのままでは低落するという議論が，1980年代後半に有力でした．そのひとつは英ランカスター大学出身で，イエール大学で歴史を教えているP・ケネディの書いた本で，アメリカは間もなくスペインや大英帝国がたどったと同じように，低落する．なぜならば，アメリカという帝国は自分の力以上の過剰拡張をしてしまったからだ，と[5]．外交の要諦は，自分の力に見合った対外コミットメント（公約）をすることであって，その対外公約が自分の力以上になった時，国は長くはもたない．これはW・リップマンが1943年に書いた本の中に出てくる有名なフレーズで，今日，この概念を「リップマン・ギャップ」とよびます．つまり，国力とコミットメントの差です．自国の対外公約の度合いは国力に

応じなければならない．しかし，アメリカの対外コミットメントというのは，P・ケネディによれば例えば海外に置いている海外基地は，大英帝国が展開していた基地と大体同じ規模で，間もなくそれを維持できなくなるだろう，なぜならば，アメリカの国力が相対的に落ちていくからだと論じた．冷戦初期の全世界のGNPにおけるアメリカのGNPは約40％です．それが30％になり，やがて10何％になるかもしれないという不安におそわれたわけです．アメリカの停滞が，やがてアメリカ帝国の崩壊をもたらすということに対して，彼らは二つの脅威を認識した．

その一つは天安門の中国，もう一つは経済の日本です．「日本の脅威」ということが盛んに言われた時代がありまして，例えば，T・ホワイトが『ニューヨークタイムズ・マガジン』に書いた論文の中で，今冷戦が終わり，アメリカはソ連に勝ちつつある．しかし，ほんとうに我々は冷戦に勝ったんだろうか，真の勝者は日本ではなかったかと問いかけたんですね．1985年のことです．ホワイトは，日本が降伏文書に調印したミズーリ号の上で取材をしたジャーナリストで，したがってこのときはもう年配で，それから間もなくして亡くなりましたが，アメリカに対するそういう警告を非常に早く出した人です．その頃青山学院で，毎日新聞の外信部長をやった渡辺善一郎さんが教えておられまして，彼は世間の動きに敏感でしたから，「土山さん大変ですよ，ホワイトがこんなことを書いてますよ」と，『ニューヨークタイムズ・マガジン』をみせてくれたのを覚えています．それからしばらくして，ほんとうに日本がいろんな形で問題になったんですね．

日本がどんな形で問題になってきたかというと，例えば，それからちょっと後になりますが，ジェームズ・ファローズという，これは『アトランティック・マンスリー』誌の記者で，日本にしばらく住んだことがありますが，日本について書いた中で，日本というのは自分で自分のことをコントロールできない国であって，日本をコントロールするにはアメリカが日本を抑制しなければならない．すなわち日本をコンテイン，封じ込めなければならないと，1990年代の初めに書くんですね[6]．このコンテインという言い方は，も

うおわかりのように，ジョージ・ケナンが，共産主義に対応するために，ソ連をコンテイン，つまり封じ込めるという言葉を使ったわけですが，そういう言葉さえ出てきたのが，1990年代の初めのバブル絶頂期の日本に対するアメリカの警戒感でありまして，ソニーがコロンビア・ピクチャーを買う，三菱がロックフェラーセンターを買う等々があり，日本に対する経済脅威ということが盛んに言われた時期がありました．「日本がこれから敵になるのか味方になるのか，我々はまだ決めているわけではない」と言ったのはプリンストン大学のR・ギルピン教授でありまして，そういう最中に，1980年代後半から90年代初めにかけて日本が次期支援戦闘機FSXというのを計画いたしますが，結局このFSXはアメリカのF16を元に共同開発することになった．結果的に，アメリカのごり押しによって，日本はFSX戦闘機を自主開発することに失敗した．

　このように日本に対する警戒感は，たんに経済だけではなく，軍事問題にも発展した．日本に対する安全保障を考えなければならないと考えられた時期が，1990年代の初めにありまして，例えば，1992年に『ニューヨークタイムズ』がリークする「米国国防計画方針，1994年〜99年」という文書の中では，「我々の第一の目的は，かつてソ連が示したと同じ秩序に対する脅威を持つ新たなライバル国の台頭を妨げることにある」と書かれておりました．さらに米国の目的は，「アジアでは，力の真空や地域的覇権が生まれることを防止することにあって，同地域の安全と平和のために引き続きアメリカはとどまる」という文句が出てまいりますが，この「地域的覇権」，あるいは「ソ連が示したと同じ秩序に対する脅威」というのは，実は日本のことであると当時言われました．そういう形で，アメリカ国防総省ですら，日本に対して警戒心を抱いた時期があった．

　『バック・トゥー・ザ・フューチャー』というのは映画のタイトルですが，ミアシャイマーという，シカゴ大学の政治学者は彼の論文にこのタイトルをつけて，こう言ったんです．「いま冷戦は終わった．そしてこれからの国際政治は，もう一回過去に戻るんだ」と．要するに，アメリカは退く，ヨーロ

ッパは崩壊する，そしてドイツが出てくる，ドイツが出てくれば核を持つだろう．ドイツが核を持てば，日本も核を持つかもしれないと言外にほのめかしまして，これは大変な反響を呼んだ．これからの国際政治に混乱が待ち受けている．なぜならば，過去40年共通の「接着剤」だったソ連がなくなって，今や世界政治はバラバラになるんだと，その論文でいった[7]．これは大変ショッキングな論文で，当時，安全保障論の担当をされていた阪中友久先生が翻訳されたことがあります．

そして，このカオス論のいわば真打ちは，S・ハンチントンというハーバード大学の国際政治学者で，彼が1993年に『フォーリン・アフェアーズ』誌に出した論文「文明の衝突」です[8]．彼は，「確かにこれからの国際社会においては国家間の戦争はなくなっていくかもしれない．しかし戦争は新たな形で起こるだろう，それは文明の間で起こるだろう」と，特に西欧文明と，それ以外の文明との間で起こるだろうといいました．彼が懸念しているのは，イスラム圏と西欧文明との間，つまり西欧対その他という図式で紛争が起こると予言しました．その境とは，フィンランドの東を通りまして，バルトの東を通って，ベラルーシ，ウク

出所：Somuel P. Huntington, "The Clash of Civilizations?", *Foreign Affairs*, vol. 72, No. 3, 1993, p. 30.

ライナ，そして，ルーマニアを突っ切って，モンテネグロのところに出てくるラインですね．このラインを見て，こういう議論が昔あったなと思われる人はいませんか．鉄のカーテンですね．しかし，鉄のカーテンは，おそらくもうちょっと西寄りのはずで，東ヨーロッパの西を通ってバルチックのほうに抜けることを鉄のカーテンと，ミズーリ州フルトンでの演説で1946年にチャーチルは言ったと思うんですね．ですから，ハンチントン氏はそんなに新しいことを言ったわけではないんですけれども，冷戦後の紛争がここを境にして起こるだろうと予測し，また事実，問題が起こっている地域はここに集中している．例えば旧ユーゴがそうです．それ見たことかと彼は言っております．

僕が5，6年前に客員研究員でいた戦略研究所の所長が，実はハンチントンさんで，先生とこの件で議論したことがありますが，彼はそのときに，「いや，湾岸戦争がその典型だ」と言っていたんです．しかし，湾岸戦争をよくごらんになるとわかるように，あれは決してウェスタン・シビリゼーションとイスラム文明との戦いではないんですね．なぜならば，エジプト，あるいはサウジアラビアは西側とともに戦ったんです．彼らはイスラムとして戦ったわけではないんです．それから紛争というのは確かに文明の間で起こることもありますが，ほとんどの戦争（3分の2）は同じ文明間で，例えばヨーロッパ人同士の間で起こるわけです．だから，実際は，文明間というよりも，文明を種として，国家と国家の間で戦争が起こるわけです．しかし，これは壮大な議論ですから，たちまち人々を魅了いたしまして本にもなりました．

## 冷戦後の秩序

そういうカオス論に対して，いや，冷戦後の10年は，いわれたよりずっと安定しているという議論がある．例えば，結局，パックスアメリカーナの時代ではないかと．そしてその例として彼らが挙げるのが，これもハンチン

トンと同じですが，湾岸戦争です．あるいは，同盟とか経済とかということを非常に重く見るグループもありまして，例えば先ほどの，冷戦同盟というものはソ連という脅威がなくなったから同盟もなくなるんだという議論に対して，いや冷戦同盟，つまり，NATOも日米同盟も残っているし，のみならず，NATOは拡大し，日米安保条約は「再定義」されたという議論もあるんですね．新防衛大綱を発表し，日米防衛協力のガイドラインを新しくして，日本の役割分担が増え，「周辺事態」では，日本のロジスティクス・サポートなど「後方支援」が拡大することは間違いないですね．

　そうすると，こういう新しい展開というものは，従来のリアリストが言っていたような，脅威がなくなれば同盟は崩壊するという議論とは合いませんね．脅威はなくなったのに同盟は残ったんですから．そうするとなぜ残っているのかという理由が必要です．もちろんこれは，まだこれから崩れていくかもわかりませんが．同盟も結婚と同じで，ずっと永遠に続くはずはないので，どこかで終わるものだろうと思いますが，しかし，今のところは拡大の方向にあります．戦後アメリカのつくった秩序の延命に日米安保とNATOは一役買っているわけですね．

　コ・バインディング（相互拘束）という理論は，そういうことを説明しようとした最近の議論の一つで，ペンシルバニア大のJ・アイケンベリーらの主張するものです．例えば，同盟というのは，アメリカがドイツや日本を拘束しておくためだけではないんだというんです．かつて，NATOはソ連を追い出し，アメリカを引き入れ，ドイツを抑えるためにあると言われました．日本に対しても抑えるためにありまして，憲法9条というものもそういう目的でつくられた一面があります．ところが，冷戦が終わりまして，冷戦同盟

---

**キーワード**

コ・バインディング：J・アイケンベリーらが唱える「構造的リベラリズム」の下位概念のひとつ．NATO等の同盟は，単なる軍事力の提携ではなく，政治／経済にわたって加盟国の行動を相互に拘束する効果を持つととらえられている．

は日独だけをバインドしていくかというと,必ずしもそうではないので,NATOというものにアメリカを食い込ませることによって,事実上アメリカをもバインドしているのですね.つまりは,コ・バインドしているわけです.冷戦体制というものを支えてきた論理の一つが勢力の均衡ということであるならば,戦後の秩序をもう一つ支えてきたものはこのコ・バインディング,つまりお互いにバインドをかけてきたんだと.日本はアメリカに拘束されておりますが,しかし日本は4万数千人の米国の兵力と,アメリカのさまざまの軍事施設をここに置かせて,アメリカを引っ張りこんで,人質にとっているようなものですから,そういう意味ではアメリカもまた日米安保によって拘束をかけられている.ですから相互拘束,コ・バインディングされているわけだ.そしてお互いがコ・バインドすれば,安全保障というものは必ずしも共通の敵というものを必要としない.これはNATOとか冷戦後の日米安保とかを正当化しようとするアメリカの都合のいい議論という一面ももちろんあるんですが,しかしそれだけには終わらない同盟というもののひとつの真理でありまして,同盟というのは必ずしも共通の敵に対処するもののみならず,NATOがそうであるように,NATO内における相互の外交関係,安全保障,経済関係の安定のために多面的に使われているんで,そういう面を強調するのがコ・バインディングという議論です.

　次に「経済のMAD」ですが,もともとMAD（相互確証破壊）は核戦略の言葉で,お互いが相互に破壊されることが明確なら,互いが軍事的に手を出せないという議論のことを言いますが,実は,経済においてもそうである,と.例えば日本がアメリカの国債を買っている.アメリカは日本の車を買っている等々で,お互いがともに経済で相互確証破壊の状態にあって,そういう経済的な相互依存関係が深まっていく程,より緊密になるんだと.日本は一番アメリカの国債を買っていますが,二番目にアメリカの国債を買っているのは,実は中国ですから,やがて米中関係というものもだんだんと緊密になっていくかもしれませんね.

　そして,グローバリゼーションですが,経済がグローバライズされていく

ことによって，一層国際社会が緊密になる．「デファクトスタンダード」，すなわち事実上の基準というものが生まれてまいります．何でも，いったん基準ができてしまうと仲々変えられない．こういう事実上の基準というものは世の中にたくさんあるわけで，そういうデファクトスタンダードを，ある程度意図的につくれる国，会社，勢力が国際社会を動かしていきます．そういうものがつもりつもって制度化されて，世界を動かす力になるわけです．

　最後に，冷戦が終わりましても，これで戦後秩序の終焉にならないんだという議論の一つに「大西洋憲章体制」があります．戦後国際社会を特徴づけていたものの一つは確かに冷戦である，これは終わった．しかし，もう一つは，1941年8月にチャーチルとルーズベルトが秘密の首脳会談をやって発表した，いわゆる大西洋憲章に盛られている幾つかの原則のうえにたつ体制です．これが戦後国際社会を動かしてきたものであって，例えば民主主義，オープン経済，という原則で，それにのっとって，戦後のIMFだのGATT（関税と貿易に関する一般協定），転じてWTO等々ができてきたわけでありまして，これらが戦後国際社会というものを特徴づけてきたものであり，冷戦が終わっても残っている．これを強調しているのはアイケンベリーですが，彼は冷戦の終焉というものは，一つの世界の終わりというよりは，共産主義世界の崩壊によって西側世界が拡大しているだけに過ぎないんだということを言っておりまして，「アメリカは，冷戦後見知らぬ世界で羅針盤を持たずに漂流しているわけではない，アメリカは自らが作り上げた世界——すなわち1941年8月の大西洋憲章の世界——の中心に位置している」[9]といってアメリカ人を安心させたのですが，そういうとらえ方は，冷戦後世界の安定ということを強調する代表的見解です．

### アナーキカル・ソサエティ

　21世紀の国際政治がどうなるかについて一言だけ申しますと，冷戦後一時言われていたような，国際政治とか安全保障政策とかがなくなることはあ

りえないのではないかということですね．冷戦が終わったくらいで国家を中心とする近代国際社会が終わるはずがない．

　それから，安全保障の問題に対しても，国家が安全を心配しなくていい時代が来るとは思えない．例えば核の問題について，核の廃絶ということが一つの課題になるかもしれませんが，しかし核の廃絶は必ずしも安全保障を考えなくてもいいということではない．もっとも核の廃絶そのものも僕は必ずしもいいことでもないと思うんですが．核というのは確かに，使われればたくさん人を殺しますから悪いものですけれども，それではそれをなくせば紛争がなくなるかというと，必ずしもそうではない，あるいはそれをなくせばより安全になるかというと必ずしもそういう保障はない．国際政治の意図せざる結果を軽く見るべきでない．

　したがって，冷戦後の安全保障問題が，そんなに大きく変わるとは思われない．しかし，全く変わらないかというと，やっぱり変わるんです．例えば温暖化防止でもフロンガスの規制でも，そういう問題は従来になかった大きい課題で，やっぱり地球全体の視点で考え，コレクティブ・デシジョン（集合的意思決定）を下していく必要があるわけで，それは国だけを動かしていてもやれない．温暖化防止の問題はいずれ解決しなければならない問題で，そういう問題を解決するには，先ほど国際社会に政府はないんだと申し上げましたが，しかし政府がない状態で，なおかつコレクティブ・デシジョンをつくっていかなければならない．例えばフロンガス規制のためのモントリオ

---

**キーワード**

**グローバル・ガヴァナンス**：複数の問題領域にわたる地球的課題を集合的意思決定に基づく「統治」によって解決するという考え方．いまだ形成途上の概念であり，分析的議論と規範的議論が混在し，さまざまな方法論が競合している．

**アナーキカル・ソサエティ**：世界政府の不在（アナーキー）が直ちに無秩序状態を導くわけではなく，国際関係を，一定の秩序をもつ「社会」としてとらえる考え方．国際社会の規範や勢力均衡の原則がそれを保障するとされる．

ール議定書が10数年前に出来ましたが，ああいうものを，何を基礎にして，いかなる手続きでどうやってつくり，そして，実行するかというのが，いわゆる「グローバル・ガヴァナンス」という議論です．青山学院の国際政治学は猪木正道先生や永井先生を中心として，1980年代初めリアリズム国際政治学でスタートいたしました．1998年からその正統的プログラムに加えて，グローバル・ガヴァナンスコースというのを設けまして，同時に，全く違う視点を2つ提供するようになったわけです．国際政治学にはこの両方必要なんです．

「アナーキカル・ソサエティ」（H・ブル）とはそういう議論です．国際体系はアナーキー（政府不在）ですが，それは決してカオス（混沌）を意味しているわけではなく，アナーキーという一つの秩序であることをきちっと頭に入れておいていただきたい．そこでは，国際社会全体の共通の利益を担保する共通の行動，共通の規範，共通のルールというのがあるわけで，それらは今までもあったし，これからもさらに強くなるものです．国際社会の全体の利益というものをどうやってうまくつくり出していくか，そして，それらをつくり出していくときに何が共通の利益で，何が共通の考え方かというものを提供するのがグローバル・ガヴァナンスなんですね．ですから，一番初めのリアリズムとリベラル派の二つの流れに戻りますと，二つが別々にあるのではなくて，国際政治を考えるときは，両方一緒に考えなければならないということをもちまして，私の結論としたいと思います．

◆註

1) Melvyn Leffler, *A Preponderence of Power : National Security, the Truman Administration, and the Cold War* (Stanford University Press, 1992)
2) Francis Fukuyama, *The End of History and the Last Man* (Free Press, 1992), 渡部昇一訳『歴史の終わり』上下（三笠書房，1992年）
3) Hans J. Morgenthau, *Politics Among Nations* (Alfred, A. Knopf, Six ed., 1985), 現代平和研究会訳『国際政治』（福村出版，1986年）

4) 永井陽之助「歴史のなかの冷戦」，永井陽之助・土山實男編『秩序と混沌―冷戦後の世界』（人間の科学社，1993 年），16-45，34 ページ
5) Paul Kennedy, *The Rise and Fall of the Great Powers* (Random House, 1987)，鈴木主税訳『大国の興亡』上下（草思社，1988 年）
6) ジェームズ・ファローズ，大前正臣訳『日本封じ込め』（TBS ブリタニカ，1989 年）
7) John J. Measheimer, "Back to the Future : Instability in Europe after the Cold War", *International Security,* Vol. 15, No. 1, 1990
8) Samuel P. Huntington "The Clash of Civilizations?", *Foreign Affairs,* vol. 72, No. 3, 1993, pp. 22-49
9) *International Herald Tribune,* March 9, 1992（Tokyo ed.）

◆参考文献

ヘドリー・ブル，臼杵英一訳『国際社会論―アナーキカル・ソサエティ』（岩波書店，2000 年）

サミュエル・ハンチントン，鈴木主税訳『文明の衝突』（集英社，1998 年）

土山實男「アナーキーという秩序」，『国際法外交雑誌』第 96 巻第 3 号，1997 年

渡邊昭夫・土山實男編『グローバル・ガヴァナンス』（東京大学出版会，2000 年）

# 国際政治の変容と核の意味

伊藤憲一

## 米ソ冷戦時代は特殊な時代だった

　米ソ冷戦時代という人類の歴史上でも非常に特殊な時代が終わって，もうまもなく10年になろうとしています．冷戦時代におけるわれわれの経験は，実は非常に特殊な経験だったのですが，その渦中にいたときのわれわれは，あまりにもその時代状況に取り込まれてしまっていたせいもあって，そのような状況下のわれわれの思考や行動をむしろ普遍的なものと思い込んでいたところがありました．

　人類の歴史とは，歴史的主体としての民族とか国家とかが各主体の利益を追求しあい，その中で相互に協調と闘争をくりかえしてきた過程のはずなのですが，ときどき手段が目的化するあまりに，本来の目的である主体の具体的利益ではなく，その利益達成のための手段であるはずのスローガンとかイデオロギーとか自体が目的化されてしまう時代が登場しました．宗教上の聖戦（イスラムのジハードや西欧の十字軍など）の時代はその典型的な例です．今日でもイランの外交にはその色彩が濃厚にみられます．抽象的なイデオロギーの追求が民族や国家の具体的な利益を押しのけたという意味では，政治上の革命（フランス革命やロシア革命）の時代にもやはり同じような手段の目的化がありました．いずれも歴史の普遍性からの逸脱であったといってよいでしょう．その延長線上に米ソ冷戦時代があったといわざるをえません．

　もちろん，実際にはイデオロギーの仮面の下に具体的な国益が隠されてい

た場面が多かったわけですが，それにしてもソ連国家というものがイデオロギーに振り回されて，ロシア国民の現実の利益を最終的に損なっていたことは，ソ連崩壊後の総決算の結果をみれば明らかでしょう．しかし，当時冷戦の時代を生きていたわれわれには，東側だけでなく，西側においても，そのようなイデオロギー闘争をむしろ普遍的現象であり，国際政治の本質であると思い込むようなところがあったと思います．

　そのような冷戦時代のもう一つの思い込みとして，この小論でわたくしがとりあげてみたいと思いますのは，冷戦時代のわれわれの核思考です．核に関するわれわれのいろいろな思い込みは，米ソ冷戦という特殊な状況下で形成されたものでありました．当時はそれが時空を越えた普遍的な真理，公準であるかのように思われたものの，冷戦時代が過去の歴史となりつつあるいま，より普遍的な文脈のなかで再検証してみると，意外と核に関するわれわれのそのような理解や思考は当時の特殊な状況の産物であったという面のあることに気づかざるをえません．

　なんといってもわれわれの核理解に決定的な影響をあたえたのは，ヒロシマとナガサキの惨禍でした．広島，長崎と漢字ではなく，ヒロシマ，ナガサキとカタカナで書いたのは，それが及ぼした世界的な影響を強調するためです．戦後まもなく，バーナード・ブローディは核兵器のことを「絶対兵器」と定義しましたが，その意味したところは，核兵器こそが人類の兵器開発史の発展に最終的終止符を打つ「最終兵器」であり，この兵器を超える兵器はもはや生まれないという意味においてそれは「絶対兵器」である，ということでした．兵器開発史とは矛盾ということばに集約されているように矛（つまり攻撃兵器）と盾（つまり防御兵器）のシーソーゲームの歴史でした．いかなる盾も貫くと称する矛が開発されれば，こんどはいかなる矛もはね返すと称する盾が開発されるという繰り返しの歴史です．ところが，核兵器の登場は，このような攻防兵器の角逐の歴史についに終止符を打ち，兵器開発史を攻撃兵器の最終的勝利によって完結させたものと思われました．それが核兵器を「最終兵器」「絶対兵器」とよばせた理由であり，この兵器を当初独

占したアメリカはこの兵器の独占のゆえに永遠不滅の世界支配力を手中にしたかのようにも思われたのでした．またそのゆえにスターリンはそのようなアメリカの核独占にあらゆる犠牲を払っても挑戦したのでした．ドゴールや毛沢東が核に固執したのも，核がなければ二流国家になるしかない，との思い込みがあったからだといってよいでしょう．

　しかし，はたしてスターリンやド・ゴールや毛沢東の判断は普遍的，永続的判断としても正しかったのでしょうか．じつは核兵器は「最終兵器」でも「絶対兵器」でもなかったのです．あの時代にそのように見えただけのことだったのです．フランシス・フクヤマは「歴史の終わり」ということをいいましたが，歴史に終わりのあろうはずはないんですね．むしろ冷戦後の現実は，冷戦によって封じ込められていた本当の歴史が復権してくるプロセスを開示しているといってよいでしょう．兵器開発史にも終わりはなかったんです．それはどういうことなのかということを，もう少しくわしく検証してみたいと思います．

　この問題をどのように考えるかということは，じつはいろいろな問題をどう考え，どう解くかということに連動，波及してゆきます．それは一専門分野の一技術的関心事にとどまるものではなく，国際政治全般，戦争と平和の問題全般から，21世紀の国際秩序や文明のあり方にまで影響をあたえないではおかない問題です．核の意味や位置づけは今急速に変わりつつあります．そのことを正確に理解することの重要性をどれほどの日本人が理解しているかと考えると，わたくしは肌寒いものを感ぜざるをえません．

## 手に負えなかった核の自己増殖

　興味深いことは，われわれは核兵器のもつ意味というものをこれまで完全に理解したことは一度もなかったということです．その全貌はいまだにわれわれの手の届かないところにあるといってよいでしょう．それは核兵器自体が不断の技術革新の結果として絶えず自己変貌を遂げつづけたせいもありま

すが，兵器体系全体のなかで核兵器の占める位置がいつのまにか少しずつ変化してきたからでもありました．また，核兵器がヒロシマ，ナガサキのあとは実戦で使用されたことがなく，このためわれわれの核理解はすべて仮説の積み重ねとしてしか発展することができなかったせいでもありました．

　今日でもそうなのですから，まして核兵器が登場した直後の世界においてはこの兵器の意味も，したがって目的に対応したその使い方も，われわれはほとんどまったく知らなかったといってよいでしょう．1949年になっても，たとえば当時のアメリカの代表的な軍事理論家の一人であるヴァンネヴァー・ブッシュは，その著『現代兵器と自由人』のなかで「原爆がより多く用いられるということを別にすれば，第三次世界大戦は前大戦とそう変わらない戦争となるであろう」といっております．これは自らの核をもつようになる前のスターリンや毛沢東の核に関する発言の趣旨とも奇妙な符合を示しております．現実には核は「より多く用いられる」どころか，広島と長崎のあとは二度と使われることがありませんでした．このゆえに，核に関するわれわれの理解はどれも実験によって証明されることがなく，その集大成としての核戦略論もつねに未完成の仮説群として発展しつづけたのでした．

　ブッシュがこの発言をした同じ年に，ソ連もまた原爆実験に成功しました．その結果アメリカの核独占は破れ，その後アメリカ人はより真剣にこの兵器の意味を考えねばならなくなりました．まずブローディが「抑止」という概念を核戦略論に導入しました．ひとによっては，とくに観念的な反核平和論者とでもいうべき人々のなかに多いのですが，抑止論というのは核兵器についてのみ存在する理論であるかのような思い込みがあります．そして核抑止論は間違いだとか，古くさいとかという主張をしています．しかし，それは単なる不勉強による思い違いの主張にすぎないといわざるをえません．古来戦略論の世界では，軍事力には四つの側面があることがつとに指摘されておりました．すなわち，軍事力のもつ攻勢力と防御力の二つの側面にそれぞれ物理的な使用と心理的な使用の二つの使い方があり，そのゆえにすべての軍事力には破壊力（すべての戦争の決戦にみられるような物理的攻勢力），威

嚇力（ミュンヘン会談時におけるドイツ軍の存在のような心理的攻勢力），拒否力（中国の万里の長城やフランスのマジノ線のような物理的防御力），抑止力（十分に優勢な報復可罰能力を保持することによる敵の攻撃意欲の牽制のような心理的防御力）の四つの側面があるということです．ですから，ブローディが核兵器についてもその抑止力としての使用法があるはずだと思いいたったのは，むしろ当然のことであったのです．

　ブローディによって着想された「核抑止」という概念を理論の世界から戦略の世界に最初に持ち込んだのはジョン・フォスター・ダレスでした．かれは1954年にアメリカはソ連の侵略に対して「われわれの選ぶ方法と場所でただちに報復する」と述べ，かれのこのような政策は「大量報復」戦略とよばれました．しかし，ダレスの「大量報復」戦略は戦略理論としてはまだ未熟で荒削りなものでした．じっさい朝鮮戦争やベトナム戦争を戦ってみると，核兵器はいつでもどこでも使えるような安易な兵器ではなく，かりに使ってみてもそれでその目的の達成が保証されるというような単純なものでもないということが，やがてはっきりしてきました．朝鮮戦争に際してマッカーサー元帥が満州への原爆投下を主張し，これを却下したトルーマン大統領がかれを解任したのは，このような核理解の食い違いに基づく意見対立に起因するものでした．そのようななかで「大量報復」戦略に固執すれば，核兵器は抑止力としての機能すらも喪失する可能性があるという現実に，米国はやがて気づきました．

　1957年にキッシンジャーが有名な『核兵器と外交政策』のなかで「核兵器は相手方の全面的勝利を防止するという消極的目的以外には使用できない」と，それが防御力としての効用しか期待できない特殊な兵器であることを指摘したのはそのような文脈においてでした．1958年にはアルバート・ホールステッターが『恐怖の微妙なバランス』を書き，核兵器を抑止力として使用するといっても，それはそう簡単なことではなく，核抑止を成立させるためには複雑で微妙な条件を満たさねばならないということを指摘しました．このようにしてアメリカの核戦略論はしだいに精緻化されてゆきました

が，1959年にマクスウェル・テーラーは『さだかならぬトランペット』のなかで「起こりうべきあらゆる挑戦の様相に対応した報復行動を起こす能力」をもつことの重要性を説き，それが1961年のケネディ政権発足とともに「柔軟反応」戦略として政策化されました．「柔軟反応」戦略は相手の出方に対応して反撃のために行使する武力のレベルをエスカレートさせてゆくという戦略ですが，そのような武力行使の最高レベルには米ソの核交換が想定されていました．つまり，米国としては「敵の第一撃を吸収したあとも，なお敵に対して堪えがたい損害をあたえる」ための能力を確保することが至上命令であるとの結論に到達したのでした．ちなみに「敵の堪えがたい損害」とはソ連の200都市，人口の3分の1，工業の3分の2であって，この損害をあたえるために必要な能力が「確証破壊」能力とされたのでした．直接的な「確証破壊」能力は400メガトンでしたが，ソ連の第一撃でアメリカの核戦力の9割は全滅すると想定されていましたから，アメリカの常備核戦力は4,000メガトンを超えるものでなければならず，しかもこの数字はソ連の第一撃能力の向上や拡張に対応して伸びることとなりますから，ここに米ソは際限のない核軍拡競争の泥沼に陥ることとなったのでした．

### 核軍備管理から核軍縮・核廃絶へ

安全と安定を求めてやっているはずのことが，いよいよ不安全と不安定をもたらすという悪循環の構造のなかで，米ソは必死になってその出口を探し求めました．核戦略論の主要な関心事は「どのようにして使えば自国の安全保障目的にとってもっとも効果的な使い方ができるか」という一方的な立場の議論から「どのような合意をすれば交渉当事国双方にとってもっとも安全かつ安定的な状況を確保できるか」という双方的な立場の議論へと転換をし始めました．その結果姿を現わし始めたのが，軍備管理です．すでに1966年にトーマス・シェリングが『紛争の戦略』のなかで「国際紛争は定常和 (constant sum) ではなく，可変和 (variable sum) である．相互に都合の

よい結末に到達するところの共通の利益がある」と指摘していましたが、かれのこのような理論はその後の軍備管理理論を基礎づけることになりました。そして米ソ両国は、1972年のニクソン訪ソの機会に、相互の攻撃用核戦力を暫定的に現状で凍結し、ABM（弾道弾迎撃ミサイル）の配備を放棄しあうことによって相互の都市を相手の確証破壊に対して人質として差し出すという、画期的なSALT I＝ABM体制の樹立に合意したのでした。この体制は **MAD**（相互確証破壊）体制とよばれましたが、その理由はこの体制の下で米ソ両国はいずれも確証破壊能力の保持を保障されることになったからです。この結果、米ソいずれもが「先手（奇襲第一撃）をとることによってとくに有利になることも、また後手（報復第二撃）にまわることによってとくに不利になることもない」状態となり、そのゆえに第三次世界大戦勃発の可能性はもっとも小さい（戦略的安定度はもっとも高い）とされたのでした。

　しかし、この軍備管理合意がもたらした安定感はつかの間の安定感に終わりました。ソ連の攻撃用戦略核戦力、とくにSS 18, SS 19などのICBM（大陸間弾道弾）が、その後急速にその能力を向上させたからでした。具体的には命中精度の向上があり、それが多弾頭化（MIRV化）と相俟って相乗効果をもたらしました。この結果、ソ連の奇襲第一撃がある場合には、アメリカのICBM（ミニットマン）の99％は破壊されるだろうという状態が現出しました。これでは「先手必勝、後手必負」ということになりかねません。当時この状態を「脆弱性の窓」とよびましたが、このようにしてあれほど精緻をきわめたはずのMAD理論が、結果としてかつての「大量報復」戦略と同じような意味の杜撰な破綻に陥ったのでした。

　この破綻からいかにして脱出するかをめぐって、米国ではつぎつぎといろ

―― キーワード ――

**MAD**（相互確証破壊）：どちらか一方が先制攻撃をしても、他方の報復攻撃能力が残存し、米ソが互いに壊滅的な被害を受ける状態。この状態が安定的に保たれることによって米ソ間の核戦争が起こりにくくなるとされた。

## 軍備管理の歴史

| | | |
|---|---|---|
| 1962・10 | | ケネディ米大統領, ソ連ミサイル導入に反発しキューバ封鎖を宣言（キューバ危機） |
| 1963・8 | | 米英ソが部分的核実験停止条約(PTBT)に調印 |
| 1968・7 | | 米英ソなど核不拡散条約(NPT)に調印 |
| 1969・11 | | 米ソ, ヘルシンキで第1次戦略兵器制限交渉(SALT I)予備交渉始める |
| 1972・5 | | SALT I 調印. 戦略兵器制限に関する暫定協定と弾道弾迎撃ミサイル(ABM)制限条約調印 |
| | 11 | 第2次戦略兵器制限交渉(SALT II)開始 |
| 1974・7 | | 米ソが地下核実験制限条約(TTBT)に調印（90・12 批准） |
| 1976・5 | | 米ソが平和目的地下核実験条約(PNET)に調印（90・12 批准） |
| 1979・6 | | SALT II 調印 |
| 1981・11 | | 欧州中距離核戦力(INF)交渉開始 |
| 1982・6 | | 戦略兵器削減交渉(START)開始 |
| 1983・3 | | レーガン米大統領, 戦略防衛構想(SDI)を発表 |
| 1985・1 | | ジュネーブで米ソ外相会談. 戦略核, 中距離核, 宇宙兵器の3分野で包括軍縮交渉を開始することで合意 |
| | 11 | ジュネーブで米ソ首脳会談. 包括軍縮交渉を加速させることで合意 |
| 1986・10 | | レイキャビクで米ソ首脳会談. 戦略核とINFの削減などで原則合意したが, SDIで対立し物別れ |
| 1987・12 | | ワシントンで米ソ首脳会談. INF全廃条約調印 |
| 1988・5〜6 | | レーガン大統領訪ソ. INF条約批准書交換 |
| 1990・5〜6 | | ワシントンで米ソ首脳会談. START基本合意. 米ソ化学兵器廃棄協定調印 |
| | 11 | 欧州通常戦力(CFE)条約調印 |
| 1991・7 | | ワシントンで米ソ外相会談. 技術問題一点を残し, START合意へ大きく前進 |
| | 7 | ロンドン・サミット終了直後, 米ソ首脳会談. STARTが最終決着 |
| | 7 | モスクワでSTART調印 |
| 1992・1 | | 朝鮮民主主義人民共和国（北朝鮮）, 国際原子力機関(IAEA)と保障措置協定(SA)に調印 |
| | 6 | 米ロ両大統領が戦略核の大幅削減に合意 |
| | 10 | ブッシュ米大統領, 核実験全面禁止法案（ロシアなど同調が条件）に署名 |
| 1993・1 | | ブッシュ大統領, エリツィン・ロシア大統領がSTART IIに調印 |
| 1994・2 | | START I 批准 |

出所：『知恵蔵』朝日新聞社, 1995 年, 93 ページ.

いろな新戦略が発表され, 試みられました. 1974年には早くもターゲティング・ドクトリンが登場し, それは1980年にカウンターヴェーリング・ストラテジー（相殺戦略）に発展しました. しかし, どうしてもそれらの新戦略では問題が解決されそうにもないということに気づいたとき, 米国は1983年レーガン大統領のもとでSDI（戦略防衛構想）を打ち出しました. これは明らかにSALT I＝ABM 体制のABM廃棄合意を無視した構想でしたが, 米国はソ連の反対を押し切って, これを強行する構えをみせました. この構想は技術力だけではなく, 膨大な資金力を必要とする事業でしたが, ソ連にはもはやこのSDIに対抗してゆく国家的余力は残されていませんでした. ソ

国際政治の変容と核の意味──● 49

連は結局最終的には米国との核軍拡競争ではなく，核軍縮合意を模索するのですが，そこには「もはや米国のSDIには対抗できない」との国家的諦念があっただけではなく，1986年4月のチェルノブイリ原発事故の惨禍の衝撃があったと思われます．1945年の日本指導部が原爆投下から受けたのと似たような衝撃を当時のゴルバチョフ指導部は受けたといわれております．ゴルバチョフは1986年10月のレイキャビク米ソ首脳会談でレーガン大統領とのあいだで「幻の核全廃」案というものを話し合ったといわれておりますが，いずれにせよこのとき米ソ両国は初めて核軍備管理から核軍縮・核廃絶に踏み込んだ画期的なINF（中距離核戦力）全廃条約に調印したのでした．ゴルバチョフは翌11月には核廃絶15カ年プログラムというものを発表しております．

　このようにして米ソ冷戦の幕を閉じるときが着実に近づいてきていました．米ソ冷戦に最終的な終止符を打つ直接の引き金となった事件は，1989年の「ベルリンの壁」の崩壊ですが，そのずっと前から少しずつソ連国家は崩壊過程に入っていました．そして1991年にソ連国家は名実ともに消滅したのでした．相手方であるソ連国家の消滅によって，米ソ核対立もMAD体制もやがて蒸発するようにその実態を失ってゆきました．

　米ソ冷戦時代の1980年代半ばから今日までのあいだに米露両国の核弾頭の数は7万発から3万5,000発に半減したといわれています．米国は2万5,000発から1万5,000発に，ロシアは4万5,000発から2万発というわけです．現在の保有核弾頭のうち戦略核（射程5,500キロ以上）は米国が8,000発，ロシアが7,000発です．これらの戦略核弾頭数は第一次，第二次，第三次のSTART（戦略兵器削減条約）が完全履行されれば，米露ともにそれぞれの段階で6,000発以下，3,500発以下，2,500発以下となる予定です．その他はすべて戦術核（射程550キロ以下）です．戦術核についてはいっさいの削減合意のないことが問題ですが，じっさいには米露両国それぞれの一方的意志で老朽化にともない逐次解体，廃棄されています．戦域核は1987年の米ソ間合意で全廃されましたので，現在ゼロです．ところで，ロシアは

2万発を保有しているといっても，実戦配備されている弾頭数はその半数以下の1万発弱にすぎず，それも補充がなされないためどんどん減少しているようで，今後10年間で使用可能な核弾頭数は戦略核で1,000発以下に，戦術核では数百発以下になるとの見方もあります．なお，フランスと中国はそれぞれ約450発ずつ，イギリスは約300発を保有しているとみられます．この他にイスラエルが約200発ということでしょうか．ほかに1999年に入ってからインドとパキスタンが核実験を行ないましたし，核保有疑惑国ということになれば北朝鮮，リビア等があります．

　これが冷戦後の核状況ですが，このような新しい核状況を背景として新しい核理解の波が起こってきていることに注目する必要があると思います．これまでは核廃絶論といえば，それは核抑止論を否定するというか罪悪視するというか，そういう立場をとるひとびと，つまり反核平和論者たちの核廃絶論しかありませんでしたが，いまや米ソ冷戦が終わり，それにともなって「核の手詰まり」が解消されたのを契機として，核抑止論を肯定し，その論理のうえに立ういわゆる現実主義者たちの側からも核廃絶論が提起されるようになったということです．米ソ核軍備管理交渉の米側首席交渉者であったポール・ニッツェ大使であるとか，アメリカ核戦略軍の司令官であったリー・バトラー将軍であるとか，NATO最高司令官であったアンドルー・グッドパスター将軍であるとかいった，まさに米ソ冷戦時代のアメリカ側の核抑止戦略の担い手であったひとたちが多数その声に加わっているわけです．これらの専門家たちだけでなく，最近はロバート・マクナマラ，ジミー・カーター，ヘルムート・シュミット，ミハイル・ゴルバチョフといった冷戦時代の政治指導者たちまでが，現実主義者の核廃絶論に名を連ねて登場してきています．冷戦時代なら考えられないことが，冷戦後のいま起こっているわけです．かれらが署名したあと発表されている文書はさまざまであり，文書によっていろいろとニュアンスの違いがありますので，これらをすべて十把一絡げにした議論をすることには問題がありますが，それにしてもこれらの現実主義者たちが冷戦後に新しく展開し始めた核廃絶論（それをここでは

「現実的核廃絶論」とよびましょう）と冷戦時代に反核平和論者たちが展開していた核廃絶論（それをここでは「観念的核廃絶論」とよびましょう）とのあいだには明確な発想や論理の相違があります．

## 現実的核廃絶論と観念的核廃絶論

　両者の発想の違いを一言でいえば，観念的核廃絶論が「核廃絶のための核廃絶」論であったのに対して，現実的核廃絶論は「人類の平和と安定のための核廃絶」論であるということでしょう．前者は「いますぐ，すべての核を廃絶せよ」と主張する場合において「その結果がどういう結果となるのかは考えない」という立場です．というか，核廃絶は絶対善であるのだから，悪い結果になるはずはないという，これは一種の信仰であったわけです．現実的核廃絶論は「一歩ずつ手探りで，核を削減し，究極的に核廃絶を目指すとしても，その過渡期で，また核ゼロの移行後において，ならず者国家やテロリスト・グループによって不法に隠匿され，使用される核があってはならない」という，理論武装された核廃絶論ということです．

　したがって，このような発想の違いの背後には当然につぎのような論理の違いが隠されているわけです．観念的核廃絶論は核抑止論というものを道徳的レベルで把握し，これを「アプリオリな悪であり，そのゆえに絶対的に否定しなければならない」と考えるのに対して，現実的核廃絶論は「核抑止力というのは万有引力と同じであって，核抑止力それ自体に善なる性質や悪なる性質があるわけではない．万有引力の存在を否定したり，無視したりして飛行機を飛ばすことができないのと同じように，核抑止力の存在を否定したり，無視したりして核を廃絶することはできない」という認識です．そして冷戦後の新しい核をめぐる状況のもとでは，この核抑止論を適切に利用すれば究極的な核廃絶の道筋も描けると考える立場です．

　シナリオとしては，現在米露間で行なわれているSTART交渉がその第三次から第四次の段階に入ってきた場合，この交渉には米露だけでなく，世

界中のすべての核保有国に入ってもらい，全世界的な核ゼロをめざす多角的交渉に発展させるということですが，その間においても NPT（核不拡散条約），**CTBT**（包括的核実験禁止条約），カットオフ条約（兵器用核物質生産禁止条約），核先制不使用（ノー・ファースト・ユース），非核地帯（または非核化）条約等をつぎつぎと締結，強化，拡大してゆくことにより核ゼロの世界の条件や環境をしだいに創りあげてゆこうというものです．

と同時に，現実的核廃絶論は「核ゼロへの移行後において，ならず者国家やテロリスト・グループによって不法に隠匿され，使用される核があってはならない」「かれらによる不法な核の威嚇または行使を抑止できるだけの国際的システムが，核ゼロの前提として整備されていなければならない」という立場をとりますから，核ゼロとは国家保有の核のゼロのことではあっても，国際社会全体の核のゼロのことではありえないという結論になります．核ゼロの体制への移行過程を管理し，核ゼロの体制の維持を保証するための権威と権限をあたえられた国際機関が必要となります．ということは，核ゼロの世界というのはまったく核のない世界ということにはならないということであります．なぜならそのような国際機関が国際社会の総意を体して核武装した無法者と対峙するためには，そのような国際機関は当然自己の核抑止力をもたなければならないからです．**BMD**（弾道ミサイル防衛）システムも必要とされるかもしれません．

話がここまで踏み込んでまいりますと，やはり申しておかなければならないことが一つあります．それは，ではどのような国際機関をつくるのかとな

---

**キーワード**

**CTBT**（包括的核実験禁止条約）：核爆発を伴うタイプの核実験を全面的に禁止した条約．1996年に調印されたが，インドやパキスタン等の不参加，アメリカ等の未批准，臨界前実験やシミュレーションが除外されていること等，実効が危ぶまれている．

**BMD**（弾道ミサイル防衛）：迎撃ミサイル等によって相手方の弾道ミサイルを破壊する軍事システム．そのサブ・カテゴリーであるTMD（戦域ミサイル防衛）について日本はアメリカが進めている開発への参加を検討している．

れば，それは言うは易く，現実にそういうものをつくることは非常に難しいということであります．なぜなら，この国際機関は国際社会全体に代わってその強制力を執行する権限をあたえられるわけですから，実質的には世界政府にほかなりません．ヒロシマ，ナガサキのあと，一発の核爆弾も使われることがなかったのは，たまたま自然の成りゆきで偶然そうなったということではありません．アメリカという圧倒的な核戦力を背景にした核抑止力をもつ国があって，その国が世界的な核秩序を維持してきた結果であると考えるべきでしょう．いうならば，アメリカは国際的な警察官の役割を果たしてきたということです．ところで，核ゼロの保証者としての国際機関を新しく創設するということは，国際社会の警察官という役割をアメリカという一つの国家から国際社会全体に移しかえようという話にほかなりません．現実主義者の目で核廃絶の道筋を考えると，それはこのようにして裏返しの世界政府論となるのです．したがって，われわれは核ゼロの目標に近づけば近づくほど，アメリカという一国に信頼を寄せるという現行の国際システムと，どのようなメカニズムでどのような動きをすることになるのかはよくわからないが，とにかく世界政府といったものに人類の運命を委ねるというのと，どちらがよいのかという最終的選択の問題を突きつけられることになるということです．これはとくにアメリカ国民にとっては重大な選択になります．ですから，核廃絶が実現できるかどうかは，最終的にはアメリカ国民の意志に依存することになる可能性が非常に高いわけです．アメリカ国民が世界政府を信用するかどうかということです．それは世界政府の性格にもよりましょうが，あまりにもアメリカに好都合な世界政府であれば，今度はアメリカ以外の諸国が「ノー」ということになる可能性が高くなります．このようにして核廃絶とは，一筋縄ではゆかない複雑な難問と表裏一体をなしているのです．

## 「脱核（ポストニュクリアー）時代」の到来

ところで，この小論の最初に提起した問題，つまり核兵器は今後とも依然

として「最終兵器」「絶対兵器」でありつづけるのかという問題について，ここでもう一度考えてみたいと思います．そもそもなにゆえに核兵器は他の諸兵器から区別されて「最終兵器」「絶対兵器」とよばれたのかといえば，それはその比較を絶する爆発力・破壊力のゆえでした．たった一発の原子爆弾で一つの都市が壊滅させられました．この爆発力・破壊力に世界は驚愕したのでした．広島に投下された原爆の破壊力は TNT 火薬 1 万 3,000 トン（つまり 13 キロトン）の破壊力に相当するものでした．これは核分裂反応のもたらすエネルギーを利用したものでしたが，その後は核融合反応のもたらすより巨大なエネルギーを利用するいわゆる水素爆弾が開発され，1953 年のアメリカの水爆実験では 15 メガトン（広島型原爆の 1,154 倍），1961 年のソ連の水爆実験ではじつに 58 メガトン（広島型原爆の 4,462 倍）の爆発力が実現されました．じつは，これほど爆発力が巨大化すると，それによって破壊され，被害を受ける対象もまた巨大化し，実戦上は大きな斧でもって小魚を料理するようなことになり，無用の長物となるのです．

　じつは，すべての兵器の価値はその破壊力の大きさによって一義的に決定される性質のものではないのです．兵器は選択され，特定された攻撃目標を正確に捕捉し，破壊するからその価値があるものであって，この観点に立てば兵器の価値とは破壊力と命中精度の乗数であるということになります．いいかえれば「命中精度が向上すればするほど，破壊力は小さくてもよい」という命題が成立することになります．

　じっさい米ソの核軍拡競争が爆発力の巨大化を競ったのは，1961 年ぐらいまでのことであって，それ以後は競争の重点は核弾頭を運搬するミサイルの命中精度の向上に向けられるようになりました．命中精度を示す専門用語 CEPS（半数必中界）とは「ミサイルの半数が目標の何メートル以内に着弾するか」を示す数字でありますが，ICBM について申し上げれば，かつては数十キロメートルであった CEPS が，いまや数十メートル，さらには数メートルにさえなってきているのが現状であります．巡航ミサイルなどでは CEPS ゼロということさえいわれるようになってきております．こうなりま

すと，攻撃目標を破壊するために必要とされる弾頭の破壊力はどんどん小さくてよいことになります．1万キロ以上の大陸間を飛行して敵の戦略拠点（具体的には，コンクリートの堅固な蓋によって掩蔽され，地下のサイロに格納されている敵 ICBM）を叩く ICBM の戦略核弾頭は 10 年くらい前には 1 メガトン（広島型原爆の 77 倍）の破壊力が必要とされていましたが，今日の CEPS をもってすればそれはたぶん 1 キロトン（広島型原爆の 13 分の1）もあれば十分なのではないでしょうか．核大砲，核地雷のような戦術核ということになりますと，現在配備されている大部分の戦術核の破壊力は 10 トン前後が大部分であるといわれております．

こう申し上げてくれば，賢明な読者のみなさんは「それなら今後精密誘導兵器が発達してくれば，弾頭はさらにいっそう小型化され，究極的にはどうしても核弾頭でなければならないということにはならなくなるのではないか」とお考えでしょう．そのとおりなのです．これは欧米の専門家たちのあいだでは 10 年ほど前から「脱核（ポストニュクリアー）現象」とよばれて注目され始めていた現象でした．わたくしもかつて「脱核時代の到来と日本の大戦略」という論文（拙著『大国と戦略』所収）を発表して，この問題を詳細に論じたことがあります．特別に核兵器を使わなくても，通常兵器によって同一の軍事目的を達成することができるとすれば，どこの国ももはやあえて核兵器を使おうとはしないでしょう．なぜなら核兵器の使用は，通常兵器の使用と比べてその政治的コストがあまりにも高すぎるからです．

とはいえ，どのように運搬手段の命中精度が向上したとしても，本当にすべての軍事的目的を核兵器の巨大な破壊力なしに達成できるものなのだろうか．やはり核の巨大な爆発力が不可欠な分野というものが存在するのではないか．このようにお考えの方もおられると思います．この点についてもう一度考察してみましょう．クラウゼヴィッツがその『戦争論』において指摘しましたように，古来戦争とは彼我の兵力が対決するものであって，これに一般市民を巻き込まないのは当然の前提とされてきたのですが，第一次世界大戦以降この常識は消え去りました．戦争は国家総動員の総力戦とされたから

です．さらに核兵器が登場するにともなって，ダレスの「大量報復」戦略やマクナマラのMAD戦略が登場しました．敵の人口の3分の1，全工業の3分の2を破壊できる兵器は核兵器しかありません．このことを専門用語を使って言いかえますと「兵器の効用をカウンターフォース（対兵力）戦略に限定すれば脱核現象は着実に進んでいる．しかし，カウンターヴァリュー（対都市）戦略にまで拡大すれば通常兵器による核兵器の代替はありえない」ということです．

## 「電脳戦争」（サイバーウォー）時代の到来

そこで，冷戦の終焉とそれにともなうソ連の消滅が意味をもってくるのです．米ソ核対立とMAD体制が蒸発するようにその実態を失ってしまったことが意味をもってくるのです．敵の全人口の3分の1，全工業の3分の2を破壊するというような戦略はもはや意味を失ったわけです．米国の核戦略からロシアや中国の核の脅威への対抗という意識がなくなったわけではありませんが，それよりはむしろ第三世界の不特定多数の国やテロリスト・グループへの大量破壊兵器（核，化学，生物兵器）と弾道ミサイルの拡散のほうが今やより大きな現実の脅威であると受け止められており，核拡散防止という新しい課題が米国の今日の核戦略の中心的テーマとなりつつあります．そのようなわけですので，兵器の効用というものをカウンターヴァリュー（対都市）戦略まで拡大して考えなければならないような状況は存在しなくなったと一応結論しておいても間違いではないでしょう．かくて21世紀における核兵器の存在は，兵器としての正統性（レジティマシー）だけでなく，その効用（ユーティリティ）もまた大幅に制約された存在となってゆくと思われるのです．

ではこのようにして核兵器がしだいに「最終兵器」「絶対兵器」の王座から退位することになるとしても，それではどのような兵器が核兵器に取って代わって次世代の「兵器の王」となるのか，ということが問われるでしょう．

たしかにその点について何もふれないでこの小論を閉じるならば，わたくしの言説は画龍点睛を欠くことになるといわざるをえないでしょう．次世代の兵器ということになれば，やはり米国の動向をみるよりほかに手がかりはありませんが，米国の軍事専門家のあいだでは現在 **RMA**（軍事における革命）ということばが盛んに使われております．世界史は農業時代から工業時代を経て情報産業時代に入りつつあるといわれていますが，それを反映した情報技術革命が軍事分野においても起こりつつあるというのです．

昔から戦略論の世界には「敵軍主力を正面決戦によって撃破するのが戦略の王道だ」という直接接近（ダイレクト・アプローチ）の戦略論（いわば腕力の戦略論）と「敵指揮官の戦闘遂行意志を奪って降伏させるのが最善の戦略だ」という間接接近（インダイレクト・アプローチ）の戦略論（いわば知恵の戦略論）の二つの系譜がありました．「彼を知り己を知れば，勝ちすなわち殆うからず」「戦わずして人の兵を屈するは，善の善なる者なり」「兵の形は実を避けて虚を撃つ」などという孫子の言葉は，いずれも間接接近の戦略論にほかなりません．

いってみれば核戦略論が直接接近の戦略論であったのに対して，RMAというのは間接接近の戦略論だといえそうです．その間接接近のためにコンピュータによって代表される情報通信革命の成果を100％活用しようということです．「電脳戦争」（サイバーウォー）を勝ち抜くための軍事革命といえばよいでしょうか．このような電脳兵器をもった軍隊ともたない軍隊が戦って，前者が完勝，後者が完敗した最初の例はミッドウェイ海戦だと思います．日本艦隊は，暗号電報を解読し，レーダーによって日本艦隊の所在，動向を把握し，遠方から航空機を飛ばして攻撃をかけてくる「姿のみえないアメリカ

---

— キーワード —

**RMA**（軍事上の革命，ないし軍事における革命）：軍事関連の技術革新によって，軍隊の態様，戦争の性質，国家の社会のあり方が変革されること．近年では情報通信技術の高度化による軍隊の統合的運用や情報化した産業社会の脆弱性などに注目が集まっている．

艦隊」の前で完敗したからです．しかし，21世紀の電脳戦争をよりはっきりとした形で予告してくれたのは湾岸戦争でした．湾岸戦争は最初の28分間でイラク軍の指揮統制系統の78カ所のノード（節）がすべて破壊され，以後目も耳も失ったイラク軍は各個に撃破されて，地上戦は100時間で終了しました．このときイラク軍の指揮統制系統を攻撃したアメリカ軍の攻撃手段は物理的手段（爆撃機および巡航ミサイル）でしたが，将来の本格的な電脳戦争においてはその主たる攻撃手段は電子的手段（コンピュータ内部に入り込んだハッカー，ウイルス等による攻撃とシステム外部からの電磁パルス等による攻撃）になるであろうといわれております．また，攻撃対象も敵軍の指揮統制系統だけとは限られず，むしろ敵国の銀行・証券等の金融オンライン・システム，石油，ガス，電力等のエネルギー供給システム，航空，鉄道，道路等の交通管制システム，電話，放送，ケーブルテレビ等の通信ネットワークなどを標的とすることが考えられます．敵国の政治，経済，社会機能をずたずたに麻痺させることが可能になるわけで，その効果は第二次世界大戦当時の絨毯爆撃の比ではなく，場合によっては核攻撃のそれを上回るであろうとも予測されています．

　一時期中性子爆弾というものが構想されたことがありましたが，これは投下された都市において人間だけを絶滅させ，建物や施設等の物的財産はそのまま手つかずで残し，占領後にこれを手に入れるというものでした．電脳攻撃はちょうどその逆で，人間だけは無傷で残すというわけですから，場合によってはかえって安易に使われる兵器となることも考えられます．少なくとも予防戦争的な使い方がなされる可能性は否定できません．さきにわたくしは「興味深いことは，われわれは核兵器というもののもつ意味というものをこれまで完全に理解したことは一度もなかったということです．その全貌はいまだにわれわれの手の届かないところにあるといってよいでしょう」と述べましたが，核兵器についてさえそうだったのですから，電脳兵器についてわれわれがその意味や使い方を十分に知るのは，われわれがこれからまだまだたくさんの経験や思索を重ねていってからのこととなるでしょう．ただ一

つだけはっきりしていることは，ヘラクレイトスは正しかったということです．万物は流転しているのです．核兵器もまたその例外ではなかったということです．

思えば，ソ連という国家は冷戦の申し子のような国家でした．イデオロギーという虚飾の神に核兵器という膨大な貢ぎ物を捧げつづけ，そのために国力を蕩尽した国家でした．この半世紀間この国家は自国民のすべての富を核至上主義の思い込みのために使い切り，そして国家と国民を荒廃させたのです．今残るのは無用の長物と化して，削減，廃棄の対象となった老朽化しつつある核兵器群です．これと対照的だったのはわが日本といってよいでしょう．それは結果的に幸運だったということであって，この結果を予測していたからではなかったのですが，それにしても核時代という狂気の時代（それはいってみれば一つの新興宗教が一世を風靡した時代であったといえるでしょう）が幕を開け，そして幕を閉じるまで，わが日本はいっさいこれに関わらず，一銭の貢ぎ物もせずにこれをやり過ごしてきたのでした．敗戦国日本にとって，また被爆国日本にとって，非核日本の選択は不可避の選択であったわけですが，「禍福はあざなえる縄のごとし」という歴史の皮肉の側面もまた存在することを痛感せざるをえません．

「迫りくる核時代の終焉」『諸君!』1999 年 1 月号より転載．

◆参考文献

　　伊藤憲一『国家と戦略』（中央公論社，1985 年）
　　伊藤憲一『大国と戦略』（NESCO，1988 年）
　　岩田修一郎『核戦略と核軍備管理』（日本国際問題研究所，1996 年）
　　Michael Mandelbaum, *The Nuclear Revolution* (Cambridge University Press, 1981)

第II部
# グローバル・イシューへの対応

エチオピアの飢餓（1988 年）　　　　　　　　　　　　　　　　毎日新聞社提供

# 人権ガヴァナンスと新しい国際法

柘山堯司

## 伝統的国際法と新しい国際法

　この小論でお伝えしたいメッセージは「相対的義務の伝統的国際法に並行して，普遍的義務の新しい国際法が生成されている」ということです．法は社会の生産物ですから，社会の成熟に伴って成長します．近代国際社会の誕生以降300年以上もの間，30から50の国家から構成されてきた西欧主義の国際社会は，国連体制の下で約200の国家集団に増大しました．それまでは国家を構成する一部の人たちだけが「人間」でしたが，アジア・アフリカ地域で植民地支配されてきた多くの人たちが独立し，国家を構成して「人間」となりました．ようやく，西欧国際社会が普遍的国際社会に変容したのです．そうした変化の中で法も並行して変容しています．

　あまり良い例ではありませんが，自動車事故の場合を想定してみましょう．まず，加害者と被害者との間で，陳謝，賠償などについて話し合われ，当事者解決ができなければ，民事裁判に委ねます．公権力（国家）は裁判の中で当事者間の紛争解決者（第三者）として登場するだけです．裁判に至らなければ，当事者間で処理されます．これが民事（私法）責任です．しかし，通常これだけでは済みません．道路交通法などの公法上の責任が問われます．責任を問う当事者は検察局すなわち国家です．国家権力はこうした乱暴な運転者を直接の被害者が解決案を受け入れたからといって，許してくれません．こうした事故をできるだけ防止することが国民全体の利益のために必要であ

るからです．国家は国民に代わって，加害者の反社会的行為の責任を問います．これが刑事責任です．国内法はこのように公法体系（刑事法）と私法体系（民事法）という二重の系によって構成されています．

国際社会には中央権力機構が存在しませんから，対等の国家同士が権利義務関係を自律的に規制し合います．これを上の例で見れば，加害者と被害者の民事責任関係に近いと言えるでしょう．こうした相対的権利義務の法体系が伝統的国際法です（通常，民事関係の法を私法，刑事関係の法を公法と呼ぶが，国際法は民事法に近いといっても，国家間の法であるため，公法として分類される）．これに対して，近年の国際化現象の中で，平和，人権，地球環境，資源などの問題が，「エルガ・オムネス的義務（obligation *ergā omnēs*，対世的義務）」，すなわち，すべての国家に対する義務の対象として認識されるようになりました（対世的義務とは，本来は，すべての人に対する義務という意味ですが，現在の国際社会では国家を中心とした法体系ですから，一般にすべての国家に対する義務と言われます）．こうした分野について，個々の国家利益の対象としてばかりでなく，国際社会全体の利益（普遍的国際共通利益），さらには人類益，地球益の問題として考えられる規範的発展が見られるようになりました．小論では，こうした新しい発展を，人権ガヴァナンスを軸にして，国際刑事手続，国内履行確保手続，人道的介入の三つの系に分けて説明していきます．

### 国際刑事手続

伝統的国際法の中にあっても刑事法的規範は存在しました．たとえば，公海上で船舶に対して取締りを行なうことができるのは，通常自国の船舶に限られますが（旗国主義），海賊船や奴隷輸送船などに対しては，どこの国の官憲であっても臨検や拿捕が古くから認められており，容疑が強ければ自国の司法的手続で処理することができます．日本が最初に国際裁判（仲裁裁判）に関わった事例があります．明治5年に横浜港に停泊中のペルー船

(Maria Lus 号) から中国人の奴隷が脱走したことがきっかけとなり，同船の奴隷虐待が明らかになりました．時の神奈川県令 (知事) 大江卓が同船の出港を差し止め，訴追により船長を有罪としたことによって，ペルーと日本の国際紛争に発展しました．ロシア皇帝による仲裁裁判に持ち込まれた結果，日本が勝訴しました．これは公海の事件ではありませんが，領水とはいえ，他国の船舶にわが国に直接関係のない問題でわが国が司法権を行使することは，国際法上認められません．しかし，この船が奴隷貿易に関わる船舶であり，当時すでに奴隷の売買行為を禁止する国際的強行規範 (jus cogens) として成立していたために，わが国の措置が正当とされたわけです．

このユス・コーゲンス (強行規範) が現在，制度的に形成されつつある国際刑事手続の原点です．国内法で言えば，刑法や先ほどの道路交通法に相当するものと言えます．実体法である刑法を実施するために刑事訴訟法があって，国家権力機構の一部を構成する検察庁が原告となって，訴訟手続が開始されます．しかし，国際社会には国家権力機構に相当するものは存在しません．したがって，上述のように，ごく一部の問題に関してだけ，どこの国にも取締り権を認めて，その国の国内司法手続での処理ができました．

こうした刑事手続が国際社会で最初に実行されたのが，ナチス・ドイツの戦争犯罪人を裁いたニュールンベルグ裁判 (1945-46年) と日本の戦争犯罪人を裁いた東京裁判 (1946-48年) です．これらの裁判では慣習法として成立していた戦争犯罪のほか「平和に対する罪」や「人道に対する罪」が訴因として提起されましたが，これまでこうした行為が国際法上の犯罪として取り上げられたり，国家行為を理由に個人の責任が追求されたことはありませんでした．したがって，この時期におけるこうした刑事手続の実行は事後法

---

**── キーワード ──**

**強行規範 (jus cogens)**：国際慣習法の一部で，いかなる逸脱も許されない規範．合意に基づく任意規範に対するもので，社会全体の利益を対象とする．現在，何が強行規範であるかについては未確定の部分があるが，武力不行使原則や人格権に関する人権規定などがそれとされる．

禁止や罪刑法定主義の原則に反したものであって，一方の紛争当事者による政治性の強い裁判であったと言えます．しかし，その後，その内容は国連総会決議などを経て，「集団殺害（ジェノサイド）の防止および処罰に関する条約」(1948年) や「戦争犯罪および人道に対する罪に対する時効不適用に関する条約」(1968年) として成立しています．前者には国際刑事裁判所の規定がありますが，これはプログラム規定であり，将来の設置を予定したものでして，処罰のための刑事手続法の欠如が問題でした．既存の国際司法裁判所は相対的な権利義務関係の紛争を国家を当事者として審判するものですから，第三者訴訟を提起したり，個人を訴追したり，国内の民族紛争での行為を扱うことはできません．

　冷戦終結後，旧ユーゴ領域のボスニア・ヘルツェゴビナで発生した独立と分割をめぐる諸民族間の紛争は周辺の関係国を巻き込んで武力紛争に発展し，長期化の中で特にセルビア人による集団殺害行為や計画的な非人道的行為が大規模に発生しました．こうした深刻な事態に対して，関連諸国や国際機構はその解決のために様々な努力を重ねました．その一つが国連安全保障理事会決議（808, 827, 1993年）による旧ユーゴ国際裁判所の設置でした．この裁判所は国際人道法に反する残虐行為を行なった個人の責任を問うためのものでしたが，さらに当該地域における平和と秩序の回復という重要な政治的使命を帯びたものでもありました．この裁判所の法的位置付けは近年の国際刑事法の基本的枠組に沿ったもので，国内裁判所の管轄権の行使を前提としており，国内裁判所に公正な手続が期待できないような場合に国際裁判所が管轄権を行使するという形になっています．しかしながら，二つが競合した場合には，国際裁判所に優越性が認められています．現在でも，この

―――― キーワード ――――

国際人道法：交戦法規の一部で，戦争捕虜や文民の保護などの人道上の規定に関するもの．1949年のジュネーヴ4条約と1977年の2つの追加議定書が代表的な文書．戦争が禁止された今日でも，人道原則を守る武力紛争法として存在が再評価されている．

裁判所はコソボ紛争の事案も含めて活動していますが，やはり問題は国際社会の分権的性格です．大変な困難を克服して，1997年7月までにようやく19件の起訴事案が確定され，起訴状に基づいて79人の被告人に逮捕状が発令されましたが，これまでに（1999年11月現在）身柄を拘置できたものは4件について8人しかありません．後のルワンダにおける事態でも，同様な国際裁判所が設置されましたが，容疑者の確保，証拠の収集，判決の執行といった刑事訴訟手続を強制的に行なえる国際権力機構が存在しない社会で，こうした刑事手続を実効的に機能させる問題点がこのような事例からよく理解できると思います．

　1998年7月に常設の国際刑事裁判所規程が条約として採択されました．今後，同規程が発効して常設裁判所として機能することが期待されるのですが，多くの問題が残されています．たとえば，先の旧ユーゴやルワンダの国際裁判所設置に主要な役割を果たしたアメリカはこの常設裁判所の設置条約には強く反対しました．主たる理由は，規程加入国は対象となるすべての犯罪について，裁判所の管轄権に同意しなければならないため，外国に派遣されたアメリカ軍人の行為について，犯罪性を問われかねないという懸念にありました．同様に中国もこうした裁判所の存在には国家主権の制限という観点から強く反発しました．こうした点から，今後，この裁判所規程が発効して，有効に機能することを疑問視する人もいます．

　ともあれ，近年において，国際人道法や国際刑事法に関して進展の機運を高めたのは，冷戦後，地域紛争や民族対立が激化し，その中で非人道的な行動が頻発したこと，そして，それらが逐次詳細に世界的ネットワークを持つメディアによって，世界中の人たちに伝えられた結果，もはやこうした状態を放置すべきではないという危機感が国際的に共有されたことによります．これまでは，こうした問題が起きてもその領域内の国内手続によって処理されてきたわけですが，ソマリア紛争やハイチ紛争の例を見るまでもなく，国内の統治機構自体が崩壊している場合が多く，国際的処理の必要性が指摘されています．

しかしながら，国際社会の構造が刑事手続に不適であることに加えて，本来が国内紛争であれば，内政不干渉の原則と衝突することになります．国内法での刑事裁判管轄権は国家が強制的に行使できます．しかし，主権国家からなる分権的社会である国際社会においては，個人を被告にする国際裁判所であっても，関係国の同意がなければ，裁判管轄権を行使することはできません．新設の常設国際刑事裁判所設立過程においても，この点が最も問題となりました．規程では，国家は加入する時に，すべての対象犯罪について，裁判所の管轄権を予め受諾するという「自動的管轄権」の制度を導入しました．また，関係国の中に，未加入国が含まれている場合には，犯罪行為の実行地国または被疑者の国籍国のいずれかが加入国であれば，裁判所の管轄権は認められ，さらに関係国のすべてが未加入国の場合も先の二国のいずれかが裁判所の管轄権行使に同意すれば，裁判が行なわれるようになっています．しかし，同裁判所はあくまでも各国の刑事管轄権を「補完する」ことが重要な任務とされており，国内裁判所が被疑者を捜査・訴追する意思と能力を有していると認められる限り，国際刑事裁判所は裁判を開始することはできません．このように，基本的には国家主権を尊重して，国際手続は補完的としていますが，必ずしもすべての関係国の同意を要しないという点では，国際手続を進展させたものと言えます．いずれにしても，国際社会の分権性という特質を考えれば，中央権力によって保障されている国内の司法制度の利点と調和させて，国際刑事手続は形成されていくことになるでしょう．

### 人権規範の国内履行確保手続

　人権問題の国際化が近年の傾向と言われますが，個人レベルの人権保障では依然として国家主権の壁は厚く存在します．国連憲章の中では，人権および基本的自由の助長・奨励が繰り返し強調され，国連人権委員会が「世界人権宣言」を起草して，1948年に総会決議として採択され，以後の国際制度の礎石とされました．代表的なものは1950年の「欧州人権条約」，1966年

の「国際人権規約」，1969年の「米州人権条約」，1981年の「バンジュール憲章」などです．この時期に，それまで植民地として欧米諸国の支配下にあったアジア・アフリカ地域では人民の自決権が認められるようになり，分離独立して多数の新興諸国が国際社会に参加してきました．国連加盟国数で見ても，設立時の51カ国から現在の185カ国になりました．一般に現代国際社会の起源は17世紀（ウェストファリア体制）と言われ，当時の欧州列強の支配による国際体制（the Western State System）は実に20世紀の後半のこの時期まで継続されてきたわけですが，近年においてアジア・アフリカ地域の人民が解放されたことにより，ようやく普遍的な国際社会の形成（地球上のすべての人間がいずれかの国の国民になること）を見るのです．

こうした国際社会構造の大変革の中で，人権問題の国際化は進められました．それまでの西欧人権思想を背景にした国際化の動きは批判され，普遍的人権概念の模索が開始されました．1966年に成立した国際人権規約は世界中の様々な文化圏の諸国家集団の譲歩や留保の下にどうにかまとめられたものです．各実体条項に関しては，各文化圏の解釈が混在して規定されているため，実施上の困難さは今日に至っても解決を見ていません．ともあれ，国内的履行を確保するためのいくつかの国際的保障措置が合意されました．その一つが「国家報告制度」です．国際人権規約は権利の性質上，社会権規約と自由権規約の二つの条約にまとめられましたが，報告制度はこの双方に取り入れられています．加入国が規約に規定された人権尊重の義務を国内において，どのように履行しているかについての報告をそれぞれの専門委員会に提出し，審議を受けるという制度です．これは国家により自己申告されるもので，委員会も報告を審議・検討するだけで，国家に対して強制的な措置を

―― キーワード ――

**国連人権委員会**：国連憲章第68条に基づいて設置された国家代表による委員会で，経済社会理事会の下に位置する．設置当初は18カ国であったが，現在では53カ国によって構成され，すべての人権問題を司る重要機関となっている．

執れるような制度ではありません．しかし，メディアや人権NGOなどの手によって，各国の報告が世界的に報知されることによって，各国に国内的履行の意欲を喚起するという意味で効果的な制度です．

　自由権規約の第27条に「少数民族の保護」という規定があります．わが国が二つの人権規約に加入したのは1979年のことですが，この規定についての最初の報告書（1980年）の中で，日本政府はわが国には少数民族問題は存在しないと説明しました．このことが委員会で問題とされ，一般に報道されますと，アイヌ民族問題のNGO「北海道ウタリ協会」は強く反発して，自由権委員会に，日本政府のアイヌ政策が1899年制定の「北海道旧土人保護法」の下に行なわれており，これまでに日本政府によるアイヌ民族の実態調査さえ実施されたことがないという実情を訴えました．この通知を委員会から受けた政府は慌てて，先の報告書を撤回して，少数民族の存在を認め，その対策改善を約束した報告書を再提出したのです．この法律は1997年に改正され，「アイヌ民族に関する法律」（アイヌ新法）として成立しています．

　二つ目の保障措置は「国家通報制度」で，自由権規約に選択（任意）条項（第41条）として規定があります．これは，ある規定を履行していない加入国がある場合，他の加入国がそのことを委員会に通報することができるという制度です．他国に自国の国内事情について国際委員会に訴えることを認めるというものですから，そう多くの国家がこれを承知するということは考えられませんでした．それで，規約に加入してから，この規定を受け入れてもよいと考える国家は改めてそのことを宣言するという選択条項方式とされました．1999年11月現在の規約加入国数は140ですが，そのうち，この規定（第41条）を受諾している国家は40ほどしかありませんし，これまでにこの通報が行なわれた例はありません．

　人権規定の履行確保のために，特に重要なのは，侵害された個人が国内救済を越えて，被害状況を国際機関に直接通報することができるかどうかということです．権利の主体が侵害回復のための手続を自らの手で遂行できるということが法的な主体性が承認されるという点で重要な意味を持ちます．保

護を受けることが法的に認められているというだけでは,「ワシントン動植物取引規制条約」(1973年)の下で保護される動植物と大差ないことになってしまうでしょう。しかし,国家はこうした個人の主体性を承認することにはいつでも極めて消極的です。自由権規約には個人通報制度が設けられましたが,「選択議定書」という形で,別文書の協定になりました。

　国家は自ら,国民,外国人を問わず,人権を尊重する義務を負うとともに,その領域内において,人権侵害を防止する責任があります。しかしながら,実際には,国家自体が加害者であったり,あるいは直接の当事者でなくても,自国内の様々な人権侵害状況に対して,十分な対策をとらないために,多くの個人が侵害回復ができないままで,泣き寝入りしなければならないということも少なくありません。そういう場合に,個人が人権NGOなどの専門家の手を借りて,自由権委員会に申し立てをするというのがこの制度です。通報は国連人権センターに集められると,委員会の作業部会の手で,審議に委ねられるべきか否かの審査が行なわれます。審査は許容性の基準に依ります。基準には,匿名でなく,被害者本人かそれに近い代理人からの通報であること,被通報国は議定書の当事国であること,規約に規定のある権利の侵害であること,政治的誹謗や権利の乱用ではないこと,国内的救済を十分尽くしていること,などがあります。委員会審議に回されますと,本人と当事国にそのことが通知されます。当事国は6カ月以内に,その問題に関する説明文書の提出が求められます。この政府見解は本人にも開示され,本人も追加書面の提出ができます。こうした情報の下に,専門家18人からなる委員会は非公開でその問題の審議を行ないます。最後に委員会の最終見解が作成され,本人と当事国に送付されます。審議中に侵害状況が著しく改善されれば,審議は中止されますし,侵害状況の改善が一向に見られないような場合には審議継続という措置もあります。

　こういう例があります。ウルグアイ国籍のある外国在住のジャーナリストは自国の政治体制に批判的でしたが,滞在国の自国領事館に旅券の更新申請をしたところ,ウルグアイ政府にその更新を拒否されました。当人は拒否が

国際連合人権セン

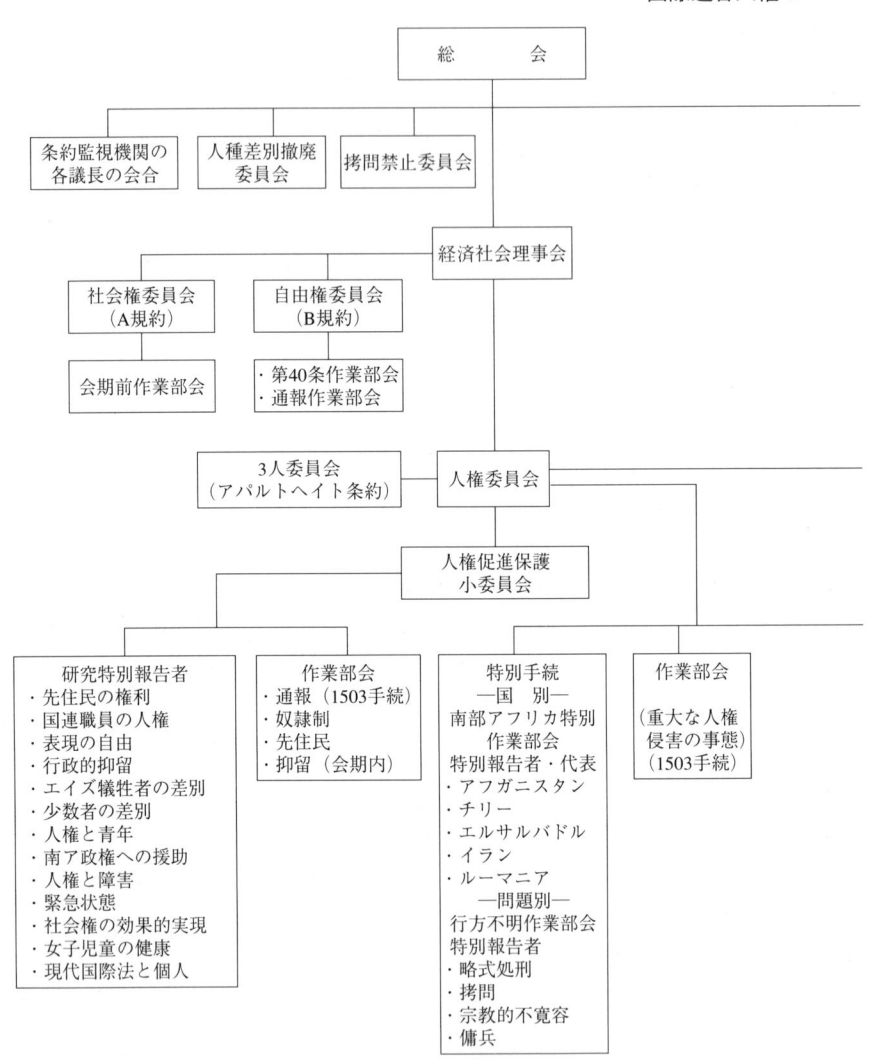

```
                        総　　会
    ┌────────────┬──────────┬────────┴─────┐
┌─────────┐ ┌─────────┐ ┌─────────┐
│条約監視機関の│ │人種差別撤廃 │ │拷問禁止委員会│
│各議長の会合 │ │委員会    │ │       │
└─────────┘ └─────────┘ └─────────┘
                              │
                        経済社会理事会
    ┌────────┬────────┤
┌─────────┐ ┌─────────┐
│社会権委員会 │ │自由権委員会 │
│（A規約）  │ │（B規約）  │
└────┬────┘ └────┬────┘
┌─────────┐  ・第40条作業部会
│会期前作業部会│  ・通報作業部会
└─────────┘
    ┌─────────┐ ┌─────────┐
    │3人委員会  │ │人権委員会  │
    │（アパルトヘイト条約）│ │       │
    └─────────┘ └────┬────┘
                    ┌─────────┐
                    │人権促進保護 │
                    │小委員会   │
                    └────┬────┘
```

| 研究特別報告者 | 作業部会 | 特別手続 | 作業部会 |
|---|---|---|---|
| ・先住民の権利 | ・通報（1503手続） | ―国　別― | （重大な人権侵害の事態） |
| ・国連職員の人権 | ・奴隷制 | 南部アフリカ特別作業部会 | （1503手続） |
| ・表現の自由 | ・先住民 | 特別報告者・代表 | |
| ・行政的抑留 | ・抑留（会期内） | ・アフガニスタン | |
| ・エイズ犠牲者の差別 | | ・チリー | |
| ・少数者の差別 | | ・エルサルバドル | |
| ・人権と青年 | | ・イラン | |
| ・南ア政権への援助 | | ・ルーマニア | |
| ・人権と障害 | | ―問題別― | |
| ・緊急状態 | | 行方不明作業部会 | |
| ・社会権の効果的実現 | | 特別報告者 | |
| ・女子児童の健康 | | ・略式処刑 | |
| ・現代国際法と個人 | | ・拷問 | |
| | | ・宗教的不寛容 | |
| | | ・傭兵 | |

出所：田畑茂二郎ほか編『国際人権条約・宣言集』（東信堂，1994年）

ターの役務提供

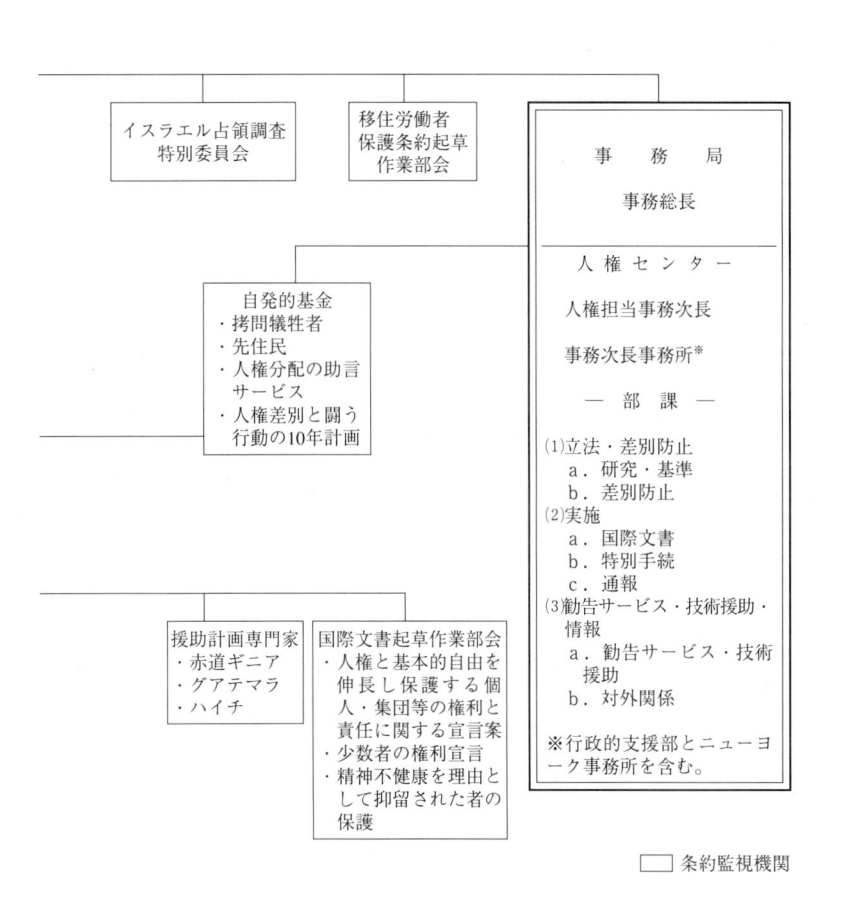

```
┌─────────────────┬─────────────────┬─────────────────────────────┐
│  イスラエル占領調査  │   移住労働者     │        事　務　局           │
│   特別委員会      │  保護条約起草    │        事務総長             │
│                 │   作業部会      │                             │
└─────────────────┴─────────────────┤     人 権 セ ン タ ー        │
                                    │   人権担当事務次長           │
     ┌──────────────────┐           │                             │
     │    自発的基金      │           │   事務次長事務所※          │
     │  ・拷問犠牲者      │           │                             │
     │  ・先住民         │           │     ― 部　課 ―            │
     │  ・人権分配の助言   │           │  (1)立法・差別防止          │
     │   サービス        │           │    ａ．研究・基準           │
     │  ・人権差別と闘う   │           │    ｂ．差別防止            │
     │   行動の10年計画   │           │  (2)実施                   │
     └──────────────────┘           │    ａ．国際文書            │
                                    │    ｂ．特別手続            │
                                    │    ｃ．通報               │
     ┌──────────┬───────────────┐   │  (3)勧告サービス・技術援助・  │
     │援助計画専門家│国際文書起草作業部会│   │    情報                  │
     │・赤道ギニア │・人権と基本的自由を │   │    ａ．勧告サービス・技術   │
     │・グアテマラ │ 伸長し保護する個  │   │       援助               │
     │・ハイチ   │ 人・集団等の権利と │   │    ｂ．対外関係           │
     │         │ 責任に関する宣言案 │   │                          │
     │         │・少数者の権利宣言  │   │  ※行政的支援部とニューヨ   │
     │         │・精神不健康を理由と │   │   ーク事務所を含む。       │
     │         │ して抑留された者の │   │                          │
     │         │ 保護            │   │                          │
     └──────────┴───────────────┘   └─────────────────────────────┘

                                           ☐ 条約監視機関
```

人権ガヴァナンスと新しい国際法

自由権規約第12条2項（出国の自由）および第19条（表現の自由）の侵害に相当すると主張して，委員会に通報しました（1978年5月25日）．通報を受理した委員会はそのことを当事国に通知して，政府見解を要求したところ，ウルグアイ政府から，1979年8月16日に旅券の更新手続を領事館に指示したことが委員会に通知され，本人からは同年10月4日に交付されたことが委員会に通知されました．それを受けて，委員会は1980年3月28日，審議中止を決定しました．このように，この制度では個人的な侵害問題でも国際的審議手続に乗せられ，処理されるという点で評価できます．さらに外国において，滞在国による侵害があった場合には，これまでは自国の判断の下での外交的保護権に委ねるしかありませんでしたが，これは国家の権利として行使されるものですから，国家の都合によって，行使されないことも少なくありませんでした．個人通報制度の下では，国家の意思に関係なく，被害者個人が直接に委員会へ通報できるわけですから，人権の保障制度としては，適当な手続と言えます．

　問題はこの手続を規定した選択議定書に国家が加入しなければ，この手続は機能しないことです．自由権規約加入国数140のうち，議定書加入国数は93ですが（1999年11月現在），日本は国家通報制度の選択条項にも，個人通報制度の選択議定書にもまだ加入していません．どちらの国際人権規約にも加入していない国家が約50，加入していても選択議定書の個人通報制度には参加していない国家が約50あります．すなわち，現在，世界の約半数の国家はこの制度の当事国になっていません．

　ただし，そうした国家の国民も含めて，申し立てが行なえる手続が存在します．戦後，最初に国際社会が関心を持ったのは，南部アフリカ地域で行なわれていた人種隔離政策（アパルトヘイト）でした．1950年代から国連総会を中心にその政策を非難する決議が毎年のように採択され，国際司法裁判所への提訴も繰り返し行なわれました．こうした中で大規模な人権侵害については，国連人権委員会で処理する手続の必要性が認識されていきました．もう一つの起因は先の国際人権規約が成立を見たけれども，諸国家がこれに

加入して，諸手続が発効するまでにはかなりの年数が必要になるであろうと考えられたことでした．こうした状況の中，国連経済社会理事会は1967年に決議1235（XL II）を採択し，1970年に決議1503（XLV III）を採択しました．これらの決議によって，国連人権委員会の下部機関「国連人権促進保護小委員会」（これは26人の専門家委員会で，1999年に「差別防止・少数者保護小委員会」から改称）はアパルトヘイトのような大規模な人権侵害に関する通報を受理し，審議し，必要があれば，国連人権委員会，経済社会理事会などに報告し，審議・勧告を要請できる方式を設定しました．前者は「1235手続」と呼ばれ，特に深刻な侵害事項を公開審議にかけるもので，1979年の赤道ギニア事件，1984年のチリ，グアテマラ，イラン事件などが対象となりました．後者は「1503手続」と呼ばれ，大規模で継続的形態の侵害を非公開で審議するものです．ここには毎年かなりの数の通報が寄せられていますが，許容性の基準を通過して，国連人権委員会の審議に乗る通報はわずか10通ほどと言われ，なかなか処理手続に乗せてもらえないのが実情です．しかし，国連人権センターに寄せられた通報は月別非公開通報要約リストに載せられて，人権委員会構成国53カ国と小委員会委員26人に送付され，通報の原本コピーは被通報国に送付されて，政府回答の提出が要請されます．小委員会が人権委員会への付託を決定すると，当事国に通知され，政府見解の提出が要請されますし，希望すれば，代表者の委員会への派遣もできるようになっています．委員会による決定は，委員会による審議の中止・継続，公開手続や理事会への送付，臨時専門委員会による調査などです．つまり，これらの手続は人権侵害の救済というよりは，大規模な人権侵害の実態を公にすることによって，それを自発的に停止させることを目的とするものです．

　1984年8月の小委員会において，NGO「国際人権連盟」は日本の精神衛生法が国際人権規約に違反するものであることを告発しました．この問題は，同年3月に宇都宮精神病院で発生した殺人事件に端を発したもので，暴力的管理，無資格医療行為，医者・看護婦不足，患者の労働使役，外部との通

信・面会の自由の剥奪，不必要な強制入院，不正経理，病棟の違法使用，脳の違法摘出などの実態が次々と明るみに出され，同病院のみならず，全国の同種病院の実態が告発され，その原因が1950年制定の精神衛生法にあることが指摘されたものです．翌年の小委員会にはNGOから人権実情調査団の報告書が提出され，ついに政府はわが国の精神医療における立ち遅れを認め，1988年に同法の大幅な改正が実施されました．

このように，この制度が機能していることは否定できませんが，実定法上の基礎を持たず，決議に基づいて慣行的に実施されているものですから，大規模かつ重大で，信頼できる証拠のある継続的侵害状況にのみ，対処するのが本来の目的で，個人的な侵害ケースが受理され，審議されることは期待できません．やはり，選択議定書の個人通報制度のような実定法上の手続にできるだけ多くの国家が加入して，被害者の個人が直接，個々の侵害を通報できるようになることが，国際法が人権に対して「沈黙の傍観者」(Khan, 1996, p. 134) でなくなる方向でしょう．地域的な制度では，ある程度強制的な手続が存在しています．欧州人権条約の下では，人権委員会による処理で解決されない場合には，報告書が閣僚委員会に送付され，3カ月以内に人権裁判所に付託されない時には，閣僚委員会による拘束力のある決定によって処理されます．最近まで，人権裁判所に提訴することが認められているのは人権委員会と当事者として国家だけで，個人の提訴権はありませんでした．個人の権利が侵害されていると判断される場合には，委員会は裁判所に提訴する義務が課されていますが，個人の代理をするというよりも，人権条約の履行を確保することが委員会に与えられた責任とされていたからです．しかし，1994年に採択された第11議定書によって，個人（自然および非政府団体）からの提訴が認められるようになり（同議定書第34条），個人の法的主体性が一層明確に承認されるようになりました．このように，国際裁判所への提訴権を個人にも認める傾向は，同年発効した国連海洋法条約下の国際海洋法裁判所海底紛争裁判部でも承認されており（第187条(c)），普遍的国際法生成への確かな兆しと言えるでしょう．

## 国連による人道的介入

　前節で見たような国内的履行を確保する措置はその国家の同意を前提としたもので，国家自体の行動による自律的回復を促すものです．個人的人権侵害の場合には，ある意味では，他からの強制的措置による処理よりも，その国の政府による回復措置が自発的にとられる方が適していると言えるでしょう．もともとがその国の行政上の問題であるからです．しかしながら，国家自体が少数民族を大量殺害行為に出たり，無政府状態になり，多くの武装集団が闘争を繰り返して，国民に多くの犠牲者が出ているような場合には，このような人権保障措置はまったく機能しません．これらは，最初の方で述べた国際刑事手続がその対象としている国際犯罪の部類に入るものです．しかし，これも事後的に加罰・制裁するものですから，現に進行している事態に対応できる手続ではありません．そうした事態を停止させるために外から介入する方法は，伝統的には人道的干渉という武力介入がありました．19世紀初頭にオスマン・トルコの支配下にあったバルカン半島や中東地域への西欧諸国の干渉にこれが使われました．近年では，パキスタンによるバングラデシュ人民弾圧へのインド軍の介入（1971年），ウガンダのアミンによる人民弾圧へのタンザニア軍の介入（1976年），中央アフリカ共和国のボカサによる人民弾圧へのフランス軍の介入（1979年），ラテン・アメリカ諸国へのアメリカ軍の介入などが挙げられますが，いずれも干渉国の政治的意図が見え隠れしていて，純粋な人道的目的での行動とは言えません．国連を中心とした国際機構による集団的安全保障体制の下では，個々の国家による軍事力

―― キーワード ――
人道的干渉：武力行使の正当化事由のひとつで，他国民の虐待状態に対して，利他的に軍事介入すること．現在では，国家が個別に干渉することは，政治的意図が伴いやすいことから批判され，国連や地域機構による集団的干渉が主に行なわれている．

の行使は原則的に禁止され，許容されるのは特定の場合（例えば，自衛行動）に限定されています．人道的干渉はその特定の場合の一つとする見方もありますが，国際社会の武力を私的行使から公的行使に移行させて，国際制度の中で普遍的価値を実現するのに必要と認められた時にのみ，使用されるべきであるとするならば，個々の国家の政治的利益と結び付き易い私的行使はできる限り制限すべきでしょう．

　湾岸戦争後のイラクでは，北部のクルド人と南部のシーア派回教徒たちが政府軍による残虐な弾圧を受けていました．国連安全保障理事会はかれらに人道上の支援をするための決議（688）を採択して，イラク政府と協定を結んで合意の上で様々な難民援助活動を行ないましたが，イラク軍の残虐行為は一向に止みませんでした．そこで，米英仏の3カ国は難民保護のためにイラク国内に飛行禁止区域を設けて，軍事的介入を行ないました（1991年）．この介入が国連の授権の下になされたものか，個別的行動としてなされたものかについては議論がありますが，アメリカの主張では国連の下の行動とされています．仮にそう考えますと，国連はこうした事態を初めて「平和に対する脅威」（国連憲章第39条）と認定した上で，強制措置を加盟国に勧告して実行させたことになります．

　これ以降，1992年のボスニア・ヘルツェゴヴィナ，ソマリア，1993-94年のハイチ，1994年のルワンダ，1999年の東ティモールなどに国連は人道的理由で軍事的措置を発動してきています．いずれも国内紛争から，非人道的行為が発生しましたが，国家行為としてなされる場合（イラク，ボスニアなど）と，無政府状態から生まれた武装集団や民兵による残虐行為の場合（ソマリア，ハイチ，ルワンダ，東ティモールなど）があります．したがって，国連のとる軍事的介入には，国民の一部に対して残虐行為を行なう政府軍に対抗する場合と，民間の武装集団や民兵に対抗する場合があります（ただし，東ティモールの事態は支配権を主張するインドネシア政府に鎮圧の意思あるいは能力がないことから発生した場合です）．前者の介入については，国内事態ではあっても，大規模かつ深刻な非人道的行為が国家の手によってなさ

れているのですから，この国家行為を普遍的国際義務に反し，国際的共通利益を損なうものとして，「平和に対する脅威」と認定すれば，国連憲章第7章の軍事的強制措置として理解することができます．一方，国家行為としてではなく，国家権力の不存在あるいは無能力から生じた国内的無秩序状態の回復のためになす軍事的措置については，1960年のコンゴ動乱，西イリアンのオランダ併合（1962年），キプロス内紛（1964年），レバノン内紛（1978年）などに関係国の同意の下に国連は平和維持活動と呼ばれる軍事的措置をとってきています．ガリ前国連事務総長は1992年に「平和への課題（An Agenda for Peace, S/24111）」を発表して，その中で「平和強制部隊（Peace Enforcement Units）」という概念を提起しました．これは「新しい概念」とされてきましたが，実は先に挙げた平和維持活動でも，国内治安維持のために実力行使を行なってきています．第2次ソマリア活動が平和強制部隊とされますが，ソマリアは国家権力が不存在ですから，同意の有無は問題となりません．東ティモールへの軍事的介入はインドネシアの同意の下に行なわれた措置ですから，実質的に平和維持活動の一種と考えられます．これに対して，国連体制の下での強制措置は国家意思に対抗する場合を指します．破綻国家の場合や中央政府の同意のある場合に，人道的必要性から，治安維持のための実力行使を伴う軍事的介入は平和維持活動の一種と考えられるので，憲章第40条の軍事的暫定措置と位置付けられます．すなわち，大規模で深刻な非人道的行為が国内的に発生した場合，それが国家行為としてなされていれば，その事態を「平和に対する脅威」と認定した上で，軍事的強制措置として発動できます．また，破綻国家や政府の同意が得られる場合

―― キーワード ――

平和強制部隊：1992年のガリ国連事務総長報告書「平和への課題」（An Agenda for Peace）の中で提唱されたもの．従来の平和維持軍よりも許容される武力行使の範囲を拡大した国連軍で，強制措置としての国連軍との中間に位置付けられている．実際にはソマリア紛争に派遣されたが，期待された成果は挙げられなかったとされている．

には，軍事的暫定措置として発動できます．

　国連主導の国連軍として編成するか，あるいは一定の加盟国に授権する方法（多国籍軍方式）で編成するかは，それぞれの事情によるでしょう．例えば，イラク，コソボ（NATO軍）のようなケースでは，政府軍に対抗するわけですから，強力な実戦力を必要とします．破綻国家の場合でも，武装集団が強力であれば，やはりそれに対抗できる実力部隊が必要になります．寄せ集めの国連軍では，こうした強力な部隊には対抗できません．実戦部隊として，集団的訓練をしていませんから，実戦的軍事作戦が展開できないのです．それがコンゴやレバノン紛争で寄せ集めの国連部隊が十分に機能しなかった理由の一つです．朝鮮戦争や湾岸戦争の多国籍軍方式では，一定の加盟国に授権して任せますので，国連の措置とは言えないとか，一部の国家の利益に利用されるおそれがあるなどと批判されます．しかし，実戦的軍事行動を実効的に果たす部隊には，十分な演習と訓練が不可欠ですから，常備軍としての国連軍が編成されれば別ですが，現行の制度の中で実効的な軍事的措置をとるためには，授権方式は有効性が期待できるものと言えます．軍事的統制についてはある程度兵力提供国に任せるにしても，国連は政治的統括をしっかりと行なう必要があります．また，小規模な武装集団の鎮圧や防止的任務であれば，従来のPKO国連軍方式が国連の主導の下にできますから，より適している方法でしょう．

## まとめとして

　小論では，西欧主義の古典的国際法が国際社会の根本的構造変革を受けて，新しい，普遍的な法体系へ脱皮しようとしている様相を人権ガヴァナンスの視角から説明しようとしてきました．現代国際法のほとんどの部分はこの400年の間に形成されてきた古典的国際法のままです．そこでは国家主権が絶対視されており，その他の価値は二義的に位置付けられます．しかしながら，平和，人権，環境，資源などの問題を通して，われわれはその上の価値

である人類益とか地球益などと呼ばれる普遍的国際共通利益（全体利益）を認識しました．この全体利益を法益とする公法体系が機能するためには，物理的力で保証された強権を発動できる中央権力機構（政府機構）を必要とします．国際社会に世界政府を樹立して，一つの権力に世界統治を任せることを考えれば，国内法体系のように，公法体系と私法体系を明確に分離させて，併存させればよいのです．しかし，地球外社会は存在しません．もし，地球社会が中央集権的共同体になった場合，われわれはそうした一つしか存在しない社会を経営した経験はありません．

これまでのわれわれの社会科学もすべて複数の集団が併存していることを前提としたもので，その最大なものが国家学であり，近代になってもせいぜい地域的国際学でした．400年の歴史を持つ現代国際法も長い間ヨーロッパ公法に過ぎませんでした．可能性から考えれば，単一集団には共同体としてまとまろうとする力は生じません．まとまるためには，各構成単位はそれぞれの権利を少しずつ移譲しなければならないからです．移譲してまとまるには，通常，外集団からの圧力が必要です．内因によるだけの集団は容易に解体してしまいます．もう一つ考えなければならないことは，まとまった場合の危険性です．独裁体制は必ず崩壊しますが，多くは外集団の直接的または間接的影響力によるものです．一つにまとまった地球共同体が独裁体制に支配されてしまえば，もはやこれを打ち破る力は内部からしかありません．核兵器を独占し，人工衛星による通信網を駆使すれば，今後そうした単一独裁体制を内側から打倒することはますます困難になるでしょう．このように見てくると，われわれは現状の主権国家を併存させた共同体の運営を対象として考えなければならないでしょう．

公権力のない社会の公法体系とはいかなるものなのでしょうか．われわれはこれまでの人類の経験ではそれを知りませんから，これから経験的に見つけなければなりません．小論では，人権ガヴァナンスに関して，国際刑事手続，国内履行確保手続，人道的介入の三つの系統に分けて現状を見ました．この検討から言えることの一つは，いくつもの手続を並存させる多重構造方

式が必要であるということでしょう．個人的人権侵害や制度的な欠陥によるものなどについては，審議，勧告手続によって，国内的に処理させ，大規模かつ重大な非人道的行為を伴うものに対しては，強権的に介入できる手続を確保しておく必要があるでしょうし，事後的に抑止を考えれば，刑事手続による制裁・加罰手続も必要になるでしょう．もう一つ言えることは，中央権力に保証された国内制度との相互補完的制度になるであろうということです．1999年10月にマラッカ海峡で海賊に襲われて，行方不明になっていた貨物船アロンドラ・レインボー号がインド洋でインドの沿岸警備隊によって確保されたという事件がありました．国際社会には，原則として公権力を置かないのですから，警察力も軍隊もありません．したがって，可能な限り，各国の国内制度を利用して，国際社会の運営を行なわなければならないのです．

◆参考文献

 大谷良雄編著『共通利益概念と国際法』(国際書院，1993年)
 山本武彦ほか編著『国際化と人権』(国際書院，1994年)
 カッセーゼ，曾我英雄訳『戦争・テロ・拷問と国際法』(敬文堂，1992年)
 田畑茂二郎『国際化時代の人権問題』(岩波書店，1988年)
 大沼保昭『人権，国家，文明』(筑摩書房，1998年)
 阿部浩己『人権の国際化』(現代人文社，1998年)
 柘山堯司『PKO法理論序説』(北樹出版，1995年)
 柘山堯司「アメリカの対外軍事政策と人道的干渉」，本田・小菊・柘山・仙波共著『現代アメリカの経済政策と外交政策』(三省堂，1999年)

 Maurizio Ragazzi, *The Concept of International Obligations Ergā Omnēs* (Clarendon Press Oxford, 1997)

 André de Hoogh, *Obligation Ergā Omnēs and Internatioal Crimes* (Kluwer Law International, 1996)

 Ali Khan, *The Extinction of Nation-States* (Kluwer Law International, 1996)

# 国際商取引における公正と責任

マキロイ　ロバート

## はじめに

　小論のテーマは，国際商取引における腐敗行為をどう防止できるか，という問題です．ここで言う腐敗とは，公務員に対する賄賂のことです．特に途上国では，政府のお金を使うプロジェクトがあるときに，入札手続きで競争するよりは，手っ取り早く，担当する公務員に賄賂を払っておくというようなやり方がかなり横行しております．例えばフィリピンのマルコスとか，ザイールのモブツとか，こうした賄賂によって何百億ドルもの富をつくった独裁者がいます．しかし，市場経済の中ではそのような行為は許されるべきものではありません．経済学的に言えば，競争こそが効率のいい資源配分への道なのです．競争せずに賄賂で売買契約を決めたりすることになると，効率の悪い資源配分につながりますので，特に途上国の発展，そして世界経済全体の発展に対してマイナスになると思われています．けれども，その対策は今までほとんどなされていませんでした．マルコスとかモブツの例を見てわかるように，彼らが数百億ドルものお金を集められたというのは，かなりの会社，主に先進国の会社が長年にわたってそういった賄賂を贈ってきたことを物語っています．

　それに対して，実は一人の人間が立ち上がりました．このヒーローは，世界銀行に勤めていたペーター・アイゲンという人です．いずれはノーベル賞をもらうかもしれません．彼は世界銀行の中で，プログラムオフィサーとい

う肩書きをもっていました。実際に途上国に行って、世界銀行が支援しているプロジェクト、提供しているお金の使い道を監視する人をプログラムオフィサーというのです。世界銀行に何十人いるかわかりませんが、とにかくその中の一人でした。ちなみに国籍はドイツです。たまたま彼が配属された場所がアフリカで、その中でも賄賂という点で一番評判の悪いケニアでした。ケニアは国の機能がほとんど働いていないとまでいわれていたそうです。ケニアのナイロビに配属され

ペーター・アイゲン

てから数年間いて、彼は自分の人生に疑問を持ちました。国際公務員になって、世界銀行のプログラムオフィサーになって、実際に末端の現場に立って見てみると、世界銀行から提供されたお金は99％が結局は政治家のポケットに入ってしまいます。折角の世界銀行の支援プロジェクトが何の効果もないということに気付いたのでした。

　結局彼は世界銀行をやめました。1993年の話です。しかし非常に体力と行動力のある人で、自分の故郷のベルリンに戻って、NGOを設立しました。その名前はトランスペアレンシー・インターナショナルというものです。トランスペアレンシーは透明性ですね。国際透明性とでもいいましょうか。アムネスティ・インターナショナルは人権保護団体として有名な国際組織ですが、もしかしてその名前をちょっとまねてつくった名前なのかもしれません。そしてそのトランスペアレンシー・インターナショナルというNGOの目的は、腐敗防止です。しかし腐敗防止インターナショナルというような名前をつけると、何か否定的なイメージになります。例えば、アムネスティは恩赦、特赦という意味ですね。アムネスティは何に反対しているかというと、拷問とか不法逮捕というものに反対する組織ですけれども、拷問防止インターナシ

ョナルだったらちょっと暗過ぎませんか．だから，もうちょっと明るい名前を選んだのではないかと思われます．同じように，腐敗防止インターナショナルではなく，トランスパレンシー，透明性としました．どうして透明性かというと，結局は賄賂をみんな秘密裏で，袖の下でやるものだから，ちゃんとオープンな入札手続をすれば賄賂が生き残れないのではないか，だから何でもオープンにして，透明にすれば自然に賄賂がなくなるのではないか，という発想からきた組織です．

　このトランスパレンシーというNGOは急成長して，50カ国に支部を持つようになりました．ペーター・アイゲンは世界銀行でいろいろなコネがあったのか，あるいは顔が広かったのか，最初からかなり影響力があって，設立してわずか4年目の1997年に，OECD（経済協力開発機構）という組織を動かすことに成功しました．この機構の本部はパリにあります．ですから，ベルリンのトランスパレンシーがパリのOECDに圧力をかけて，OECDがこの問題を取り上げるようになりました．

## 海外腐敗行為防止の先進国アメリカ

　では，このトランスパレンシーというNGOが活動しはじめる前には，海外腐敗行為についてはまったく取り組みがなかったのでしょうか．実はそうではありません．それまでにも，海外からの賄賂が生み出すような問題は，しばしば国際会議で取り上げられていました．世界銀行でも，あるいは米州機構でも，賄賂をやめようという公式提言がなされたり，先進国のサミットがあったときには必ず最終のコミュニケのどこかに盛り込まれました．そのような形で問題としては取り上げられていましたが，しかしどれも拘束力がある取り組みではありませんでした．

　OECDでも幾つかの公式提言がありました．例えば，入札のために賄賂として使ったお金は，以前は会社の帳簿に手数料として載せていました．手数料は法人税を計算する上では必要経費です．収入から必要経費を引いて，

正味の所得を計算して，そしてその所得に対して法人税がかかりますから，必要経費が多く認められれば，それだけ法人税の負担が減るわけです．逆に言えば，賄賂が必要経費として認められなければ法人税の負担が上がるのです．これはおかしいので，賄賂へのタックスペナルティを図って，賄賂を必要経費と見なさないようにしようというOECDの提言がありました．さらには，海外で行った賄賂についても，国内の賄賂を禁止する法律を適用できるように解釈しようという提言もありました．しかしどちらもただの提言で，拘束力はありませんでした．

ただ一つ，アメリカには強力な法律がありました．それは1977年に制定された法律で，その名はずばり，海外腐敗行為防止法という法律です．非常に強力な法律です．ある意味では，この法律は日本からの贈物ということもできます．というのは，この法律のきっかけはロッキード事件だったのです．アメリカの民間の飛行機会社であるロッキード社が，日本の民間航空会社に新しい飛行機を何十機か売ろうと思っていたのですが，どうしても競争ではボーイング社に負けていたので，日本政府からの政治的な圧力をかければ何とかなるのではないかと思って，当時の首相田中角栄に対して6億円か7億円くらいのお金を香港経由で，あるいはその間に入っていた丸紅という総合商社もありましたけれども，幾つかのルートで賄賂を払ったのです．それは明るみになり，田中角栄は総理大臣をやめなければならなくなり，後には有罪判決も受けました．

この事件をアメリカの議会は，大変な問題だと見ていたのです．自分の売上げを伸ばしたいという気持ちはわかるけれども，アメリカの企業がこういう汚い手段を使うことは日米関係を危うくするかもしれない，大変な結果を招くかもしれないと思ったのです．これはもちろん1977年当時の考え方で

--- キーワード ---

ロッキード事件：アメリカのロッキード社の航空機売り込みに際し，田中角栄首相はじめ日本の政財界の要人に巨額の金が渡された事件．1976年アメリカの上院外交委員会で表面化した．

すが，場合によっては安保条約も危うくなるかもしれない，自民党が追い出されて革新政権になるかもしれない，あるいは反米感情がわき起こるかもしれないとか，予測できないような結果を招くおそれがあったので，とてもこれはほうっておくわけにはいかないと考えたのでした．またアメリカでは，**ウォーターゲート事件**もありまして，アメリカの社会には，いろいろなところが腐敗しているというような自覚と反省もあったのではないかと思います．

そこで，この法律がつくられたのです．その内容は，といいますと，当たり前のことですが，もしアメリカの会社が海外で公務員に賄賂を払ったときは，アメリカの犯罪になるというものです．これはそれまでの考えと比べてちょっと改善したことになります．つまり法律用語でいいますと，国内法の**域外適用**という点がです．例えば，次のケースを想像してみてください．アメリカの会社が海外で，賄賂を目的に，外国の公務員にお金を払ったとしましょう．お金を手渡した場所はアメリカ国内でもないし，そのお金をアメリカから持ち出したわけでもなく，ずっとその会社の海外の支店にあったお金で，しかもドルではなく，外国の通貨であるとしましょう．それでもそれはアメリカの犯罪になるのです．実際にかかわった人間がみんなその海外の支店での現地採用の人で，アメリカ国籍の人が一人も含まれていないとしても，アメリカの会社の犯罪になります．なお，日本では，会社は行政処分は受けますが，刑法の処分はされません．しかし，アメリカでは会社も刑法の処分を受けます．もちろん，会社を刑務所に入れることはないけれども，高額の罰金を科すことができます．いずれにせよ，アメリカが自国の会社が海外で公務員に賄賂を払った場合に国内の刑法を域外適用できるようになったこと

―― キーワード ――

**ウォーターゲート事件**：1972年の米大統領選挙中，ワシントンＤＣのウォーターゲート・ビルにある民主党本部への侵入者の逮捕に端を発して，マスコミの追求や議会の公聴会を経て，1974年にニクソン大統領が追い込まれるにいたった事件．

**域外適用**：ある行為が外国で行われても，自国法を当該行為に対して適用することを意味する法律用語．

は、一つの進歩といえるでしょう。

　読者の中にはここに抜け穴があると思う人がいるかもしれません。高額の罰金を払わなければいけないというリスクがあるとすると、直接やる人はいません。必ず「トカゲのしっぽ」を幾つかつくるのです。海外で現地法人をつくるのが当たり前で、あるいはその現地法人がさらに現地法人をつくって、ペーパーカンパニーを幾つか重ねて、孫会社、ひ孫会社を通してやれば、大丈夫ではないか、と思えるでしょう。しかし、これは甘いのです。アメリカの海外腐敗行為防止法は、このような、海外の子会社を経由して賄賂を払った場合でも、懲罰します。子会社の定義が必要になりますが、事実上50％を超えるコントロールのある会社を子会社と見なし、さらにその子会社が事実上50％を超えるコントロールを持っているものも、子会社と見なします。そういうようなルールを入れて、子会社・孫会社などの行為もやはり親会社の行為と見なすと、海外腐敗行為防止法で定めました。しかも、直接外国の公務員に賄賂を払うのではなくて、外国の公務員側がつくったペーパーカンパニー経由で、あるいは仲介役をつとめるコンサルタントやフィクサーなどを経由して払った場合も、この法律では、もしそのお金が最後には外国の公務員に渡ることがわかっていれば、あるいはわかるはずだった場合は、これを賄賂と見なすとなっているのです。つまり実際に手渡した相手が外国の公務員ではなくて、どこかのコンサルタントとかフィクサーというような人であった場合でも法律違反になるわけです。

　ほかには例えば、現金の支払いを避けて、外国公務員の子供たちの就職斡旋や留学斡旋をするとかそういうような抜け穴も考えられます。しかしこれはマルコスとかモブツのレヴェルではなく、「プチ賄賂」で、そんなに大きな抜け穴とはいえません。しかも、法律の中で「利益供与」という表現を使えば、お金以外のものも含むことになりますので少なくとも概念上はこの抜け穴を塞いだことになると思います。ただ、ほかにもっと大きな抜け穴がありませんか。実は私は、大学の教授になる前は弁護士をやっていたのですが、弁護士の目から見ればどんな法律にも抜け穴はあるものです。そしてこの法

律にも，今までいったルールだけでは，まだ大きな抜け穴が残っていたのです．しかしこの点については後で立ち返ることにしましょう．

いずれにしましても，ロッキード事件の結果，このような法律は1977年から，アメリカだけにあったのです．しかしそのことはアメリカの企業にとってみれば必ずしもよろこばしいことではありませんでした．アメリカの企業は，むしろ自分たちの国際競争力が損なわれてしまうと考えたのです．途上国に行って新しい橋の建設や，新しい工場の建設，あるいは新しい空港の建設などの入札をしようとすれば，ヨーロッパや日本，あるいは韓国の企業と競争しなければなりません．極端にいいますとヨーロッパの企業，日本の企業，韓国の企業がみんなお金をばらまくのに，我々だけがお金をばらまけないとすれば，競争入札に負けてしまうではないかと思ったのです．そしてそれは，ひいてはアメリカの競争力を低下させることになる，輸出はどうなるのか，というような心配やクレームとなって，日本の経団連に相当するビジネス・ラウンドテーブルや，あるいはアメリカン・チェンバー・オヴ・コマース（商工会議所）というところから当然ワシントンにあがってきたのです．しかし，どういうわけか，ワシントンは余り聞く耳を持ちませんでした．逆に，この法律はだんだん強化されたのです．実際に刑事責任を追及されたり，起訴されたりというようなことがしばしば起こったのです．毎年10件くらいの起訴があり，今まで100件くらいの有罪判決が出ています．そして，実際に刑務所に入れられる人もいます．先ほども言いましたように会社を刑務所に入れることはできませんが，会社のオフィサーで，個人的に犯罪に携わっていた人または知っていた人は刑務所に入れられるので，ほんとうに怖い法律です．しかし，これはアメリカだけが持っていた法律なのです．

## OECD協定への動き

さて，こういう状況だったので，トランスパレンシーからの圧力で，1996

年ごろから，パリにある OECD が，それまでのソフトな提言ではなくてちゃんと拘束力のある協定，つまり条約をつくろうではないかと動き出したとき，アメリカはもちろん賛成すると思われました．OECD のメンバー国は29 ほどありますが，みんな先進国です．日本も韓国もメンバーですし，ほかの先進国もみんな入っている機構です．OECD のメンバー諸国がみんな同じく海外腐敗行為を防止すると決めて，またアメリカが持っているような法律を一国一国が自分のペースでつくるのではなく，協定，つまり条約という形で調印してもらったら，アメリカの企業は，ヨーロッパの企業，日本の企業，韓国の企業などと同じ条件で，南の国々で競争できるようになるわけですね．ですからアメリカはこの OECD の動きを歓迎するのではないかと思われました．しかし不思議なことに，アメリカはその協定案に対しては大変消極的でした．これはまたなぞですね．1977 年からずっとアメリカの多国籍企業だけは賄賂を払えないで，ほかの国の企業はみんな賄賂を払えたわけです．しかも，その賄賂を必要経費として計上して，法人税を減らしている企業さえあったのです．そうしたことができないのはアメリカの企業だけで，ビジネスを失うことばかりだったのです．にもかかわらず，先進国の企業がみんな同じ条件で，賄賂が払えなくなるという協定を結ぼうではないかという，トランスパレンシーの提言に対してアメリカは消極的でした．どうしてでしょう．

　そのなぞをとくためには，協定の中身を少しくわしく見なければなりません．この協定は大変なスピードでつくられたものです．協定をつくろうという閣僚級会議は 1997 年の 5 月に持たれました．それまで，準備的な作業は行われていませんでした．ところが，この 5 月のパリでの閣僚級会議の場で，協定をつくることが決まりました．そして協定案は 11 月に作成され，協定の調印式は 12 月に行われました．協定そのものは，海外の腐敗行為を禁止する法律を各国でつくりましょうという約束です．だから，日本がこの協定に調印，あるいは批准しただけでは，ただちに日本人が海外で賄賂を贈ることが日本の法律違反にはなりません．この協定では，日本がそのような行動

を犯罪とする法律をつくることを約束しているだけです．協定は当然，国と国との間の約束ですから，合わせて34カ国（これは29カ国のOECDメンバー国と，まだメンバーではないけれどもこれからメンバーになりたい国があと五つ加わったのですが），その34カ国が互いに約束したのは，これからはそういった腐敗行為が法律違反になるような法律を，我々の国内法として，つくりましょうという約束です．では，その法律をいつまでにつくるかというのが問題になりますが，1998年の12月31日までに成立させることを互いに約束しました．それと同時に，当然，調印しただけでは条約は有効にはならないので，批准しなければなりません．調印するのは立法府たる国会ではなく行政府の中の外務省ですから，日本に持ってかえって，ちゃんと国会に出して，批准する手続を取らなければなりません．それも，調印した34カ国はみんな1998年12月31日までにやりますと合意しました．ですから，1997年の5月に提案して，11月に協定案をつくって，12月に協定に調印して，そしてそれを実施する法律案を1998年の3月31日までに国会に出して，協定が批准されることと法律が成立することは12月31日までにというスケジュールが決まったのです．これはこのような類の多国間協定としては，極めてハイペースです．例えばウルグアイラウンドの開始からWTO協定をマラケシュで調印し，実際にWTOを設立するまでには7年半かかっています．それと比べれば，いかに早いかがおわかりになると思います．こういうハイペースで動いたのも，トランスパレンシーの圧力のおかげだったと言えます．

　この協定はどういうものかというと，基本的にはアメリカの海外腐敗行為防止法と同じことを言っています．これからは海外で公務員に賄賂を払うことは，たとえ普通の国内刑法にはそういう域外適用がなくても，結局域外適用をして自分の国の犯罪にする．また，日本もそうですが，自分の国内法の原則としては会社を刑法の対象としない国であっても，刑法と同じくらい厳しい行政処分を行う．そして，会社が直接にやっても，子会社，孫会社を介してやっても，または直接に外国の公務員に賄賂を払っても，あるいは，そ

の間にコンサルタントとかフィクサーなどを置いても，同じくそれらをみな賄賂と見なす．しかもそれが現金以外の形の利益提供でも，例えば子供の教育費用とか，あるいは就職斡旋とか，そういうような形のものでも，それがちゃんと賄賂だ，ということが全部書いてあります．

　ここまではアメリカの法律と同じです．しかし，アメリカの法律には一つの非常に大事な条項があって，この協定にはその大事な条項がありませんでした．実はここが先ほど述べた抜け穴と関係するのですが，アメリカで，1977年に法律をつくってから現在までに100件くらいの有罪判決があったと前述しました．しかしそのほとんどは，実際に賄賂を手渡したというような証拠はなかなか得にくい事件でした．また，いくら域外適用というような概念を国内法として採択したとしても，実際の証人が管轄外であればどうにもなりません．どうしても不可欠な情報を持っている証人のいるところが香港とか，インドネシア，ナイジェリアだったら，どうやってアメリカの法廷に連れてくるのでしょうか．そのような手続的な問題もありましたので，その100件くらいの有罪判決事件を分析しても，実際に賄賂を立証することに成功した事件は，実は少ないのです．3分の1くらいです．後の3分の2は，賄賂を立証することができませんでした．しかし，アメリカにおける有罪の立証は，別の次元で行われたのです．表1にある通り，アメリカの法律には次のような規定があります．「(A) 株を公開しているどの会社も，その取引と資産の処分を正確・公正に，しかも十分事細かに反映する帳簿・記録・勘定を持っていなければなりません」．これは会計学以前の，簿記学のルールです．ちゃんとしたブックキーピングシステムを持っていなければならないということです．当たり前のことですけれども，実はそれまではどこにも明文化されていなかったのです．この法律ではじめて，ちゃんとした簿記システムを持っていなければならないのですよと定めました．そして，もっと厳しいのが次です．「(B) 株を公開しているどの会社も，内部統制システムを持っていなければなりません」．この内部統制に関する部分がOECDの協定においては問題なのです．しかし，その前にむしろ内部統制というのはどの

表1　FCPAからの抜粋（15 U. S. C. §78 m (b) (2)）

Every issuer which has a class of securities registered pursuant to section 12 of this title and every issuer which is required to file reports pursuant to section 15 (d) of this title shall -

(A) make and keep books, records, and accounts, which, in reasonable detail, accurately and fairly reflect the transactions and dispositions of the assets of the issuer; and

(B) devise and maintain a system of internal accounting controls sufficient to provide reasonable assurances that -

(i) transactions are executed in accordance with management's general or specific authorization;

(ii) transactions are recorded as necessary -

(I) to permit preparation of financial statements in conformity with generally accepted accounting principles or any other criteria applicable to such statements, and

(II) to maintain accountability for assets;

(iii) access to assets is permitted only in accordance with management's general or specific authorization; and

(iv) the recorded accountability for assets is compared with the existing assets at reasonable intervals and appropriate action is taken with respect to any differences.

ようなものかを簡単に説明しておきましょう．

## 内部統制

どのような組織が内部統制を持っているといえるでしょうか．最近は日本でも不況でつぶれる銀行がありますが，自分の銀行は大丈夫かと心配になって，別の銀行に口座をつくろうと思ったとしましょう．銀行をかえるのは大変面倒なことです．いろいろな自動振替があって，これを全部新しいところへ移さなければなりませんね．ガス・水道・電気・電話・子供たちの携帯，などです．それから自動的に受け取るのもあります．では，勤め先からの給与を今までと違う銀行に振り込んでほしいと思ったら，どこに行けばいいのでしょう．例えばどのような会社にも人事部給与係というのがあります．そ

こへ行って，私の給与をこれから〇〇銀行に振り込んでくれと頼もうとすると，人事部給与係は「給与の振込先変更の話は，ここではなく，経理部経理係が窓口になっています」と言うかもしれません．実はこれは私に実際おこったことなのですが，その時私は，なるほど，さすがに「内部統制」がちゃんとできているなと思ったのです．つまり，内部統制とはズルを不可能にするシステムなのです．もし銀行振込の手続を取るところと，人事や給与を決めるところが同じだったとすると，簡単に幽霊社員をつくれることになっています．人事係の仕事の一つは社員リストをつくって保管することですから，適当な名前で，適当な資料を作成して，適当なコンピュータ入力などで幽霊社員をつくって，配属をだれも見ないところにして，口座も適当につくって，そしてそちらに給与を振り込む手続をする．これでは，典型的な横領がおこってしまいます．それを防ぐために，社員リストの管理など人事の機能と，給与振込の管理など経理の機能とを，全く別の部，人事部と経理部とに分けているわけです．

　つまり，内部統制というのは，組織がトップからの指示通りに運営されるように，トップから許可されていない行動がなるべく不可能になるように，さまざまな事前チェックや事後監査をかける管理制度ということができます．

　さて，先に書きましたように，アメリカの海外腐敗行為防止法の中で，今までの判例の圧倒的過半数は実際に賄賂を立証することができなかったのですが，なぜ人を刑務所に入れて，企業に高額の罰金を科したかというと，内部統制が不十分だったからです．この法律をつくったのは1977年，ウォーターゲート事件の頃でした．ウォーターゲート事件でなぜニクソンは辞任しなければならなかったのでしょうか．実は，これは非常にちっぽけな事件だったのです．民主党の何とかという委員会の部屋に泥棒が入ったのです．そして何か資料を盗もうとしていたのですが，何も盗めませんでした．でも窃盗犯をつかまえることができて，その窃盗犯がニクソンの，それこそひ孫会社の人間から命令を受けて泥棒に入ったということがわかりました．しかし，それだけではニクソンがやめるはずはありません．なぜやめなければならな

かったかというと、ワシントンポストの記者が非常に厳しく金の動きを追及したのです。窃盗犯は、報酬として何万ドルものお金をもらっていたようです。そのお金はどこから出たか。たとえ証言がなくても、お金の流れをフォローすることはできます。そしてそれをずっと追って調査したら、結局それは、どうもニクソンに非常に近い者が支払を命じたということがわかりました。そしてそれが、ウォーターゲート事件があれだけ大きな事件となった一番の理由でした。

ウォーターゲート事件は当然、ワシントンでは大変なショックでした。大統領がやめるというような前代未聞の話になっていましたから。ちょうど、頭がそういうショックでいっぱいのところでこの法律をつくったのです。「フォロー・ザ・マネー」、つまり海外腐敗行為防止法の中のメインポイントは、実は内部統制なのです。賄賂は法律違反だぞというのではないのです。どういうことかというと、100万ドルの賄賂を払ったとすれば、そのお金はどこから出たのかを問うわけです。ロッキード社のお金は香港経由で払ったのですが、そのお金はもともとはどこのお金だったのか。会社のお金であれば、本来はその会社の帳簿と財務諸表に載っているはずです。財務諸表といえば、一番基礎的なのは貸借対照表です。左に資産を書いて、右に負債を書いて、資産と負債の差額は右下で、資本の部に書きます。これは世界共通の貸借対照表のパターンです。資産、負債、そしてその差額、つまり資本の部。正しい貸借対照表であれば当然、左側つまり資産の部にはすべての資産をリストアップしているはずです。ですから、例えばモブツに100万ドルを払ったとすると、その100万ドルはこの資産の部のどこかの勘定の中から出ていたはずです。出たとすれば、簿記の話になりますが、その資産勘定の残高を減らす貸方記入と、他の勘定への同額の借方記入からなる、仕訳があったはずです。これを複式簿記といいます。単純に考えれば、100万ドルをその資産勘定の貸方に記入し、そして同じ100万ドルを適当な経費勘定の借方に記入します。問題は、その経費勘定のネーミングです。「ザイールでの賄賂費」という名前の経費勘定を設けることは、幾らなんでも、考えられません。

とすると，実際にモブツに対する100万ドルの賄賂のために会社のお金を使ったのに，「ザイールでの賄賂費」というような名前の勘定が会社の会計帳簿に存在していないとすれば，二つの可能性しか考えられません．一つの可能性は，そのお金は，正式な会計システムに入っていたお金だったが，払ったときは，ほんとうの目的が賄賂だったのにもかかわらず，「何とかのコンサルタント料」，「何とかの販売料」と，仕訳をごまかした，ということです．もう一つは，その100万ドルはそもそも，その会社の正式の会計システムにないお金，つまり裏金だったので，その使い道は会社の会計帳簿に反映されていなかった，という可能性です．しかし，いずれも，先の（表1の）法律の条文の違反になるのです．仕訳のごまかしでしたら，取引を正確・公正に反映していないので，「A」の違反です．また，裏金，帳簿に載っていないお金でしたら，裏金の存在自体が，内部統制が行き渡っていない何よりの証拠ですから，「B」の違反です．ただ重要なのはその100万ドルが最終的にモブツの手に渡ったことを立証する必要がないということなのです．

　このことを理解した上でOECD協定を見てみましょう．

　ここには残念ながら大きな抜け穴があります．これを見ると，奇麗事を並べているに過ぎないということが，すぐにわかります．先に書きましたように，アメリカの法律に則したほとんどの有罪判決は内部統制が不十分だったということでした．内部統制が不十分というのは，二重帳簿があったとか，簿外勘定を設定したとか，帳簿外の資金をつくったとかということですね．それでこの日本語の訳をみると，たしかにキーワードだけは，ちゃんとこの条文に並べられています．しかし，アメリカの法律と比べるとここには条項を極端に弱くしたフレーズがあるのです．それは，「外国公務員に対する不正利益供与又はそのような不正利益供与を隠すことを目的として」というと

---

── キーワード ──

仕訳：複式簿記による，取引を記録する仕方．日付，借方（左側）の勘定名と金額，貸方（右側）の勘定名と金額，および取引の簡単な説明からなる，仕訳帳に記入する．

表2 OECD腐敗防止協定からの抜粋

| Convention on Combating Bribery of Foreign Public Officials in International Business Transactions | 国際取引における外国公務員に対する贈賄の防止に関する協定 |
|---|---|
| Article 8, paragraph 1 | 第8条第1項 |
| In order to combat bribery of foreign public officials effectively, each Party shall take such measures as may be necessary, within the framework of its laws and regulations regarding the maintenance of books and records, financial statement disclosures, and accounting and auditing standards, to prohibit the establishment of off-the-books accounts, the making of off-the-books or inadequately identified transactions, the recording of non-existent expenditures, the entry of liabilities with incorrect identification of their object, as well as the use of false documents, by companies subject to those laws and regulations, for the purpose of bribing foreign public officials or of hiding such bribery. | 外国公務員に対する不正利益供与を効果的に防止するために各締約国は，帳簿及び記録の保存，財務諸表の開示，会計，及び監査の基準に関する各国の法令の範囲内で，それらの法令に服する企業が外国公務員に対する不正利益供与又はそのような不正利益供与を隠すことを目的として，簿外勘定の設定，帳簿外で，又は不適切に識別された取引の実施，各支出の記載，目的を誤って識別した負債の記入及び不正書類の使用を禁止するために必要な措置をとる． |

ころです．このフレーズを入れたことで，この条項がほとんど無意味なものになってしまいました．

　このことを説明するために，話を法学について一般化しましょう．まず，刑法においては，犯罪を定義するときには，あいまいさは許されないのです．人を刑務所に入れるか入れないかがかかっており，自由という最も基本的な人権にかかわるものですから，犯罪の定義は，これを非常に厳密に書かなければならない，というのが刑法の考え方です．これはどの国の法律でも共通する大原則だと思います．民法とか商法は違います．民法とか商法では，あいまいなところがあってもこれを適当に解釈してもいいのですが，刑法はそうはいきません．また，専門用語で恐縮ですが，法学には，「犯罪の構成要件」という用語があります．犯罪の構成要件というのは，刑法において犯罪

を定義するときに用いる、いわば作文道具みたいなもので、「この犯罪はＡとＢとＣとＤから成る」という具合で、もしＡとＢとＣとＤという要件がすべて揃っていれば犯罪であり、その中の一つでもが欠けていれば犯罪ではない、ということになります。その場合、ＡとＢとＣとＤをその犯罪の構成要件といいます。

表２のOECD協定の条文をもう一度見てみると、問題点がわかるのではないでしょうか。やはりこの新しい犯罪の構成要件の一つは、「外国公務員に対する不正利益供与又はそのような不正利益供与を隠すことを目的として」ということです。すると、容疑者がその目的をもっていたことを検察側が立証しなければなりません。でもそんなことを立証できるのでしたら、賄賂を払ったことを立証するのと同じです。「賄賂をする目的でやった」といっても、「賄賂をやった」といっても、結局立証しなければならない内容は同じです。しかし、賄賂を贈るためにつくった二重帳簿とか、簿外取引とか、それくらいのことを立証できる検察なら、こんな条項なんかに頼ることはなくて、別の条項を使ってストレートに賄賂を追及するはずです。問題は、ストレートに賄賂を立証しようとすると、先に言いましたように、トカゲのしっぽがあるとか、証人が管轄外にいるとか、それがなかなか立証できないということにあるのです。だからこそこの会計条項が大事なのです。しかし会計条項を利用するために、賄賂を立証しなければならないとすると、会計条項をつくった意味がなくなります。全くこれは意味がない条文なのです。

―― キーワード ――

（ある犯罪の）構成用件：ある犯罪の裁判で、裁判官が有罪か無罪かを判別するために用いる、当該犯罪が成立するために不可欠とされる個々の条件。基本的には、刑法の条文に明記すべきであるが、条文の不明確な部分を解釈で補うこともある。

## おわりに

　トランスパレンシー・インターナショナルは，世界50カ国に支部がありますけれども，日本に支部はありません．50カ国にあるのに，日本にはないのです．関心がないわけではないと思います．日本ではいろいろな，人権とかあるいは国際協力に関連する民間団体はあるけれども，そういうような団体を日本でつくるとすれば，今までは社団法人か，財団法人かのどちらかをつくらなければなりませんでした．財団法人をつくるためには3億円，4億円，5億円，社団法人をつくるにも，結局は2年間くらいの時間が必要だったと思われます．しかも，政治家の支援を受けての話です．社団法人も財団法人も完全な許可制ですので，管轄官庁の許可がなければならないのです．100%官庁の裁量に任されていますので，その許可をとるためには時間とお金がかかります．ですから，そんな面倒な手続をなかなかとりたくないのです．

　しかし，最近状況が変わりました．1998年3月25日に，「特定非営利活動促進法」という新しい法律ができました．これは俗に言うNPO法です．この法律で，新しい種類の公益法人，特定非営利活動法人（NPO法人）が作れるようになりました．私の憶測に過ぎないかもしれませんが，恐らくこの法律を使って，トランスパレンシー・インターナショナルの日本支部が作られるのではないかと思います．またそれを期待したいと思います．

◆参考文献

　村田良平『OECD—世界最大のシンクタンク』（中央公論新社，2000年）
　http://www.transparency.de/（トランスパレンシー・インターナショナルのホームページ）
　http://jicpa.or.jp/n_topics/toushin/naito.html（内部統制についての日本公認会計士協会の指針）
　http://www.epa.go.jp/98/a/19981027 jpmenu/npomenu.html（経済企画庁のNPO関係ホームページ）

# グローバルな問題への多元的アプローチ

太田　宏

## 世界の貧富の格差

　世界の貧富の格差の拡大という状況を簡単に見ていきたいと思います[1]. 人類の歴史を通して，人類というのは「貧しかった」んですね．今日でも第三世界，あるいは開発途上国という国々の人々の平均寿命は大体40～50歳代といわれます．世界にはまた，栄養不良とか，読み書きができないとか，あるいはその他貧困にまつわるさまざまな問題に悩む国が多い．人類の長い歴史において富を享受したというのは，ほんのごく限られた特権階級なり，支配階層に近いエリート層だったんですね．
　ところが，産業革命がこうした人類の長い歴史の状況を一変させた．欧州の工業国では新しい富が創出され，ついに多くの人々に富の分配ができるようになった．そのころから，特に1850年ごろから工業化の道を進んだ俗にいう先進国，あるいは工業国と，工業化がおくれている，あるいは発展途上である国々との間の所得格差がどんどん大きくなっていくということです．1850年ごろ，工業国と非工業国の所得格差は2対1の割合であったと推定されていますが，1950年までに富裕国と貧困国との間の所得ギャップは概ね10対1になっていった．1960年にこれが15対1に広がっていく．もしこの趨勢が続けば，今世紀末までに先進工業国と発展途上国といわれる国々の人々の所得の格差が大体30対1になると予想されています．
　もう少しほかの言い方をすれば，これは国連のいろいろな記録からいわれ

ることですが，大体世界人口の最も富裕な 20% の人々の所得と最も貧しい人々の所得格差が過去 30 年の間に 2 倍になったということです．1990 年代初頭，裕福な世界の人口の 20% が最も貧しい世界人口の 20% の 150 倍の所得を獲得している．単純に計算すれば，貧しい国の人々が 100 円得るのに，日本人も含め裕福な人々は，大体 1 万 5,000 円は得ている．同じ労働をした場合と仮定すればですね．その状況をグラフ化したもの，図 1 を見てください．世界の裕福な 20%，日本人，ヨーロッパ人，あるいはアメリカ人を含む 20% の人々が，85% 近い世界の GNP を創出している．そして，一番貧しい部類に入る国の人々の 20%，世界人口の 20% が世界の GNP のわずか 1.4% しか創出していない．非常にいびつな形ですよね．こうした所得格差が起こっているということです．その格差が広がりつつあるということなんですね．

　もちろん，これはこれまでの世界の発展の歩みの一部の描写で，成功した部分，うまくいっている部分もあることはあるんです．第二次世界大戦後，より多くの発展途上国が工業化に成功して平均寿命も延びている．簡単な統計を紹介すれば，1962 年から 1982 年の 20 年間の途上国の平均寿命はおよそ 40 歳から 60 歳に上昇している．ちなみに日本の平均寿命も戦後，私の記憶が正しければ 50 歳前後といったところでした．今でこそ世界で一番長生きする国民ですけれども，特に女性はね．ごく 40 年前には日本も現在の多くの途上国とそれほど変わらなかった．もちろん戦後という荒廃のそういった極端な状況でしたので無理もない話ですが．しかし，われわれも今日の繁栄を築いたのはそれほど遠い昔のことではないのです．

　もう一度現在の途上国の開発問題の話に戻りまして，幼児死亡率が同じ時期に 50% ぐらい減っていることと，初等学校入学率が 50% から 95% に一応上昇していることを指摘しておきます．ところが，1960 年代には途上国も一緒に繁栄して先進国にすぐ追いつくだろうと思っていました．そういう明るい将来像というのが存在していましたが，そうした期待は，80 年代に至るうちに消えていってしまったという状況にあります．それはさらに貧し

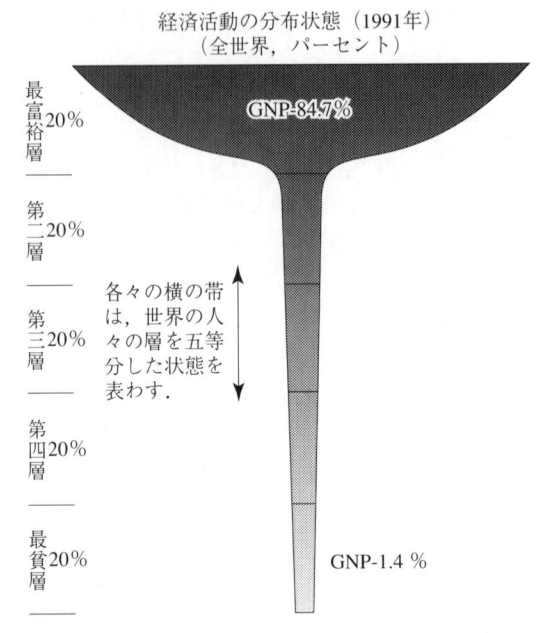

経済活動の分布状態（1991年）
（全世界，パーセント）

最富裕層 20%　GNP-84.7%

第二層 20%

各々の横の帯は，世界の人々の層を五等分した状態を表わす．

第三層 20%

第四層 20%

最貧層 20%　GNP-1.4 %

出所：UNDP, *Humon Development Report*, Oxford University Press Oxford, UK (1994).

図1　グローバルな経済的格差

い国々が増えたということなんですね．もう一度また，あまり歓迎できない統計数字を紹介することになるのですが，発展途上国の人口の約3割が世界銀行の貧困ラインという，年間所得が約400ドル以下ということで数値化される状態にあるといわれています．要するに，途上国の30%の人が貧困ライン以下で生活しているということです．

東アジア，あるいは東南アジアでは最貧層の人口は減少しているのですが，サハラ以南のアフリカ諸国とか，中近東，北アフリカ，ラテンアメリカ諸国では最貧層の人口は増大している．1990年の国連人口統計では約11億人，つまり，中華人民共和国の人口よりやや少ないといった人々が貧困ライン以下の生活をしているということです．もう一度このグラフを見ると，一番下のところです．11億人というのですから，かなりの数ですね，日本の人口

の大体10倍弱．われわれの日常生活ではほとんど想像できないような状況がわれわれの「日常」の外に存在しているということですね．もちろん，どこの国の人間も自分の生活が一番ですから，余分なことを考えるという気にならないかもしれませんが，一人の人間として自分の人間性，あるいは自分の人間的成長をできるだけ全うするというか，できるだけ望ましいものにしていくためには，今世界で起こっていることを考える余裕，もちろんわれわれは考える余裕を持っていると思うのですが，こうした考える余裕を持って，もう少し感性を鋭く研ぎ澄ませて，いろいろな問題に触手を伸ばし，理性的に何ができるかということを考える．もちろん，それは自分の生活を第一に考えながら，より人間的な生活ができるような方法は何かということを考えかつ実践していくことが，人間の成長として必要な条件かと思います．

## 市場，国家，そして市民社会

それでは，なぜこのような状況が起こっているのか，という疑問が当然起こってきます．これまでわれわれは何もしてこなかったのか．先輩たち，あるいは一般的に大人たちは何をやっているんだというのが若い世代の正直な気持ちかもしれませんが，一言に人口問題，貧困あるいは開発問題といいましても，これはなかなか難しい問題なのです．

基本的には三つのアプローチというのがこれまで考えられていまして，なぜある国が富んで，他の国は貧しいのか．あるいは国を富ませる方法として何が一番いいのか．これはわれわれの大きな課題でありまして，一つは市場アプローチ，もう一つは国家アプローチ，さらに市民社会アプローチという三つのアプローチが概ね基本的なものと考えられています．これらのアプローチは，一国を富ませるためのみではなく諸国民の貧富の格差解消に対するアプローチとしても有効です．

市場アプローチというのは資本主義社会，日本，アメリカ，ヨーロッパの先進国やアジア・ラテンアメリカの新興工業国も含めて，世界的に今や一つ

の大きな勢力になっている市場メカニズムによる解決方法です．この市場アプローチによれば，四つの基本的な規則によって富というものが蓄積されると考えるわけです．その第一というのが労働，天然資源，技術および資本．資本の中には建物，機械およびそれを購入するために必要な貨幣も含まれる．財とサービスの生産に必要なこれらの生産手段．そしてこれらの生産手段は私的に，個人あるいは法人が支配する，あるいは所有するものでなくてはならない．これが第一の規則です．

　第二番目には，生産手段と生産された財とサービスとが自由に売買される市場が存在しなくてはならない．自由な市場，生産手段なり，生産された財，サービスを売買する市場が自由なものでなければならない．第三番目に，地方，国および国際レベルで自由な貿易体制が存在しなくてはならない．最後に，商取引が保障され，直接的には関係しない個人間の商業的関係の安全が保障されるように，政府の規制が存在しなければならない．例えば独占禁止法あるいは公正な取引が行われるような公正取引委員会のようなものが設けられて，自由で平等な競争が確保されるような制度が必要である．市場メカニズムに基づく富の蓄積にはこうした四つの要素が必要になります．

　周知のごとく，こうした考えの創始者というのはアダム・スミスです．分業による効率的な生産を背景として，市場による需要と供給の関係によって商品価格が決定されるメカニズム，いわば見えざる手というのが生産過程や商取引の秩序を保ち，それがひいては諸国民の富を増やす，と説きました．もう一度言いますと，それぞれの仕事を分業することによって効率的な生産過程ができます．むだのない効率的な生産過程を背景として，その生産過程によってできた商品の自由な市場があって，それが資源の有効利用につなが

---

**キーワード**

見えざる手：アダム・スミスは，その主著『諸国民の富』の中で，個人が自らの利益を合理的に追求すると，神の見えざる手がはたらいて，効率的な財の分配を促し，国が富むと主張した．それ以来，見えざる手という言葉は，市場の機能を代弁するメタファーとして使われるようになった．

って、最も効率の良い資源の利用による生産ができる。そうすることによって富を増大させることができる、というわけです。

　この考えに加えて、リカルドという人が、比較優位論に基づく自由貿易というものも諸国民の富を蓄積する重要な要件であると、論じました。比較優位論とは各国に与えられたほかの国より有利な生産条件、例えば天候がいいとか、ワインの生産に恵まれた土地であるとか、安価な労働力が存在しているとか、あるいは大変優れた技術があるとか、国々によっていろいろな生産要件が違っていますから、各々の最適の条件で最適の財を生産するのが富の蓄積の要件である、というわけです。古い例ですが、ワインづくりに一番適しているポルトガルが、ワイン生産に特化すれば、今申し上げた天候にしろ、天然資源にしろ、安い労働力というもののために品質が良くて安いワインを生産することができ、国際的な市場でよく売れる、というのです。そうした国のワインと、例えばこれも古典的な例ですが、イギリスがその当時羊を囲い込みで大量に飼育して、羊毛、あるいは羊毛製品をたくさんつくっている。大量生産過程を通して安くつくっていますから、これは非常に安くできるし、技術もあるということで、イギリスが例えば羊毛製品に特化して生産拡大すれば、非常に価格の安い製品が国際市場に出せる。イギリスの羊毛製品とポルトガルのワイン、お互いに生産に特化して、よりコストが安く生産できるものをつくって、国際貿易でそれを取引すれば、お互いの比較優位の点から、より競争力のある商品を生産し、それをより多く売ることによって富が蓄積されるということになります。

　こうした自由市場経済と自由貿易体制というものが諸国民の富を増やす、市場アプローチと言われるものの基本的な考えです。確かにオランダ、イギリス、アメリカ、日本、ドイツは、こうした方法によって富を蓄積してきています。

　最近では、NIESと言われている韓国、台湾、シンガポールなどの国も市場経済、あるいは自由貿易体制に参入して富を蓄積してきている。さらに社会主義国であった旧ソ連が解体して資本主義体制を導入して、東欧の諸国も

資本体制を導入してきているから，このアプローチがどうも世界的に最も有効であるという趨勢にあるわけです．とはいうものの，このアプローチは万能ではありません．問題点もあります．

　端的な例で言えば，日本，西欧諸国，ドイツ，イギリスもそうですし，アメリカもそうですが，失業問題は，特にどの資本主義社会でも直面する重大な問題です．ドイツでは10％近い失業者が発生しています．あるいは過去数十年来，こうした市場アプローチを導入しているブラジルでは工業化に成功して経済的発展をしているんですが，ブラジル国内の貧富の格差が拡大傾向にあります．世界市場でできるだけ安い商品をつくろうということで安い労働力でつくる，その安い労働力が労働者に与える社会的な弊害，健康保険が十分ではないとか，社会保障が十分ではないという社会問題も生じます．低賃金の労働力で国際的に競争力のある商品を生産している国においては，それを生産する際の社会的なコストというのがあまり商品価格に反映されていません．例えば，環境に対する負荷をかけ，公害を出しつつ安い製品を生産することが起こります．汚染処理にお金を使わないような工場から安い製品はつくれますが，環境の負荷が非常に大きい．その工場周辺の住民に対する住環境の悪化や健康上の被害をもたらし，地方自治体や国が環境改善のために財政出動したり，医療費補助をしなければならないなら，非常に社会的コストがかかります．こうしたことが正当に商品価格に反映されないことがあります．こうした幾つかの問題が市場アプローチに内在しています．

　次は国家アプローチです．19世紀に話が戻りますが，マルクス・レーニン主義の社会主義的なアプローチが代表的な例です．それ以前は資本主義社会，特にイギリス先進工業国では全く社会保障制度というのが不十分でありましたし，問題になったのが少年少女の労働，搾取ですね．そうしたものでかなり貧困という問題が急激にイギリス社会では進んでいたということで，そうした問題を解決するためにやはり政府が主導で富の平等な分配をすべきではないかというのが，社会主義の考えであり，19世紀に世界的に注目され，やがて20世紀前半に，社会主義国ソ連の誕生を見たし，中華人民共和

国の誕生も見たわけです．その当時の富の不平等なり，市場では解決できない問題に対して，国家的なアプローチ，あるいは社会主義的な施策として健康保険や社会保障制度などが整えられてきました．ところで，マルクスとエンゲルスが書いた『共産党宣言』で提案された共産主義政策には，土地，銀行，交通機関の国有化とともに，万人に対する平等な労働義務やすべての児童に対する公共の無料教育などが掲げられました．ちなみに，日本国有鉄道（JNR）が民営化されて JR になったのは 1980 年代後半のことですし，また，日本には現在でも中等教育までの義務教育制度や国民皆健康保険制度があります．さらに福祉を重視した福祉国家ということで北欧諸国，とりわけスウェーデンをはじめとして大なり小なりほとんどの「先進」資本主義国で「富国」のために，あるいは「開発」のために「国家的」（社会主義的）アプローチが採られてきました．

　ただ，今問題になっているのは大規模な中央統制による計画経済，旧ソ連の例ですけど，それが見事に失敗してしまったということです．極端な例を挙げれば，パン 1 斤をつくるのにも，中央がすべて計画を立てて地方に命令していくというような，そういうような経済政策はうまくいかないということです．やはり市場のメカニズムに従ったほうがより効率的な生産と資源の利用ができるということは間違いない事実であると思われます．しかし，どこの国も，アメリカにしろ，ドイツにしろ，日本にしろ，経済成長をし，世界的な市場で競争力のある製品を生産できるようになるまでには，かなり政府主導の**保護貿易主義**というのをとってきた事実を指摘せざるを得ません．

　したがって，自由な国際貿易というのは，また，それを標榜する国というのは，それだけ経済力のある国だということです．イギリス，アメリカ，そして日本など，経済成長を達成した国，世界的に競争力のある製品を生産できる国，それを世界市場に売れる国というのが当然，自由主義貿易から利益を得ることがより多くできますので，率先して自由貿易主義を標榜するのです．しかし，そこまでいくまではどの国も「保護貿易主義」的で「政府主導型」の資本主義体制というものを，程度の差こそあれ，とってきていること

は事実だと考えます．韓国，シンガポール，台湾などによって代表されるNIESもしかりです．したがって，このアプローチは過去のものとして全く否定されているわけでもないと考えます．

　また最近では，昔と比べて先進国と途上国の技術の格差というものが非常に大きいという点にも留意する必要があります．かつてイギリスとオランダが世界市場で競争していたとき，それにアメリカが参入して，やがてドイツ，日本が参入したときの，例えば，鉄道のレベルや造船のレベルの技術と，現代のコンピューター，自動車，航空機に代表されるような技術と知識の集約度の高い技術との間には非常に大きなギャップがあります．ほとんど「市場ゲーム」の内容が違っているといっても過言ではありません．したがって，現在の途上国あるいは「後発国」が，かつての「後発国」——アメリカ，ドイツ，日本——のように，「先進国」との間の技術的ひらきを狭めるのは至難の業といえましょう．したがって，先進技術製品の市場から富を得ている新興工業国の数も限られ，韓国，台湾，シンガポールなどのように，世界的にみればほんの一握りの国々です．

　最後に市民社会アプローチについて簡単に触れておきます．人類社会は市場アプローチや国家アプローチに従って「富国」や開発を達成しようとしてきているわけですが，今日，世界ではなお 8〜11 億の人々が飢餓に苦しんでいるといわれています．一体どうしてなのか．市場や国家アプローチ以外の方法をとるべきなのか．その方法なら，例えば，世界の貧困問題や開発問題

---

**── キーワード ──**

**保護貿易主義**：国家が自国の産業を保護したり育成しようという目的で，関税やその他の輸入制限を設けること．国際競争力の低い国についてはある程度認められてきたが，先進国については第二次大戦後 GATT を中心に推し進められた自由貿易体制のもとで，そうした措置をなくしていこうとする努力が積み重ねられた．

**後発国**：工業化の過程への参入の時期が遅かった国．こうした国々は，すでに成功した技術や発展戦略を模倣できるメリットがある反面，国際競争力を高める上で不利な初期条件が設定されていると考えられる．

を解決できるのか．残念ながら，世界にはそうした特効薬的代替アプローチは存在していません．しかし，開発の問題に関して，小規模ではあるが，個別的でより身近で等身大のアプローチは，実際に実践されて，それなりの限定的な成果を上げています．それらは通常，市民社会アプローチといわれています．

　具体的な例を紹介しましょう．バングラデシュ生まれのムハマド・ユヌス博士という人がいるんですが，彼はアメリカのバンダービルト大学で経済学の博士号をとって，しばらく中央テネシー州立大学で教えた後，自分の国に帰り，政府経済局計画委員会副委員長に就任し，その後チャタゴン大学経済学部長に転じた人です．ある日，彼の身近で依然として貧困が存在しているということに今更ながら驚き，なぜだろうと，疑問を持ったことがそもそもの始まりだそうです．そこで，彼が始めたのは非常に低額な融資（「マイクロクレディット」），平均して60ドルぐらいの小額なお金を村の女性に貸し与えて，彼らの自立を促すという小規模な事業でした．

　その村の女性たちというのは貧困にあえいでいる人たちです．特に，食事など家族の中で最後に取る母親である女性は最も飢え，したがって貧困からの脱出を最も強く望んでいます．こうしたことに気付いたユヌス氏は，グラミンバンクという銀行を設立して，村の貧しい人々，特に女性を対象に，数10ドルから数100ドルのお金を貸します．その際女性たちに5人組をつくらせ，その女性たちに資金の有効利用を考えさせます．ところで，村の女性たちは意外にいろいろな工芸の技術を持っていまして，竹かごを編むとか，その他さまざまな生活道具を作ることができるものなのです．少額ですがとにかく資本金の融資を得ることができ，それまで内職としてわずかな手間賃を得ていた労働から，材料購入から村内外での販売までを通して自分たちの生業とすることができるようになったというのです．ささやかな規模ですが，村の自立的開発に成功している例です．

　一言付け加えますが，こうした村の女性たちが現実のみじめな状況を打破していく上で最も重要なことは，人間としての尊厳の回復である，というこ

とが非常に印象的です．ユヌス氏によれば，赤貧状態にある女性たちにとっては5ドルでさえ一生かかっても手にすることのない大金ということで，このような大金を手にすること自体尋常なことではなく，こうした大金を借りるのを非常に恐れるそうです．そこで5人組を形成させて，連帯責任を取らせることが重要になってきます．そして，最終的にこの融資を受ける大決断を下すとき，自分にはこれほどの「信用」が寄せられているのだ，と感激のうちに自己の尊厳を確立し，以後前向きに自立への道を進むということです．

このように，大規模な上からのアプローチ，あるいは利益を追求するだけのアプローチでは往々にして無視されるような，ほんとうに必要なレベルでの開発ということでは，草の根的あるいは市民社会のアプローチというのはかなり有効であります．ただ，問題は規模が小さいということです．したがって，これだけですべてを解決できるわけではありません．結論を簡潔に一言でいいますと，三つのアプローチをベストミックスしたアプローチが必要だということになります．

今までの話を簡単にまとめたのが概念図（図2）です．概ね17世紀から21世紀に向けてのこれまでわれわれがさまざまな社会問題を解決するために組織化してきた方法なり，これからわれわれはどのような方向に向かっていくかということを提示したものです．産業革命以降，あるいは近代国家，市場経済が世界的に大きな勢力になってきた段階でのわれわれの対応の概略図です．市民社会というのも当然存在していて，日本でいえば，仏教の寺を中心とした社会の活動でありますし，欧米のキリスト教会であるし，イスラム圏ではイスラム教，はたまた儒教社会にも自発的な互助組織を含む「市民社会」が存在するということです．ただ，これはやはり規模が小さいということです．

ところで，近代社会形成以来さまざまな問題が生じてきています．例えば，貧困，社会的不平等，あるいは戦争というものです．そこで，それらをどう解決するかということで，一つは福祉国家の方向にいってみたり，社会主義国家という方向をとったりしてきているわけですが，現在われわれは，経済

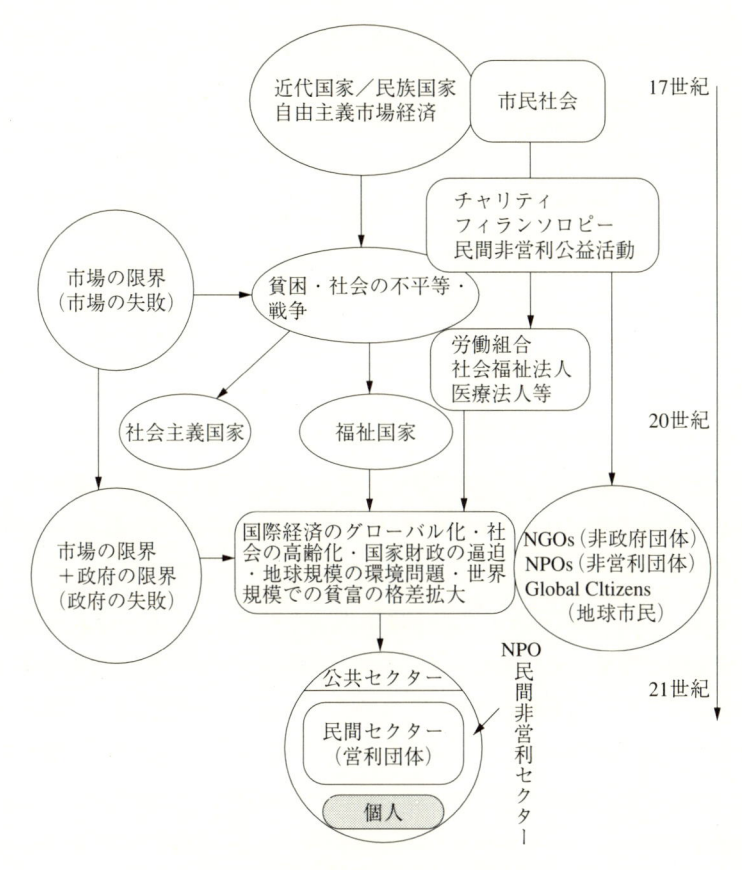

```
                    ┌─────────────┐
                    │ 近代国家／民族国家 │  ┌──────┐        17世紀
                    │ 自由主義市場経済  │  │市民社会│
                    └──────┬──────┘  └──┬───┘
                           │            │
                           │       ┌────▼─────┐
                           │       │チャリティ  │
                           │       │フィランソロピー│
   ┌──────┐                │       │民間非営利公益活動│
   │市場の限界 │───→ ┌──────▼─────┐ └────┬─────┘
   │(市場の失敗)│     │貧困・社会の不平等・│     │
   └──┬───┘     │戦争          │ ┌───▼────┐
      │         └──┬──────┬──┘ │労働組合   │
      │            │      │    │社会福祉法人│
      ▼            ▼      │    │医療法人等 │
   ┌──────┐ ┌──────┐      │    └───┬────┘
   │社会主義国家│ │福祉国家 │      │        │         20世紀
   └──┬───┘ └──┬───┘      │        │
      │         │          │        │
      ▼         ▼          │        │
   ┌──────┐ ┌─────────────┐│        │
   │市場の限界│ │国際経済のグローバル化・社│        │
   │＋政府の限界│ │会の高齢化・国家財政の逼迫│ ┌─────▼─────┐
   │(政府の失敗)│ │・地球規模の環境問題・世界│ │NGOs(非政府団体)│
   └──────┘ │規模での貧富の格差拡大  │ │NPOs(非営利団体)│
            └──────┬──────┘ │Global Citizens │
                   │        │(地球市民)    │
                   ▼        └──────────┘
              ┌─────────┐  NPO
              │公共セクター │  民
              │┌───────┐│  間           21世紀
              ││民間セクター││  非
              ││(営利団体)││  営
              │└───┬───┘│  利
              │  ┌─▼─┐  │  セ
              │  │個人│  │  ク
              │  └───┘  │  タ
              └─────────┘  ー
```

図2 市場の限界と政府の限界

のグローバル化，先進諸国社会の高齢化，国家財政の逼迫，地球規模の環境問題，世界規模の貧富の格差拡大という問題に直面しています．今まで話してきた市場アプローチ，国家アプローチのみでは対処できなくて，もう一つ，市民社会アプローチも加えて，この三つのアプローチの最も有効なミックスの方法を見つけながら，こうした問題の解決に向かう必要があるだろうということです．

最後に，一国の社会のありようについて簡単に概念化したのが次の一国内

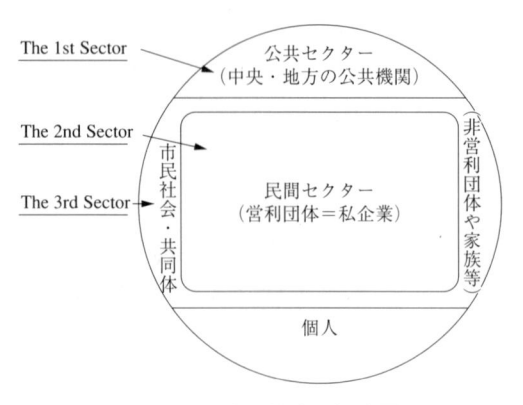

```
                    The 1st Sector  ┌─── 公共セクター
                                    │   (中央・地方の公共機関)
                    The 2nd Sector  市        ┌─────────┐  非
                                    民        │         │  営
                                    社        │ 民間セクター │  利
                    The 3rd Sector  会        │(営利団体=私企業)│ 団
                                    ・        │         │  体
                                    共        └─────────┘  や
                                    同                      家
                                    体                      族
                                                            等
                                          個人
```

図3　一国内の社会の概念図

社会の概念図（図3）というものです．どの資本主義社会でも一番規模の大きいセクターは民間のセクターです．これは私企業からなっています．アメリカや日本でもこの民間セクターを構成する法人数が最も多く，概ね85%から90%です．この社会セクターは市場メカニズム，あるいは資本主義社会で中心的な役割を果たすセクターです．公共セクターというものは中央・地方政府などからなるものです．もちろん，われわれは個人として存在しているのですが，その周り，民間セクター，あるいは公共セクターと個人を有機的につなぐ公的空間として市民社会セクターが挙げられます．これはまた非営利セクター，インデペンデントセクター，あるいは第三セクターともいわれます．最後の表現は日本だと地方公共団体と企業が合同して何かプロジェクトを起こす第三セクター事業と混同されるので誤解を呼ぶネーミングです．一番わかりやすい言葉を使えば，「独立したセクター」，すなわち，公共セクターからも民間セクターからも独立したセクターということで非営利団体（NPO），あるいはNGOというものを考えればいいかと思います．これは家族なり，先ほど言いましたボランタリー団体なり，あるいは環境や人権問題等に活躍している，自発的でしかも継続的にある問題に組織的に取り組んでいる団体を指します．

　人間の体に例えれば，血管を流れる血のようなものが市民セクターであり

まして，ちょうど血液の循環が新陳代謝のメカニズムを通して体内の細胞内の老廃物を各組織から取り除いて新しい酸素を身体のすみずみまで送り込むことで，身体の活性化をはかるように，市民セクターも社会の活性化のために重要な役割を果たしています．さらに，公共セクター，民間セクターではリスクが大き過ぎてできないような新しい事業を率先してやっていくというのも市民セクターの役割だと思います．規模からすればすごく小さいですが，それでもアメリカ社会では国民所得の5％ぐらい，日本でいうと消費税ぐらいの規模のお金を市民社会は自らの責任で自らのために使っています．したがって，この市民セクターの活力というのが，おそらくアメリカの民主主義の根本にあるにちがいないと思っています．

## 世界の人口問題とは

さて，もう少し個別的に人口問題というのを見ていきます．世界の人口増加のどこに問題の所在があるかということを明確にしていきたいと思います．第一の特徴というのは増加の勢いということで，現在の人口が人類史上空前の速さで増加をしているということです．具体的にどういうことかというと，西暦紀元前8000年ごろの世界はおよそ500万人の人口で，西暦元年までに人口は約2億人．そして，1650年までに約5億人に増えるといった，緩やかな増加でした．

ところが，その後の増加傾向には目を見張るものがありまして，1850年ごろ人類は初めて10億人という人口をこの地球上に出現させております．1930年に世界人口は20億人になりました．その次にまた10億の人口が追加されるまでには，今度わずか30年しかたっておらず，1960年に既に30億人に達しました．その15年後にさらにまた10億人が増えて約40億人．1987年ごろにまた10億人増えて50億人に達したということです．

これは指数関数的な増加というものです．2の乗数倍で増えていく状況を想像してください．例えば2の3乗と言えば8ですけれども，2の7乗と言

えば128ですね。2の8乗と言えば256です。だからアダムとイブ，あるいはヒロシとヒロコが出会って，その子供をまた増やせば，乗数倍的に人口が増えていきます。もちろん，この急増を出現させる他のいろいろな要因があります。その点は後ほど考察することにして，人口増加の状況が指数関数的に増えるという状況を比喩的にとらえるとどうなるのか，それを簡単にみておきましょう。

例えば，小さなラブボートを漕げるような池を想像してください。そこにハスの葉が岸辺に生えている情景を思い浮かべ，そのハスが1日過ぎると倍増するという状況を想定してください。また，そのハスは30日目には池全面を覆ってしまうという話です。一体何日目に池の半分はハスに覆われてしまうでしょうか。29日目ですね。1日で半分ですから，29日目に池の半分はハスで覆われてしまって，あくる日には全部ハスに覆われてしまっているわけです。ボートもこげない状況になってしまう。それが指数関数的な増加を子供にわかりやすく説明するときに使われる逸話ですが，おっと気がついたときには，もう世界人口はこんなに増えているということです。

ちなみに，国連の人口推計によると，1994年，世界人口は大体56億人以上でしたが，2000年には62億人，2030年には87億人，2050年には98億人になると推定されています。まだまだ増え続け，110億人から120億人ぐらいで落ち着くのではないかといわれております。

その次に，世界人口の増加の現状について簡単に見ていきます。どこで一番増えているかということですが，1975年から2000年まで人口増加の90％以上が貧しい途上国に集中するといわれています。そして，低開発国内の人口の半数前後はこれから成人していく15歳未満の子供が多いと。したがって，さらに人口増加が予想されるんです。もう一つの特徴は，農村地域から都会への人口の移動が多いということです。しかし，残念なことにそうした急増する都市の人口に対処するほどの統治能力も，あるいは社会資本，基本的なガス，水道，電気，サービスを提供するような社会的構造基盤も整備されていないというのが多くの途上国の都市の行政の現状です。

したがって，勢い多くの人がスラム街，あるいは貧民窟といわれるものを形成しています．これはインドのカルカッタの例ですが，1950年，人口約500万人，そのうちの数十万人が路頭で生活していたといわれていますが，90年代半ばには人口1,100万人のうち100万人近くが路上生活をしているということでした．2000年には人口1,700万人のうちどれだけの路上生活者が増えるだろうかということが話題になるような，そうした状況が途上国の都市で起きているということです．

紀元前8000年頃に始まった農業の開始から産業革命の前までの約1万年の間，世界の人口増加は非常に緩やかでありました．主に疫病や栄養不良による高い死亡率のために，人類全体としての人口増加率はまだ低いものでした．18～19世紀における先進開発国での産業革命によって，農業技術，産業および運輸などの発達により，平均的な人々の生活水準が上がるにつれて，人口増加率が一段と高くなりました．しかし，世界人口が倍増するまでの所要時間はそれほど短縮されませんでした．死亡率が引き続き高かったことに起因していました．

ところが，1940年代に始まった科学的革新と経済活動の爆発的拡大が，世界の食糧生産能力を飛躍的に高める一方で，病気の治療技術も長足の進歩をとげました．その結果としての死亡率の激減が，人類がそれまでに経験したことのない出生率と死亡率との間の不均衡を生じさせ，爆発的な人口増加を引き起こした，といわれています．こうしたことは非常に歓迎されるべきことで，第二次世界大戦後，予防接種の使用や公衆衛生施策が世界中に普及し，天然痘，肺結核，黄熱病，コレラのような伝染性の疫病の発生を抑制してきました．

ただ，グローバルな視点からも，人道的な視点からも，何らかの世界的な取り組みを必要としているのが，比較的貧しい開発途上国での急激な人口増加問題です．そこで，簡単にその原因のいくつかを箇条書きにし，それらを確認しておきましょう．開発途上国内の貧しい人々が子沢山を望む理由は，概ね，

①公衆衛生や医療サービスが不十分なため，乳幼児死亡率が高く，一人でも多くの子供が生き残れるようにするため．
②貧困家庭では子供も家事手伝いの担い手であるため．
③子供を就労させて家族の収入源の一つにするため．
④社会保障制度が完備されていないので，子供には将来親の面倒をみることが期待されているため．
⑤伝統的社会慣習や宗教的な理由から大家族を望むため．
⑥避妊に関する知識や器具等が普及していないため[2]．

これ以外の理由も考えられるかもしれませんが，以上が開発途上国での現在の人口急増の要因です．

それでは最後，このような人口急増問題等の状況をより一般化して論理的に考える作業を行いましょう．そのために「コモンズの悲劇」という比喩(メタファー)を手掛かりとし，また，三つのアプローチも問題解決法として意識しながら，世界の人口問題についての考察をより深めてみましょう．

## 「コモンズの悲劇」とその回避法について

コモンズというのは共有地，あるいは日本語でいうと入会地，だれでも自由に使える公共の場，あるいは公共の資源，共同資源，牧草地というものです．「コモンズの悲劇」の比喩が有名ですが，アリストテレスもずっと以前に同じような状況を考えています．

その悲劇の内容を簡単に説明します．ある牧草地，共有の牧草地があると想像してください．小さな村の人々が自由にそこで牛とか羊を飼えるという

> **キーワード**
>
> コモンズの悲劇：生物学者のギャレット・ハーディンは，雑誌「サイエンス」の誌上で，農民が牛を放牧している状況を寓話として用いて，共有地の荒廃を防ぐことができないと主張した．それ以来，コモンズの悲劇は，公共財の供給の困難さを語るときにしばしば用いられる．

かなり広大な牧草地です．飼育許容範囲内の数の牛，あるいは羊を自由に放牧させていれば，未来永劫この牧草地は使えるわけです．現代的な表現でいえば持続可能な使用ということです．ところが，ある1人の村人が「合理的に」考えたと仮定して，それまでは暗黙の了解があって頭数を制限していたのですが，自分1人ぐらい1頭，2頭増やしたって大丈夫じゃないか．しかも，その牛からとれる牛乳が増えてよりもうかるではないか．自分の利益が上がるんじゃないか．他方1頭，2頭増やしたことによって，全体の牧草地の質が劣化しても，その損害はほかの村人全員で共有するから，それは大したことではない．自分が得る利益よりも少ないと考えるわけです．

　この考え，括弧つきの合理的な考えというのは，村人Aが考えるだけではなくて，B，C，Dも同じように考えるわけです．自分が得る利益のほうが全体で分かち合う損害よりもはるかに多いのではないか．確かにそうだということになれば，1人の考えはおそらく村人すべての考えになるはずです．そうなると，放牧の家畜の頭数が急増し，当然牧草地の劣化も進んでいきます．

　問題はさらに深刻で，牧草地の質の低下が進んでいるにもかかわらず，なぜ最後の悲劇までいってしまうのか．最後の悲劇というのは，この牧草地が荒廃して牛が飼えなくなるような状況です．なぜそうなるのかというと，ここでフリーライダーという概念が登場するんですけど，多分，自分1人が自制したって，ほかの村人は自制して頭数を制限するという保障はないのではないか．自分が自発的に頭数を制限すると，その損害を自分だけがこうむり，あとのやつはひょっとしたら自己の利益を追求しつづけるのではないか．そういう疑いが生じるわけです．実際，そうしたフリーライダーというのは多いですから．したがって，荒廃していきつつあるということがわかりながらも，さらに最後の悲劇までいってしまうというのがこの状況です．

　これに対して，ではこの悲劇をどう回避するかというのが最後の話ですが，どんな方法があると思いますか．概ね三つか，あるいは四つぐらいの方法が考えられます．

まず「自発的規制」という方法です．無責任な自己利益追求の結果として起こる環境への負荷といった問題に関する教育を通して，また，そうした教育を通しても自発的に行動を改めない者に対しては，社会的な圧力をかけることによって，「自発的な規制」による行動を奨励する，という方法です．

第2には，各村人が何頭まで牛をコモンズの牧草地に放牧できるか，数量規制等を制度的に設ける方法が考えられます．また第3の方法としては，誰にでも開かれた公共財的性格を否定することになりますが，各村人間で垣根で仕切ってコモンズを分割する，という方法があります．この設定の下では，村人各人は自分自身の牧草地から得られる利益のすべてを受け取るのみでなく，過放牧することによって被る損害のすべてを引き受けねばならないことになります．

最後の方法は，牧牛の共同体所有です．公的に所有されている牛のみに牧草地を開放し，得られる利益を村人の間で等分するという方法です．こうした制度の下では，村全体をしてすべての利益を受けるのみでなく，過放牧による損失のすべても引き受けることになる．したがって，村の牧牛管理者は，牧草地での過放牧を回避する努力を行うでしょう．ただし，能力のある「いい管理者」であれば，ということですが．

第2番目と最後の方法は国家的なアプローチとしてまとめることができるかもしれないし，コモンズ分割は市場アプローチ，すなわち私有財産制度に基づく個人のインセンティブに期待するアプローチといえるでしょう．知識とか啓蒙に基づく，あるいは伝統的な地域の資源の自主管理の実例は，実に世界の各地で見受けられます．このようにさまざまな問題解決法を考えることは，世界の人口問題にも応用できるし，世界の水産資源の持続可能な利用方法を考える上でも適用できます．さらに，環境保護の問題にもいろいろな状況でどのような方法が最適であるのか，と考える必要もわれわれに教えてくれます．

以上，21世紀における重大なグローバル・イシューの一つである人口問題や開発の問題を概観し，これらの問題の考察の仕方としてそれらの問題の

諸特徴や問題発生要因などをみてきました．そして，さらにそうした問題の解決方法を見出す糸口についても考察を加えました．国際政治経済という社会科学が取り扱う諸問題にも，現実社会で直面する難問に対しても，一つの正解というものは存在しません．そもそも問題の所在や解釈についてもさまざまな見方・考え方が存在します．したがって，こうしたことを十分に理解した上で，できるだけ客観的な事実に基づき，論理的な推論の方法を修得し，できる限り固定観念や偏向した見方・考え方を排除しつつ，物事の真実に迫ろうとする態度が各個人に要請されている，ということを最後に指摘しておきます．

◆註
1) この講演の主な内容に関しては，John Seitz の *Global Issues* (1995) を参照した．
2) この要因は人口問題専門家の間ではあまり重要視されなくなった．避妊を積極的に奨励しない西欧のカトリック信者のコミュニティでも顕著な出生率の低下が認められるため，というのがその主な理由とのことである．

◆参考文献
ロバート・ギルピン，佐藤誠三郎・竹内透監修『世界システムの政治経済学――国際関係の新段階』(東洋経済新報社，1990年)

Garrett Hardin, "The Tragedy of the Commons", *Science* (1968), pp. 1243-48

John L. Seitz, *Global Issues : An Introduction* (Blackwell, 1995)

Marvin S. Soroos, "The Tragedy of the Commons in Global Perspective" in Charles W. Kegley, Jr. and Eugene R. Wittkopf (eds.), *The Global Agenda : Issues and Perspectives* (McGraw-Hill, 4 th ed., 1995), pp. 422-435

ムハマド・ユヌス (Muhammad Yunus) ＆アラン・ジョリ，猪熊弘子訳『ムハマド・ユヌス自伝――貧困なき世界をめざす銀行家』(早川書房，1998年)

## 第Ⅲ部

# 地域からの発想

APEC首脳会議を終え，ニュージーランドの
国民色「黒」を着て記念撮影に臨む各国首脳

ロイター・サン・毎日提供

# グローバリゼーションと中国

天児 慧

## グローバリゼーションとは？

　グローバリゼーションというのは，皆さんよく耳にするだろうと思います．世界が今やグローバル・スタンダードという同一の方向に向かって流れているというような議論がしばしばなされています．当然，中国もその波を大きく被りながら，それを受けながら進んでおり，中国がそうした波をどういうふうに受けながら，どうそれに立ち向かっていこうとしているのかといった問題を中心にして，さらに今後の中国の展望を含めて考えてみたいと思います．

　では，本題に入っていきたいと思います．「グローバリゼーション」という言葉，これは「地球化」とか「世界化」と訳されることもありますが，もっとも「グローバリゼーション」という言葉自体がもう日本語化しつつあります．先ほど言ったようにグローバルなスタンダードに向かって世界の国々が政治的，経済的，社会的，文化的に動いている，そういう状況をグローバリゼーションというのですが，ではグローバリゼーションの中身は何なのか，あえて1980年代以降のグローバリゼーションと言った上で，その内容を考えてみますと，主に広い意味で自由化という概念で使われている場合が一般的だろうと思います．

　自由化をもう少し具体的に見たらどうなのかというと，経済のレベルでの自由化は，市場化に向かう動きであり，それから政治のレベルでは民主化と

いう動きとして理解できるのではないかと思います.

　しかし，グローバリゼーションというのは，そもそも自由化とか，あるいは市場化，民主化といったものだったのかというと，必ずしもそうではない．グローバリゼーションという概念自体が歴史的なものであると言ってもいいと思います．例えば，冷戦の時代，あるいはもっとさかのぼって20世紀の初めから始まった資本主義と社会主義との激しい確執，戦いの歴史がありました．そして，1990年の初頭に社会主義陣営の崩壊，すなわちソ連・東欧諸国家の解体を通して冷戦の構造が崩れていく．そういう中で資本主義が勝利したと言われるのですけれども，それは別の見方からすれば，まさにグローバリゼーションをめぐる社会主義と資本主義の確執だと言うことができるかもしれない．社会主義は世界の共産主義化というグローバリゼーションを目指して世界革命を試みようとしたのです．そういう意味で独自の世界の統合を目指す哲学，世界観というものを持っており，それを少しずつ広めていったのが，社会主義陣営の形成であったわけです．しかし，今言ったように，1990年代の初頭にこういった状態が崩れていった．それで，その崩壊の兆候とも言うべき社会主義の行き詰まりという状況が，1980年代初頭からあった．これは中国においても例外ではありませんでした．そういう意味で，社会主義化という流れの発端として，1980年代を見ることができるということであります．

## 近代化路線への移行

　そこで，具体的に中国の話に入っていこうと思います．中国のグローバリゼーションの展開をどのように見たらいいのか．現代中国の歴史を振り返ってみると，そこに毛沢東という巨大なリーダーの存在を思い浮かべることができると思います．毛沢東は，1976年に亡くなります．毛沢東時代がいつ終わったのかは，いろいろな議論があると思います．1976年に終わったという人もいれば，革命路線から近代化路線に転換した1978年だという人，

あるいは鄧小平指導体制が確立した1982年だという人もあり，いろいろですが，毛沢東時代の特徴の一つとして，もともと中華人民共和国は，近代的国民国家の建設を目指してスタートしながらも，毛沢東自身がやがて独自の世界観にこだわるようになり，そしてそれに基づく独自の社会建設を目指すようになった点が指摘できると思います．この独自のというのは，単純化して話をしますと，反近代主義的な考え方を基本にしているということです．近代化は工業化および工業化に伴うところの社会の構造的な変化といえます．したがって反近代主義的というのは，工業化そのものを積極的に評価しない．もちろん全然無視したわけではないんですが．工業化を中心とした社会の発展は，実は社会主義を信奉する人々も同じように目指しています．例えば，ソ連の工業化，これはソ連の社会主義を支えていたわけです．ところが毛沢東が1960年代の後半に提唱し，激しい闘争として展開された**文化大革命**の中で，彼が指し示した理想的な社会像というものは，必ずしも工業化を前提としていない．そして，人々の在り方も，平等主義を極めて重視しており，必ずしも経済の発展を前提としないで成り立つ社会関係，人間関係なのです．

　毛沢東は，精神の革命を物質の革命以上に重視し，生産力の発展を優先する考えを「資本主義を歩む実権派」と批判しました．継続革命，すなわち日々新たに革命精神をもって生きていかなければいけないという精神主義，まさに反近代主義的な考え方を主張していたわけです．この継続革命の主張が，毛沢東の死を契機として大きく転換することになります．その大転換のときに，目標として掲げられたのが，「四つの近代化」（中国語では，「四個現代化」）です．「四つの近代化」とは何か．中国社会というのは非常に立ち

---

**キーワード**

**文化大革命**：大躍進政策などで失敗した毛沢東は，**姚**文元や江青による文芸批判を通じて，実権を握る劉少奇らのとる政策を批判した．さらに大学生などからなる紅衛兵や労働者などを動員して党の機関を攻撃したり，文化人の逮捕など迫害を行ない，劉少奇を党追放に追いやった（1965～76年）．毛沢東の死後，四人組（江青，**姚**文元，王洪文，張春橋）の失脚によって終結した．

遅れている．そこで工業，農業，国防，科学技術の四つを近代化して，20世紀末までに世界の先進的水準に立たせ，中国を豊かで強い近代的な国家にしていくという目標を掲げた人がいるんです．それは偉大な中国の宰相と言われた周恩来です．彼は1976年に死んだのですが，死の前年の1975年に，全国人民代表大会（日本の国会に相当）が11年ぶりに開かれ，そこで彼は今言った「四つの近代化」を実現しようと提唱したのです．実はこの近代化建設という考え方がグローバリゼーションにかなり重なってくるのです．

　その後周恩来が提唱した「四つの近代化」をより明確に，そしてより具体的に進めようとした人がでてきました．もう一人の中国の偉大なリーダー，鄧小平です．鄧小平は，もともと1949年の中華人民共和国ができる前から中国共産党のリーダーであったのですけれども，文化大革命期には「資本主義の道を歩む実権派」のナンバー2として批判され，失脚しました．その後1973年に病身の周恩来の補佐役として復活し，文革混乱の立て直しをはかった．そして，周が死んだ1976年1月以後また失脚して，再び復活したのが1977年7月です．毛沢東が死んで1年後に彼は復活することになります．鄧小平という人は，非常にプラグマティックな，現実的な効果を重視するリーダーで，そういう意味では毛沢東と対照的な指導者と言えると思います．毛沢東は理念を重んずるリーダー，精神を重んずるリーダー．これに対して鄧小平は，物質優先でありプラグマティックなリーダーなわけです．

　彼が周恩来の「四つの近代化」を引き継いで，そして具体的に実践したのです．おもしろいことに彼は最高権力には一度もつかなかった．けれども，実質的に最高権力を持つようになっていった指導者です．鄧による毛路線からの転換が1978年の12月に開かれた中国共産党第11期三中全会（第11期というのは，第11回の全国の党大会で選ばれたという意味で，三中全会というのは，第3回中央委員全体会議という意味）です．この中央委員会で，先ほど言った「四つの近代化」を，中国の党と国家の最も重要な路線——路線というのは基本的な政策という意味——にすると決定したのです．11期三中全会は，そういう意味で基本政策とか路線の大きな転換を示す重要な会

議になったのです．

　まさに毛沢東の革命路線からの訣別です．今まではイデオロギーを重視していました．何か経済政策を打つとすると，必ずそこで問われるのは，「それは社会主義か資本主義か」という問題です．1978年の12月にそういう状況が変わった．もちろん大きく転換するけれども，まだ180度の転換をしたわけではなく，毛沢東時代の考え方みたいなものはなお引きずっています．しかし基本的な部分で重要な転換をしたということがいえます．

## 転換の社会的背景

　この転換を可能にしたのは何なのか．もちろんリーダーがかわったということは大きな要素です．しかしなおかつ新しい方向性，路線というものを打ち出す要因というのは，やはり社会に求める必要があるだろう．例えば，鄧小平が1997年の2月に亡くなって中国の路線が変わるかといえば，リーダーがかわっても，今の江沢民指導部は基本的には鄧小平路線を継承している．ですから，そこには大きな転換は見られない．ところが，毛沢東の死から鄧小平の登場の過程では大きな転換があったというのは，やはりリーダーがかわっただけではなくて，社会が変化を求めているか，求めていないかといった社会的な背景があったのです．

　近代化路線への転換の一番大きな社会的な背景は何なのかというと，経済的な停滞，人民生活の貧困な状況下からの脱却というものが差し迫った問題になってきたということがあります．当時の中国の人口はどれくらいいたか．今は中国はおよそ12億4,000万人ですが，70年代初頭で7億と言われていました．もちろん世界最大の人口をかかえる国です．

　この中国が実は毛沢東の時代には激しい政治闘争を何度も繰り返していた．これは，別に文化大革命だけじゃない．その前も，特に50年代の後半に「大躍進政策」と呼ばれる野心的な経済政策の結果3,000万人前後の餓死者を出したと言われる大挫折の時代があった．毛の理念，野心にほんろうされ

た悲劇とも言えます．そういうことが繰り返される中で，人々の生活は，50年代の中ごろから，停滞から低下に向かうという状況が生まれました．生産総額からいくと上がっているんですけれども，人口が伸びて，50年代中ごろの人口調査では，5億4,000万人ぐらいだったのですが，大躍進による人口減少の反動として60年代は増加し，70年代初頭には7億と言われるようになりました．そういう意味で，一人当たりにすると生活は停滞ないしは低下するという状況が生まれていた．しかも，革命だ，革命だと騒ぎ立て，生産活動をやると，すぐに資本主義をやっているとか言われる雰囲気があったものですから，生産に熱が入らない．それで，だんだん食えなくなるといった状況が生まれた．「貧困の平等主義」が謳歌した時代でした．周恩来とか鄧小平といったプラグマティックな指導者は，このままではだめだと痛感していた．しかし，毛沢東が生きている間は毛沢東に逆らうことはできないというジレンマの中で事態が次第に悪化していたのです．そういう中で，毛沢東が亡くなり，やがて鄧小平が権力を握っていったわけで，つまりあくまで経済的な要因を基盤として，この路線の転換というのが図られていたと言えるだろうと思います．

　1978年12月は依然，最高指導者は党・行政・軍のトップのポストについていた毛沢東の後継者・華国鋒でしたが，1979年あたりからの鄧小平は中央政治指導部の中にも影響力を強めています．彼は，死ぬまで最高ポストにつかなかったのです．これは非常に興味深いことです．中国共産党の最高ポストというのは，1982年までは党主席という名称でした．1982年から主席制を廃止して，「総書記（General Secretary）」制を採用しました．今も党の最高ポストは総書記です．こういったポストに鄧小平は一切ついたことが

---

**── キーワード ──**

**大躍進政策**：毛沢東による，人民公社（行政と生産の組織を一体化した，中国社会主義建設を目指した組織）を中心に，「自力更正」を掲げて，中国の生産高を大幅に押し上げることを目指した政策（1958～60年代前半）．結果として失敗に終わった．

ないんですね．彼は非常に巧みな政治家で，おそらく自分が矢面に立たされて失脚するよりは，自分が裏で糸を引きながら，自分の手足になって動く指導者を表に立たせる．そして失敗したときには彼に責任をとらせると考えていた，というのは読みすぎでしょうか．その後の歴史は，実際にそうだったわけです．あるいは，もう少し好意的に解釈すれば，鄧小平が実権を握った時点で，彼は既に75歳を超えていたわけです．ですから，実権を握ってすぐに後継者をつくらなければいけないというのが鄧の課題の一つでもあった．彼は積極的に若いリーダーを抜擢した．そういう意味では，鄧小平の見通しはすごいですね．80年代のトップは胡耀邦，それから趙紫陽，この2人のリーダーを党のトップに据えて，鄧小平は後ろで実際に指示するという，そういうやり方をしたわけです．胡，趙が失脚し，江沢民が後を継いでからも鄧が死ぬまで，このスタイルというのは変わらなかったのです．

## 経済のグローバリゼーション＝市場化

では，鄧小平は何をやったのか．大きな特徴としては，彼は，極めて積極的な市場化論者で，中国経済の市場化（marketization）を進めた人です．これは中国共産主義の指導者の中では非常に珍しいと言っていいかもしれない．今はもうネコも杓子も市場化と言っていますけどね．80年代の初めごろに彼はすでに注目していますが，それがなぜ珍しいかというと，まず社会主義の大きな特徴は，一つには公有制ですね．それから共産党の指導，計画経済，労働に応じた分配（働かざる者食うべからず）です．これらが社会主義の基準と考えられていたのです．その一つとしての計画経済を崩して，市場経済に変えるということは，当時としては，ほかならぬ資本主義をやることになるのです．実際，毛沢東はそういったことをやろうとした人を，「資本主義の道を歩む実権派」と言って，文化大革命のときに批判したわけです．だから，ある意味では毛沢東の予言は当たっていたかもしれない．鄧小平はその後，市場化すなわち毛の言う資本主義の道を歩もうとしたのですから．

しかも，近代化路線に転換して間もない 80 年代の早い段階でこれをやろうとしたのです．市場化というのは，まさにグローバリゼーションです．

では，具体的にどういう形で市場化をしようとしたのか．一つは，「対外開放」です．外国との積極的な経済交流，すなわち外国からの資本の導入，技術の導入，あるいは企業の誘致，こういったものを積極的に進めたのです．毛沢東の時代は，これとは全く逆に自給自足的な，あるいは鎖国的な閉鎖経済であったのです．もちろん海外との取引はあるんですけれども，社会主義国と非常に小規模な取引がなされる程度だった．ところが，鄧小平は 1974,5 年の時点，彼が文化大革命から最初に復活して間もない時に既に対外開放政策を主張しているんです．まだ毛沢東が生きているときですが，先進的な海外の技術を学び，資本を受け入れなければいけない．そうしないと中国経済は発展しないということを言っているんです．彼はその後もう一度失脚して，それから再び戻ってきて 70 年代の末以降，対外開放をいきなり実践するわけです．

どうやってやったかというと，まず対外開放のための経済特別区というものをつくったのです．これはどこにつくったかというと，広東省の香港に近い地域につくる．1979 年に四つの地域，すなわち深圳，珠海，それから華僑を多く海外に出している汕頭，そして台湾の対岸，福建省の廈門，この四つの地区に経済特別区を設置する．この経済特別区は，社会主義の中では，まさに異なった経済制度，つまり資本主義的な制度が限定的に，認められた地域です．もちろんこの四つの地域は，例えば，深圳は私は 1984 年に最初に行ったことがありますが，非常に寂しい人口の少ない農村であり，漁村であったのです．海に面したところですね．ところが，それが今日では，人口 180 万とか 200 万とか，そんな巨大な都市に変わったのです．この深圳の蛇口と呼ばれる一区画を経済特別区に指定して，インフラを整備して，そして外国の技術，資本を導入する．日本も，80 年代の初めごろから企業が進出するようになります．例えば，日本のメーカーが香港に子会社をつくって，そして香港から深圳に入って合弁企業をおこすというようなやり方が多く見

られました。こういった形で外国の企業が香港を経由しながらどんどん入ってくる。同じように，珠海，汕頭，厦門なども，外国あるいは華人，台湾の資本がどんどん入ってくるようになるわけです。

そこだけ特別な区域ですから，これは画期的なことだったんです。中国には当時二つの国境があると言われるようになります。二つの国境というのは，一つは本物の国境。例えば，深圳は，中国が九竜半島の真ん中ぐらいまで出て，その下が香港です。だから，香港と深圳の間に当時は国境があったのです。その国境から，また深圳の特別区に一般の中国人が入ることを規制するもう一つの国境，第2国境があります。だからそこでは二つの国境があるという非常におもしろい光景が見られたのです。

経済特別区については当時激しい論争がありましたが，結果的には中国の市場化のバネになりました。当時，既にソ連もペレストロイカと呼ばれる改革があり，ゴルバチョフという強力なリーダーのもとにそれを進めていったのですね。あるいは，ポーランドとか東ドイツとかも，限定つきではあるけれども，社会主義の改革を進めていたのです。しかし，そういうところは，ほとんど経済政策で行き詰まってしまいます。ところが，一人中国だけは，この経済政策が行き詰まらなかった。むしろ経済政策の成功，つまり経済発展を通して，中国の全体的な社会発展，中国自身の国力が80年代を通して強まっていく。もちろん，直線的に行ったわけではなく，ジグザグしていたのですけれども。発展のベースに，対外開放政策があったと言っていいと思います。

## 対外開放の保証人・華人と日本の役割

この対外開放を可能にした一番大きな要因は，やはり香港，台湾を含む海外に住む在外華僑，華人です。「華僑」と「華人」というのは，これは同じように中国人が海外に出た人々を指すのですが，「華僑」は，単純化して説明すれば，国籍は依然として中国にある。そして，「華人」というのは，い

ったん外に出て，その現地の，例えばシンガポールの国籍を取る，こういった人々を華人と一般的に言います．海外に財力を持っている，一人一人にすればそんなに大した資本ではなくても，みんなを合わせれば相当の資本というものを持っている人々が中国大陸に入っていくという，こういう状況があった．これはソ連や東欧のほかの社会主義国と比べて大きな違いであるのです．

それからもう一つは，やはり日本の役割でしょう．1998年12月の「日中共同宣言」の中でも，友好協力のパートナーシップをつくることが宣言されました．その中で，今回は第5次円借款（ODA予算をもとにしてつくられる円借款供与）の枠が決まりましたが，第1次円借款が始まった1979年以来，中国の経済発展にとって大変大きな意味を持っています．話がちょっとそれますが，もちろんこの経済協力を進める背後に，日本人の対中の歴史問題が大きくあったということは重要なポイントだったろうと思います．1979年に円借款供与を決めた当時のリーダーたち，例えば大平正芳，あるいは財界では岡崎嘉平太（全日空社長），稲山嘉寛（新日本製鐵の社長で経団連の会長），こういった人々は，やはり戦前に中国とのかかわりが非常に深かった人々で，戦後補償を何とかしなければいけないという気持ちが，中国への経済協力を大きく動かしたことは事実です．こういった意味で，華僑の役割，あるいは日本の役割というものを含めながら，中国の対外開放は進展していった．これが第一のポイントです．

## 分権化と地方の活性化

市場化の具体的な実践の第二点として，ここでは地方の経済の活性化を積極的に図ったことを指摘しておきたい．地方経済の活性化は，一つは，地方への権限の委譲，すなわち下級政府や企業に経済権限を譲渡していくという政策です．もう一つは，農村の社会主義的な従来の枠組み，すなわち人民公社を解体していったことです．農村の改革を先行させました．

まず地方への分権化が，どういう意味を持ったのかというと，中央集権的な経済運営をこわしたことです．社会主義は従来中央集権的で，計画経済で，計画経済に関しては指令性経済というふうに上からすべての項目が決定される．例えば何をつくるか，どれだけの量をつくるか，つくったものをどのように分配するか，これらすべてが上で決められて，下はそれに合わせて，ただ生産活動をするだけです．市場を拡大する努力もしなければ，あるいはより良い物をより安くつくろうという努力をするわけでもない．これが中央集権的計画経済の結果だったわけです．これではだめだと，鄧小平は早い時期に感じて，そしてそれを打破するために積極的に権限を地方や生産現場といった下に与えて，上の権限を少なくし，そして当事者たちが自主的に決定することができるようにした．つまり，経済自主権というものを拡大させていったのです．

　また財政についても，今まで中央がすべて握っていた．これを，中国語で「統収統支」と言います．つまり，統一的に中央が収入を管理し，そして，統一的に中央が分配する，統一的に決算するということです．これが毛沢東時代，あるいは社会主義経済の基本的な特徴だったわけです．これをやめて，財政も地方請負制にしたのです．例えば，中央と，中央の下にある行政単位である省（province）との間で財政の請負関係を持つ．請負関係というのは，中央はある取り決め（請負）によって各地方ごとに上納額を決めると，ある省は総収入の5％を上納しろとか，ある省は30％上納しろとか，一番儲かっている上海は8割上納せよと．そして保留分については地方が自分で自由に使っていいことになる．非常にアバウトな請負制をとったのです．そうすると，基本的には，一生懸命頑張り収入が多くなれば，自分たちのところにたくさん残せるという仕組みができたのです．それで，地方は，それぞれ自分たちで金儲けに走る，経済的な活動を一生懸命やり始めるわけです．経営権など各種の権限を中央から地方，企業単位に譲渡したこととあわせて，自主的に経済活動を進める度合が一挙に増えていったのです．

## 農村の市場化

　次にもう一つ大事なのは，農村の改革ですね．農村は，それまで中国では，人民公社（People's Commune）という社会主義制度に置かれていました．これを 80 年代の初めから，実は農民が自発的にやめ始めるんです．人民公社というのは，土地が公有で，生産は上級が割り当て，集団労働をする．これをやめて，土地使用権を各家庭に与え生産を請け負わせる．各家庭生産請負制という制度に変えたのです．つまり，これも今言った中央と地方との財政関係と同じように，末端の村政府と，各家庭が請負契約を結んで，そして，「あなたの家は，これだけの食糧を出しなさい．それ以外の生産活動は勝手にしていいよ」といったやり方ですね．そのために土地を分配し，例えば 15 年の使用権を与えられる．そこで独自に自由に生産活動に従事できるようになる，こういうやり方に変わっていったのです．

　これは，70 年代末から 80 年代初頭の短期間のうちに一挙に変わります．農民は，やはり自分の土地を持ちたかったのです．ただし，この場合，限定をつけておかなければいけないのは，所有権は，社会主義だから依然として公有であり，これは変えられない．したがって，何を変えたのかといったら，先ほど言った「使用権」という新しい概念をつくったのです．土地を使用する権利を分配したわけです．分配された土地では政府と契約していた食糧をつくる以外は何をつくってもいい．そして，生産した物を町に持って行って，市場で売ってもいいと，農業がいやになれば使用権を転売してもいい．このように実質的な市場経済が農村で進み，大成功するのです．そして，以後数年間，農業生産は，毎年史上最高を更新するほどに増えていきます．

　ところが，農業というのは，ある一定の与えられた土地に，例えば 100 の指数の食糧生産をしているとします．そこで一生懸命頑張っても，倍増するというのはなかなか難しいですね．倍の種をそこに植えたら，倍の物ができるかといったら，そんなことはできない．かえって土地の栄養を食いつぶし

ちゃって生産が低下するというのがあるわけで,土地の生産の合理的な使用という問題には,必ず壁があるのです.だから,うまく生産しても,例えば前年比で5～10%の生産増であれば豊作になるのです.そういう農業では,みんなのやる気が増えたからといって,生産が大幅に上がり続けるわけはないわけで,あるところで限界が来ます.しか

表　国民総生産(GNP)の推移

|  | 国民総生産(GNP) | | 1人当たりGNP | |
| --- | --- | --- | --- | --- |
|  | 億元 | 億米ドル | 元 | 米ドル |
| 1978年 | 3,624.1 | 2,152.6 | 379 | 225 |
| 80 | 4,517.8 | 3,015.1 | 460 | 307 |
| 85 | 8,989.1 | 3,061.0 | 855 | 291 |
| 86 | 10,200.4 | 2,954.5 | 956 | 277 |
| 87 | 11,954.5 | 3,211.8 | 1,103 | 296 |
| 88 | 14,922.3 | 4,009.1 | 1,355 | 364 |
| 89 | 16,917.8 | 4,492.4 | 1,512 | 401 |
| 90 | 18,598.4 | 3,887.8 | 1,638 | 342 |
| 91 | 21,662.5 | 4,069.8 | 1,882 | 354 |
| 92 | 26,651.9 | 4,832.7 | 2,288 | 415 |
| 93 | 34,560.5 | 5,998.1 | 2,933 | 509 |
| 94 | 46,670.0 | 5,415.0 | 3,916 | 454 |
| 95 | 57,494.9 | 6,885.0 | 4,772 | 571 |
| 96 | 67,559.7 | 8,125.8 | 5,520 | 664 |

出所:『中国統計年鑑』より作成.

も,中国というところは,機械化をほとんどしていませんから,人力と家畜,せいぜい初歩的なトラクターを使用して,農業活動をやっているのです.そういうところでやっている活動ですから,当然ある段階で,生産の限界が来るわけですね.それは大体1985年から,前年比でちょっと下がるというような状況になるんです.

　ところが,その後の統計を見てみますと,それでも驚くことに農村における生産総額というのは,上昇の一途です.ずっと上がっているんです.中国で農村人口というのは,全人口の8割を占めると言われます.農村でも農業をやらない人が増えてきているので,今,農業に従事している人口は,大体6割ぐらいと言われています.でも,やはり農業国ですね.しかし,ずいぶん農村で農業を営む人が減ってきてはいますが,全体として農村の生産総額というのはずっと上昇している.なぜか.今言ったことにヒントがある.農村にいながら農業を離れて生産をする(離土不離郷).つまり,農村工業を興して生産を上げる.それが農業経済で非常に重要な役割を占めるようになった.中国では,これを「郷鎮企業(township enterprise)」といいます.

日本では，昔は何とか郷というのが田舎にはあった．鎮というのはあんまり日本にはなかったですね．中国では村より規模の大きい単位を郷といい，郷よりも集落が大きく，より町的な地域を鎮といいます．そして，農村にある工場，企業のさまざまなタイプを一括して中国では郷鎮企業という．郷鎮企業を軸に農村で工業を興す，農村を都市化するという動きが出てきました．これは非常に大きな変化です．そういうことで，もう一度確認すると，対外開放政策を大胆に進めたことと，農村改革を積極的に進めたという，この2点がまずあって，そして次に，都市の改革に入っていくということになるのですが，都市の改革は大変難しい．

## 容易に整備されぬ都市の市場システム

都市の改革というのは，農村の改革に比べて何が難しいか．都市というのは，人間が人工的につくった空間です．それに比べると，農村というのは自然のサイクル，自然の社会，農業という自然に大きく依拠した生産活動を軸にしてつくられた空間です．つまり，土地で生産活動を営み，土地の周辺に人間が住んで，そして自然のサイクルの中で人間は生きるのが基本的には農村の生活なのです．だから，農民というのは，「日出でて働き，日入りて憩う」という昔の有名な言葉のように，太陽が出てから働いて，日が沈めば休憩をすると．そういった自然の世界ですね，「帝王われにおいて何をかあらんや」という言い方で結ばれます．つまり皇帝の力なんて，私にとっては何のことでもない，私は自然のサイクルの中で生きていればいいんだという考え方です．自然に依存する割合が非常に強いのが農村の生活なんです．だから，そういう意味では，自然を変えることはできないんだから，生産や営みで変えられるというのはそう多くはないわけですね．

ところが，都市というのは，人工的につくる．時間帯も自分たちで変えることができる．例えば極端にいえば，夜だって働けるし遊べるわけです．そういう非常に人工的な空間である都市を変えるというのは，これは一つの，

例えば工場の体制を変える場合，工場の生産のメカニズムというものを変えるだけでは済まない．つまり先ほど述べた計画経済から市場経済に変えようとすると，その変化は，いろいろな領域に波及するという問題が生まれます．総合的に変えていかなければいけない．

　もう少し具体的にいうと，中国では，工場は社会だとも言われるんです．工場が社会というのはどういう意味かというと，中国では工場の中に労働者が住む場所があり，そして学校があり，あるいはマーケット，病院などがあって，もう工場の中で衣食住の生活が全部できるような，そういう仕組みを持っているんです．小さな工場は別ですよ．中規模，あるいは大規模な工場というのは，そういうものです．

　例えば中国でも一番大きな自動車工場は，吉林省の省都長春にある，長春第一自動車工場です．この自動車工場は，別名「汽車城」と呼ばれます．「汽車」は，中国語で自動車という意味で，列車じゃない．この「城」も，日本人が理解する「お城」ではない．これは中国では「都市」という意味です．だから，長春第一自動車工場は，「汽車城」と呼ばれるのです．何でかというと，そこに行くと10万人を超える人々が住んでいるのです．10万といったら，もう立派な都市ですよね．下請け工場を含めると，大変な数で，工場は30から50を数える．それから今言ったように，何でもある．自動車学院という大学まであるのです．すべてを抱えている，これが都市なんです．工場がまさに「城」という都市になっているわけです．

　ですから，市場経済の波の中に，この都市を放り込むようになると，これはすべてのものを変えていかなければいけないという大変な作業が必要になってきます．例えば，労働者の宿舎の問題は，労働者全部に企業が宿舎を提供していたのをやめると，住宅を市場化しなければいけない．つまり，日本と同じように，アパートを貸したり，家屋を売ったりする不動産業のような組織が生まれ，発達しなければいけない．それから，労働者が退職する，あるいは首を切られる，失業する，そうすると，日本だと社会保障制度があります．中国では，工場が全部丸抱えで面倒を見ていたわけだから，とにかく

グローバリゼーションと中国 ── ● 137

死ぬまで一生，その工場で生活ができていたのですが，市場経済の中に入るとそれができなくなる．そうすると，社会保険制度，失業保険制度，医療保険制度，こういったようなものを広げていかなければいけない．あるいは，価格制度に改革のメスを入れる．今までは価格も中央が一方的に意図的に決めていたわけです．その価格が市場のメカニズムで動くようになる．そこに物の動き，あるいは資金の動きというのが生まれてくる．生まれてくるのに合わせて，例えば金融市場ができたり物流市場ができたりということになっていくわけです．ですから，都市を変えるというのは，まさに総合的にその空間を変える，人工的な空間をつくり直すことを意味しており，これはやはり大変なことだと思います．

　ですから，この都市の改革というのはなかなかうまくいかない．実は，1984年に都市の改革をするということを宣言しながら，90年代後半に至るまで，まだまだ抜本的な改革というのは実現していないんです．今，中国では，江沢民国家主席（兼党総書記）のもとに，朱鎔基首相——経済官僚で，辣腕のリーダーと言われる——が何とかして改革を進めようと躍起になっています．一番重大な改革というのは，国有企業の改革です．しかし総数の半分以上が赤字と言われる国有企業を改革することはなかなかできない．つまり，最も社会主義的な企業である国有企業，とりわけ大規模な国有企業というのは，これまで強力な計画経済のもとに経済運営されてきたわけです．先ほど言った長春第一自動車工場なんて，典型的な国有企業ですね．これに手をつけて，経営方式を合理化し経済効率を優先する．そうすれば当然にも大量の失業者が出るわけです．そうなれば大量な失業者を受け入れる社会保障制度とか，あるいは第3セクター企業をつくって，そこに雇用をしていくような，大変な作業を進めなければならないことになる．今，中国は血のにじむようなというか，血を出しながらそうした都市改革を進めている真っ最中なのです．

## 社会主義市場経済の理論

　では社会主義経済体制というハードなシステムを市場化の中にとり入れていくという都市改革全体を中国当局はどのように理論的に説明したのか．まず最初は1980年代中ごろですが，「社会主義商品経済論」を提起しています．これは「市場」という言葉をいきなり使うと，資本主義だという雰囲気があるため，非常に注意深く「社会主義」という枕詞を組み合わせながら，商品経済という表現を用いた．そして，1987年の第13回党大会では，なぜ商品経済をやるのかを理論的に正当化するために，今，中国は「初級段階」にあるからだと主張した．「初級段階」という概念は，簡単に言えば経済が立ち遅れた段階ということです．「社会主義は貧困ではなく，人々を豊かにさせるためにある」という鄧小平の主張に乗りかかりながら，以下のように展開されます．この経済が立ち遅れた段階で一番やらなければいけないのは，経済を発展させることだ．経済を発展させるためには，経済的に効果があるものなら何をやってもいい．「社会主義初級段階」というのはそういった段階なのだ，という考えを出した．資本や技術の導入から，経営制度の転換まで，この理論で正当化されました．そして，さらに1992年の沿海地域を全面的に開放するという考え方が打ち出され，やがて「社会主義市場経済」という，一見わけのわからないような概念がつくられたのです．社会主義の概念として，私は先に四つの特徴——計画経済，公有制など——を挙げたけれども，それらと市場とはどのように関連するのかと誰しも思うでしょう．計画経済と市場というのは，対照的じゃないかと思うんですが，しかし鄧小平は，それを理屈でうまく説明したわけですね．市場も計画も生産活動のための手段だ．先ほど触れた計画は社会主義で，市場が資本主義という考え方はおかしい．資本主義にも計画はあるじゃないか．それは計画を生産活動の手段として使っているからだ．我々にだって，つまり社会主義にも市場があっていいじゃないかと，彼は主張したのです．それで，自分たちの目標は社会主義．

しかし，その手段としての市場化を進めていくということを明確にしたのが1992年の春，南の開放都市をまわって市場化，改革開放の加速を訴えた「南巡講話」です．

このように，中国なりのグローバリゼーションを積極的に進めていくわけですが，それのほとんどが経済分野であります．では，政治の分野ではどうだったのかという話になるのです．政治の分野で見ると，民主化への実践は，経済の市場化と比べてはるかにテンポが緩やかであるけれども，80年代には徐々に進展をしています．その大きな特徴は二つある．一つは，上からの民主化である政治改革の取り組みです．上からの改革は，中央集権的な改革をより分権的なものにしていくこと，人事や政策決定のルール，制度を充実させることと言えると思います．後者の点で中国はよく「人治の国」といわれます．これに対して法，制度，手続きによって統治することを「法治」というわけです．人治的な統治から法治的な統治への移行が，もちろん，まだ十分ではありませんけれども，生まれてきた．それが，上からの大きな改革と言えるかもしれません．

それから第二には，下からも民主化という動きが幾つかありました．下からの民主化は，主に知識人と学生が中心になって進めています．下からの民主化で皆さんがよく思い浮かべられるのは，1989年の天安門事件ですね．天安門事件は，学生・知識人たちが民主化を要求し，例えば報道の自由，結社の自由を求めて立ち上がっていった，そういう運動として今日，記憶に残っています．下からの民主化は，結局，一言で言えば，西側的な民主主義，デモクラシーを中国においても導入しようとした運動です．そういう意味では，まさにグローバリゼーションだったのです．政治的多元化，あるいは三権分立などの主張です．これらは，結局，共産党の一党独裁体制を否定していくことにつながる可能性が十分にあり，当局との大きな確執を生みました．

## 全面西欧化＝政治のグローバリゼーションの拒否

　そこで，三番の問題に入ります．では，グローバリゼーションというのを中国は一方的に受け入れたのかというと，必ずしもそうではない．このグローバリゼーションへの抵抗というものが，グローバリゼーションを受け入れながら存在した．一つは主に，政治のレベル，二つは経済のレベルで見られます．政治のレベルにおけるグローバリゼーションへの抵抗は，まさに今言った西側的な民主化に対して毅然と抵抗，反発する．反発した最も中心的なリーダーは，実は鄧小平だったということです．彼は上からの民主化，上からの政治改革に関しては非常に積極的だったのですが，下からの政治改革に関しては，極めて強い姿勢でもってこれを否定しています．

　天安門事件の前哨戦といわれる1986年末の学生運動の際に，鄧のこの姿勢はすでに示されています．この年の12月に，全国150余りの大学で，民主化を要求するデモとかストライキが行なわれました．ちょうどこの頃私は北京に住んでいて，リアルにこの運動に触れることができました．結局，鄧小平の一言，「旗幟鮮明にブルジョワ自由化に反対せよ」という指示によって，この学生運動は鎮圧されました．

　1986年の学生運動，1989年の天安門事件で出てきた抵抗の主張というのは，「全面西欧化反対」，つまり全面的に西欧化されることに反対するということです．あるいは，「和平演変反対」です．和平演変というのは，社会主義体制の平和的転覆という意味です．英語では，peaceful evolution ということで，必ずしも悪いイメージではないんですけれども，中国にとっては社会主義体制を平和的に変質させてしまう企てという意味で，大変警戒したのです．これは，50年代の冷戦のときに，アメリカのダレス国務長官によって言われはじめた言葉です．1989年天安門事件以降，警戒心を強める鄧小平は，ソ連・東欧の社会主義体制の崩壊は「和平演変」の結果だ，アメリカとか西ヨーロッパの企ての成果だとみる．したがって，中国は断固としてこ

れに反対するという態度をとったのです。

　なぜそういうことをしたのかというと、それは世界の社会主義の牙城を死守するといったイデオロギーによるものではなく、端的に言えば、彼のプラグマティズム・プラス・ナショナリズムだと思います。プラグマティックな考え方から、彼は市場化はいいと言いました。市場化をすることによって経済は活性化して、経済発展につながる。しかし、もし政治が不安定になると、経済発展というものが進められなくなる。つまり、政治を安定させるためには、共産党による一党体制は必要であると、こういうプラグマティックな考え方です。

　たしかに政治を安定させるためにこそ、民主化が必要だという考え方もあります。だから、80年代は少し民主化を認めていこうとしたのです。当時は政治体制改革を進めながら経済体制改革も進めるという考え方が優勢だった。ところが、同時並行的に進めようとしたら、政治の改革は必ず民主化にぶつかる。民主化にぶつかると、今度は民主化運動になる。民主化運動になると、政治が不安定になる。政治が不安定になると、経済発展が阻害される。したがって、鄧は天安門事件を経て経済発展を優先し、政治改革を放棄したのです。

　これは、よく考えてみると、アジアの開発独裁と言われた国々のやり方に酷似しています。1997年のアジア通貨危機で、インドネシアの「開発独裁の父」と言われたスハルト大統領が失脚しました。今まで30年余り、スハルト開発独裁体制は続いていました。あるいは、今日のマレーシアのマハティール体制、あるいは60年代から80年代の初めにかけてのフィリピンのマ

---
―― キーワード ――

アジア通貨危機：貿易、サービス、所得、移転などの対外経常収支の悪化と、ヘッジファンドなどによる短期の資本移動によって引き起こされた、アジアの通貨価値の急速な変動・下落を指す。1997年7月にタイの通貨価値が下落することで始まり、10月には香港の株価が暴落、アジア諸国へ波及して景気の低迷をもたらしている。

ルコス体制．それから，韓国，台湾，こういったところがとってきた近代化政策というのは，政治の民主化を否定して，抑えて，近代化を進めてきた．これはアジアの開発独裁と言われるんですが，実は中国の鄧小平が最終的にとった選択は，まさにアジア型の開発独裁に近づいていっているのではないかと私は理解しているのです．

　天安門事件以降，中国に対して，西側は人権弾圧を非難するようになりました．典型的なのは，アメリカのクリントン大統領が一時期中国のMFN（最恵国待遇）更新と人権の改善をリンケージするということを行ないました．人権が改善されないと，MFNは更新しないと脅しをかける政策ですが，これに対して中国は猛烈に反対する．人権問題は内政問題だ．内政不干渉が国際ルールだといって反発をしたわけです．つまり，これもある種の西欧的グローバリゼーションに対する抵抗であったと言えるかもしれません．

　それに加えて，今日中国では，新たなナショナリズムの台頭という状況が生まれている．例えば，日本語に翻訳された『ノーと言える中国』，あるいは『それでもノーと言える中国』という2冊の本が出ています．これは，『ノーと言える日本』という石原慎太郎氏とソニーの盛田昭夫氏が書いた本をもじってつくったタイトルで，それ自体国際化の波を受けていることになるのですが，これらは，中国のもともとは劇作家だった若者がつくっているんです．別に国際政治学者でも何でもない．そういう意味では，若者の心情を割と率直に表現したものですが，この『ノーと言える中国』は，ある意味では感情的でナショナリスティックな，あるいは非常に排外的な本です．私は『ノーと言える中国』の作者の一人と日本で論争をしたことがあります．1998年の初めだったと思いますが，私は，彼らが一方的に日本や米国が中

---

**― キーワード ―**

**MFN（最恵国待遇）**：条約を締結した国の一方が，他国に新しい特権を与える場合，条約を締結したもう一方の国にも同様の特権を与えなければならないこと．南京条約の追加条約である虎門寨追加条約でイギリスに片務的に与えられたのが始まりである．

国を敵視し封じ込めようとしていると判断し，これにナショナリスティックに反発していることを批判しました．決して冷静な客観的な分析ではない，こうした書物が中国でベストセラーになる，そういったところに新しい中華ナショナリズムの危険性が生まれてきている．これは，グローバリゼーションに対するある意味での間接的な反発と言えるかもしれないということです．

## 選択的受容と中国型近代化の模索

　経済のレベルにおけるグローバリゼーションへの抵抗の最近の事例は，実は思いもかけず功を奏したところがみられます．思いもかけず功を奏したというのは，中国はこの面では国際的なグローバルスタンダードに入りたいと一生懸命言ってきました．その典型がWTO（世界貿易機関）への加盟で，彼らは積極的にそれを求めています．しかし加盟に対して特にアメリカが中国に対するハードルを高くしています．例えば，中国の内部にある特別な経済的な関税優遇措置があります．経済特別区というのは，外資が導入しやすいように特別にほかの地域とは差別的な政策を打っております．ところが，ほかの地域ではそうした措置がなく不平等です．そこでこういった障壁をなくせと迫るのです．つまり，グローバリゼーションですから，外国と同じようなグローバルスタンダードに合わせろということを要求するのです．まだ要求に応じていないから，WTOには加盟させないというのがアメリカの主張でした．しかしそれらを受け入れると中国経済が逆に混乱し，農業などいくつかの重要産業が打撃を受けることが予想されます．

---
　　キーワード
---

**WTO**（世界貿易機関）：1995年1月に設立された貿易のための国際機関で，前身はGATT．GATTと異なる点は，貿易基準をモノだけではなく，サービス・知的所有権などにもその範囲を拡大し，農業分野での関税化も推進されたことである．またGATTにおいて問題となっていた輸出自主規制は禁止となり曖昧な措置をとれなくなる一方，紛争解決手続きも，すべての加盟国による反対がなければ実施することになった．

中国の貨幣,人民元もまだ自由化をしていない.それもWTO加盟のハードルの一つでした.しかしこれが実はアジアの通貨危機で,逆に功を奏して,アジア通貨危機の波を最小限にくい止めることができたのです.つまり,短期資本の激しい流入,流出の波,これがタイ,マレーシア,インドネシア,韓国を襲ったのです.ところが,中国は通貨を開放していないから,その波を受けなくて済んだのです.したがって,自分たちの自立的な経済発展のリズムを壊さなくて済んだ.つまり,グローバリゼーションを進めたいと思いながら,グローバリゼーションが経済のレベルで完全に進んでいない状態が,今回のアジア通貨危機の中で中国を救ったというふうに言えるわけです.

　そういう意味で,これから中国はあまりあせってグローバリゼーションを進めなくてもいいのではないかといった教訓を学んだのかもしれません.政治的なレベルでいえば,下からの民主化の波を,ある意味では力で弾圧することによって乗り切る.そして,経済的には,今回のアジア通貨危機を見て,やはり徐々に,ゆっくりとグローバリゼーションを進めていこうという,そういう方向を中国は目指しているのかもしれない.ただし,1999年秋に中国は米国との間で懸案のWTO加盟に向け基本的合意に至りました.農業部門などで血を流しても,国有企業,金融,情報産業部門などの抜本的改革のため,西側の積極的な介入が必要と判断した結果と言えるでしょう.

　以上のようなグローバリゼーションに対する中国の選択的受容を象徴する表現として,「中国の特色ある近代化建設」という言い方があります.「中国の特色ある」という言い方の中身は十分に見えていませんが,例えばこれと合わせてよく言われる「高度な民主と文明を持つ富強の中国」という表現がありますがこの「文明」ですね.自らの中華文明を,やはり誇りとして残し発展させていく.そこに,「特色ある国」,まさに中国の強い民族的あるいは国家的個性というものを私は感じるわけです.その上にグローバリゼーションの流れがある.グローバリゼーションそのものの流れは変わらない.変わらないけれども,そこに中国的な民族的個性が絡み,徐々にグローバリゼーションとミックスさせた全体像をつくり上げていくのが現在歩んでいる中国

ではないのかということです．

◆参考文献

　　毛里和子『現代中国政治』（名古屋大学出版会，1993 年）
　　小島麗逸『現代中国の経済』（岩波書店，1999 年）
　　天児慧『中国―溶変する社会主義大国』（東京大学出版会，1992 年）
　　天児慧『中華人民共和国史』（岩波書店，1999 年）
　　Harry Harding, *A Fragile Relationship : The United States and China since 1972*（Brookings, 1992）
　　Kenneth Liebethal and Michel Oksenberg, *Policy Making in China : Leaders, Structures and Processes*（Princeton University Press, 1988）

# アジア・太平洋地域と日本

菊池　努

## はじめに

　冷戦終結後のアジアでは，安全保障環境の相対的な安定を域内諸国が享受する一方で，将来に対する不確実性・不透明性が増大，特に大国間関係の変化の及ぼす長期的影響が不透明になってきました．米ソ関係の改善の一方で，中国の急速な経済成長や軍事力の近代化，ナショナリズムの台頭などは，中国の将来への懸念を近隣諸国の間に生んできました．中国とアメリカや日本と間には，貿易や人権，大量破壊兵器やミサイルの移転を巡って対立があります．

　アジアには，歴史に根ざす対立と相互不信があります．日本とアジア諸国の間での「歴史問題」の重要性がこれをよく示しています．中国＝台湾関係や朝鮮半島における冷戦と内戦の遺制は依然として存在し，地域の不安定要因になっています．国内の統治能力が十分成熟していない「脆弱な国家」もこの地域にはあり，その内部の動揺と混乱が，地域全体を不安定にする可能性も否定できません．さらに，脱植民地化（国民国家建設）のプロセスが進行中であり，伝統的な国家主権の概念がこの地域には強く残っており，国家間の協力を阻害してきました．しかも，この地域の経済の急速な発展と通商の拡大は，国家間の相対的な力関係を急速に変化させています．この結果，こうした変化を吸収する政治的枠組みがなければ，この地域の権力政治を激化させ，地域を動揺させる可能性もあります．学者の中にはアジアこそが

「最も危険な地域」であると指摘する人たちもおります．本当にそうなのでしょうか．これが本稿の問題意識です．

将来への懸念の一方で，アジア域内の経済的な相互依存の急速な拡大と国際経済の変容は，この地域の経済関係を規則化するための新たな枠組みの形成を促してきた．同時に，経済の分野での地域協力の前進は，政治・安全保障分野での対話と協調を促す基盤を提供してきました．大国間でも相互の関係を再定義する動きが最近になって始まりました．

本稿では，冷戦終結後のアジアを対象に，協調的安全保障という概念に基づく地域秩序形成のプロセスを検討し，アジアでの平和と安定の可能性を考えてみたいと思います．90年代にアジアに導入された「協調的安全保障」の概念が，どのような外交プロセスを促し，その結果この地域にいかなる国際政治経済構造を形成してきたかを検討します．アジアの地域構造はどのように構成されているのか，また，それは地域の平和や安定を考える際にどのような意味をもっているのかを考えるのが本稿の目的です．

## 協調的安全保障，国際レジーム，アジア

ここで，二つの用語について説明しておきます．第一は安全保障に関する用語です．集団防衛（collective defense）という言葉があります．自国と緊密な関係にある諸国への攻撃を自国への攻撃と同様に見なし，これに対して共同して対処しようというのが集団防衛の基本的な考え方です．日米安保体制やNATO（北大西洋条約機構）などは集団防衛の具体的な例です．ここでは，明白かつ恒常的な脅威に対して，関係（同盟）諸国の力を結束して均衡をとったり，相手からの侵略行為を抑制したりすることが重視されます．脅威を同盟関係の外側において，同盟諸国の力を結集してこれに対抗しようとするものです．

これに対して，協調的安全保障（cooperative security）という言葉があります．元来は70年代に始まる欧州の安全保障の枠組み作り（全欧安全保

障協力会議：CSCE）の中で発展してきた考え方です．これは，潜在的な脅威は存在するが，しかし脅威が目に見える形では存在しない状況の下で，潜在的な脅威が顕在的な脅威とならないように予防するために，安保対話などを通じて相互の安全保障上の懸念を緩和することを目指すものです．一般的には対話を通じての信頼の醸成，軍事的透明性の向上，大量破壊兵器の拡散防止などを目的とし，軍事次元よりもむしろ外交や政治などに重点を置いて全般的な安全保障環境の改善を図ろうというものです．「協調的安全保障」は，抑止よりも相互のリアシュアランス（侵略の意図のないことを相互に確認する作業）を重視し，その基本は「……に対する（against）安全保障」ではなく，「……との（with）安全保障」にあります．

　アジアにおいても冷戦終結後の安全保障を巡る議論にこの協調的安全保障と言う言葉がしばしば登場しています．アジアにおける協調的安全保障の概念の導入は，伝統的な安全保障を経済や社会（環境など）と結びつけて新たな試みを促しただけでなく，安全保障を追求する際の協力や信頼醸成の重要性を認識させ，紛争の平和的解決と予防のための様々な手段を検討する契機となりました．この概念の導入は，軍事に比重を置く古典的な安全保障から「総合安保」，自国の安全保障と他国のそれは密接不可分であるとの認識，信頼醸成と協力，紛争の平和的解決等についての共通の認識を醸成する試みを促す有力な契機となりました．

　アジアでは，冷戦の終結と共に明白かつ恒常的な敵対関係はほとんど消滅しました．国家間の対立や紛争は依然として存在しますが，明白かつ恒常的な敵対的関係は，冷戦と内戦の遺制の残る朝鮮半島や中国＝台湾関係に限定されています．そして，これらの地域においても，当事国間に経済（貿易・投資）や人的な交流は拡大しています．限定的ですが政治対話のチャネルも開かれています．また，紛争当事国と第三国（地域）との関係は拡大しており，紛争の抑制と制御に一定の役割を果たしています．

　第二は，国際レジーム（International Regime）という言葉です．国際関係は「無政府状態」にあるといわれます．国家を超える上位の権威が国際社

会には存在しないという意味です．レジームという考え方は，このような「無政府状態」にある国際政治を脱し，国際社会に一定の秩序を求めようとするもので，それを「世界政府」などの新たな機構を通じてではなく，「政府なき統治（Governance without Government）」を通して実現しようとするものです．国際レジームはそれぞれの問題領域に関して，各国の行動を規定するルールや行動規範，紛争処理メカニズムを提供し，国家間関係を一定の規則的な関係に置きます．ひとつ例を挙げれば，**GATT/WTO**という国際レジームがあります．ここでは世界の自由貿易を維持強化することを目的に，「最恵国待遇」など様々なルールや原則が設定されています．紛争処理のメカニズムも作られており，通商紛争を「ルール」に基づいて解決することが期待されています．こうしたルールに従って国家や企業が行動することによって，国際的な通商の秩序が維持されます．

　アジアを見ると，最近の特徴は，地域レジームの形成が遅々とはしているが進みつつあることです．米中日露の四大国は，近年の首脳会談の頻繁な開催に見られるように，二国間関係を基盤に新しい関係を模索しています．東南アジアではASEANを軸にした東南アジア地域秩序作り（「ASEAN 10」）が始まっています．北東アジアでも，**KEDO**（朝鮮半島エネルギー開発機構）や朝鮮半島の平和体制を構築するための四者会談（米中＋南北朝鮮）などの地域的な安全保障レジームや対話の枠組みが形成され

---

―― キーワード ――

**GATT**（関税・貿易一般協定）：1948年1月1日に発効した「自由，無差別，多角主義」を基本理念とする貿易秩序の実現を目指す多国間条約．この規定の中には緊急輸入制限などがあるが，無差別適用や報復を懸念するため，実施されることがあまりなかった．現在，その機能はWTOへと移行している．

**KEDO**（朝鮮半島エネルギー開発機構）：アメリカ，韓国，日本の3国が，1995年3月9日に設立協定に調印してつくられた国際機構．アメリカ主導のもと，北朝鮮の核開発を阻止することが目的．北朝鮮へ2030年までに軽水炉2基を提供し，そのうち第1基完成まで代替エネルギーである重油を供給するかわりに，北朝鮮に現存および建設中の原子力施設を凍結し，最終的には解体することが任務．

つつあります．**ARF**（ASEAN 地域フォーラム）や **APEC**（アジア太平洋経済協力会議）などのアジア太平洋のほぼ全域を包摂する広域的な地域協力の仕組みが形成され，協力の推進に一定の役割を果たしています．また，貿易や金融，不拡散などの分野での国際社会の様々なルールや行動原則を規定したレジームも地域に拡大しつつあります．

さらに，アジア諸国の国内政治過程の変化にも着目すべきでしょう．外交は国内政治過程と無縁ではありません．アジア諸国は外国資本の積極的な導入による輸出主導型成長政策をこれまで追求してきました．この政策の導入は，この地域の国内政治過程を大きく変え，対外政策に影響を与えてきました．

一般的にいえば，これらのそれぞれのレベルのレジーム形成は極めて緩やかなものです．国家の行動を厳しく制約するルールやルールの履行を促す強制措置，逸脱行為に対する制裁措置は，特定の場合を除いて，明確に規定されていません．二国間レベルでは，協力と同時に，価値の相違などの基本的な対立が内包されています．北東アジアなどのサブリージョンでのレジーム形成もようやく始まったばかりであるし，内部に様々な対立を含んでいます．広域的なレジーム形成も，APEC や ARF に見られるように，国家の行動を規定するルールや原理の拘束力は必ずしも強くありません．例えば APEC は貿易や投資の自由化，経済技術協力の推進を大きな目的にしていますが，

---

── キーワード ──

**ARF**（ASEAN 地域フォーラム）：1993 年 7 月にシンガポールでの ASEAN 拡大外相会議で新設が合意された，冷戦後のアジア太平洋地域の安全保障問題を論じる多国間協議枠組み．メンバーは，ASEAN 加盟国と ASEAN 対話国の日本，韓国，アメリカ，カナダ，オーストラリア，ニュージーランド，中国，ロシア，インド，EU，それと ARF オブザーバーとしてモンゴル，ASEAN オブザーバーとしてパプアニューギニア．

**APEC**（アジア太平洋経済協力会議）：アメリカ，カナダやヨーロッパなどの経済のブロック化に対抗し，アジア・太平洋諸国の経済協力関係の強化を目指す閣僚会議．第 1 回は 1989 年で，参加国は，アメリカ，日本，カナダ，オーストラリア，ニュージーランド，韓国，ASEAN 諸国であった．

基本的には各国が「自主的」に行動するのが原則で，条約や協定で各国の行動を厳しく規定し，誠実に合意を実施しない国に対して「制裁」を課すことなどは予定されていません．しかし，そうした緩やかなレジームを相互に結びつけることによってアジアは重層的（かつ協調的）な地域構造を生み出す可能性を有していると思われます．

## アジア太平洋の国際政治経済の構造

アジアではどのような地域レジームや対話，協議の枠組みが形成されてきたのでしょうか．図式化していえば，アジア太平洋では以下に述べる四つのレベルでの安全保障を巡る対話や協力，関係の再定義，レジームの形成が行われつつあります．これらの中には恒常的な制度を構築する場合もあれば，特定の状況に対処するためのアド・ホック（一時的）な国家間協力・提携が形成される場合もあります．また，それぞれのレベルでの動きが相互に独立しいている場合もあれば他のレベルの動きと連動（あるいは意図的に結びつけて問題解決を促す）している場合もあります．態様は多様です．そして，安全保障と深く関わりながら，経済的な協力・提携の動きも様々なレベルで行われています．そして，これらを支える国内政治の変化があります．

アジア（特に北東アジア）はこれまで，地域レジームが欠落している地域であると指摘されてきましたが，近年こうした状況に変化が生じています．第一に，国際レジームの地域への拡大という形での変化です．90年代初頭に南北朝鮮の国連加盟実現によって，アジア太平洋は（台湾を除いて）国連レジームに包摂されます．核の不拡散を目的としたNPT（核不拡散条約），CTBT（包括的核実験禁止条約）にもこの地域のほとんどの諸国が参加しています．IAEA（国際原子力エネルギー機関）との保障協定（NPTに加盟した国は，IAEAと個別に保障協定を結び，自国の核政策の透明性——原子力を軍事に利用していないことを内外に明らかにする——を確保することが義務づけられます）は，各国の核開発プログラムの透明性と信頼性を高め

る上で大きな貢献をしています.

　また,中国,台湾,ロシアはWTO(世界貿易機関)への加盟を目指しています.ロシアの加盟は当分先と見られますが,中国,台湾の加盟が実現すれば,アジア太平洋の通商関係のほとんどはGATT/WTOのルールのもとに行われることになります.GATT/WTOレジームは,明確に規定された協定上の義務とコミットメント,紛争処理のメカニズムを提供して,通商関係を「力」ではなく「ルール」に基づいて発展させる基盤を提供します.これらの諸国のWTO加盟が実現するならば,域内諸国間の通商関係はより安定した国際ルールのもとに展開されることになります.このほか,国連武器登録制度や国際海事レジーム,MTCR(ミサイルおよび関連技術移転管理レジーム),国連海洋法体制への参画など,この地域は近年様々な国際レジームへの参画を拡大しています.ちなみに,国連海洋法体制は南シナ海の領有権紛争にあたっての共通の枠組みになっています.グローバルなメカニズムがアジアに拡大したことによって,地域紛争に一定のルールが課されることになりました.アジアの国際関係はこれまでよりも国際的なルールや行動規範の拘束を受けることになったといえます.

　第二の変化は,アジア太平洋の広域的な地域を対象としたレジーム形成です.ARFやAPECなどがこの代表的な事例です.ARFやAPECなどの地域フォーラムの意義は,制度化された対話を促すフォーラムとしてのそれです.アジア太平洋では近隣諸国間の政治経済的な格差が大きく,しかも相互不信が根強く,対話すら実現するのが困難な時代が長く続いてきました.したがって,ARFやAPECがまず重視したのは,こうした相互不信の残る地域において経済協力や政治協力を進めるために,相互の認識を確認し,相互理解を増進するための対話の場を提供するということでした.相手が何を考えているのか,相手の懸念の背景に何があるのかを相互に確認する作業が協力の前提として必要でした.まず地域共通の問題の所在を相互に確認し,その問題についての対話と相互理解を促す,制度化された対話を通じての「信頼醸成のプロセス」が重要でした.

対話や相互理解の増進の結果，各国の認識や政策の優先順位が変化することがあります．対話を通じて新しい理解や知識・概念が獲得される結果，対立している諸国の間に共通の認識が生まれ，協調や協力を促すことがあります．対話を通じて「地域アイデンティティ」が醸成されることもあります．東南アジア諸国を訪問すると，「ASEAN Way」という言葉をしばしば耳にしますが，これも東南アジア諸国の地域アイデンティティのひとつです．こうした地域共通のアイデンティティは，国家間の協力を促し，また国家の行動を制約します．ASEAN においては，国家間の対立を武力によって解決しないという規範が形成されてきましたが，そこには「ASEAN アイデンティティ」が寄与したといえるでしょう．

　APEC や ARF などのフォーラムは，規範やルールの社会化や新しいアイディアの相互学習の機会を提供します．われわれはしばしば固定概念にとらわれます．ある事象が起こったときに，それを慣れ親しんだ思考様式によって理解しようとします．しかし同時に，新しいアイディアや認識枠組みに直面して，従来の見方を変えることもあります．新しいアイディアによって，従来とは異なる因果関係に気づき，認識を変えることがあります．国家にも同様のことが起こります．新しいアイディアが複雑な国際関係の因果関係を解きあかし，国家がその利益を確認するのを助け，幅広い議論のための共通の枠組みを提供し，また具体的な政策上の選択肢を提供し，意思決定過程に影響力を行使します．ここでいうアイディアとは，安全保障についての新しい見方（例えば「協調的安全保障」「総合安全保障」など），因果関係についての新しい認識（例えば，「経済発展は安全保障を増大させる」）などを指します．

　最近の国際政治経済理論には，「コンストラクティヴィズム（Constructivism）」という考え方がありますが，そこではこうした「アイデンティティ」や「信条体系」の形成と変容やその国際関係への影響などに分析の焦点が当てられています．

　APEC や ARF を見ると，最初から原理や原則ができるのではなく，対話

図 アジア・太平洋地域協力機関等のメンバー

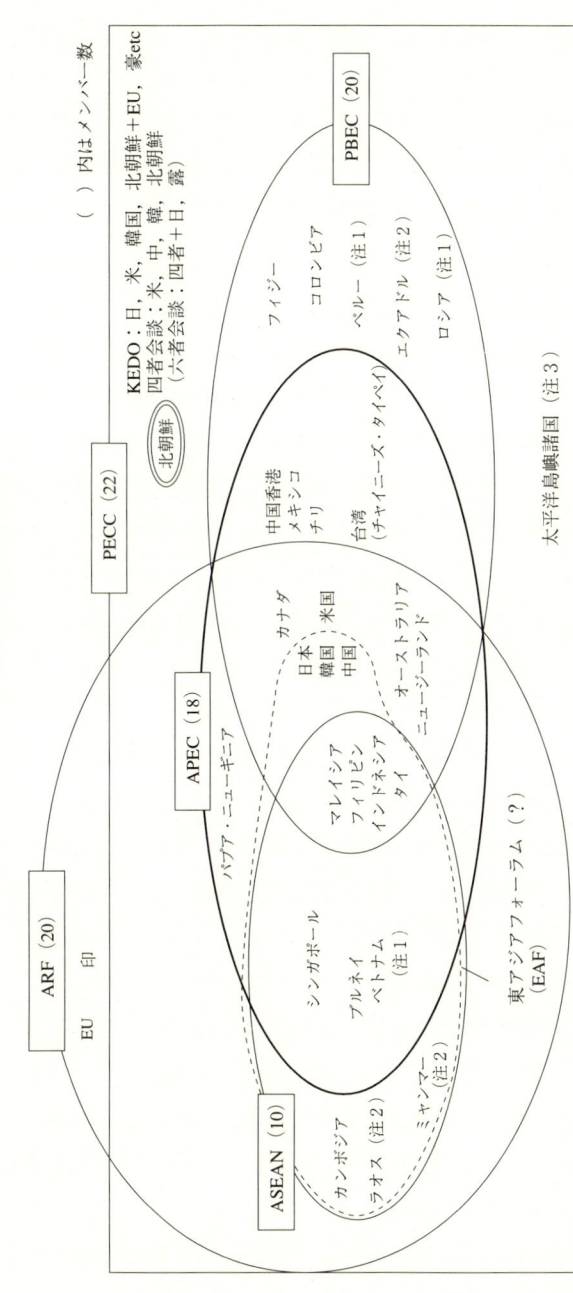

( ) 内はメンバー数

KEDO：日、米、韓国、北朝鮮＋EU、豪 etc
四者会談：米、中、韓、北朝鮮
（六者会談：四者＋日、露）

ARF (20)　EU　印

PECC (22)

APEC (18)

PBEC (20)

ASEAN (10)
　カンボジア
　ラオス（注2）
　ミャンマー（注2）

シンガポール
ブルネイ
ベトナム（注1）

マレイシア
フィリピン
インドネシア
タイ

日本
韓国
米国
中国

カナダ
メキシコ
チリ

中国香港

パプア・ニューギニア

オーストラリア
ニュージーランド

台湾
（チャイニーズ・タイペイ）

フィジー
ペルー（注1）
エクアドル（注2）
ロシア（注1）
コロンビア

北朝鮮

東アジアフォーラム（？）
(EAF)

太平洋島嶼諸国（注3）

注1：ロシア、ペルー、ベトナムについては98年11月の第10回閣僚会議よりAPECに正式参加。
注2：エクアドル、ラオス、ミャンマーはPECCには参加していない。
注3：PECCではフィジーおよびパプア・ニューギニアは太平洋島嶼諸国に含まれる。
注4：PECCには、仏（仏領南太平洋地域）が準加盟している。
注5：PECC：太平洋経済協力会議、太平洋地域における協力関係を推進するための官・民・学の三者構成の国際フォーラム。
　　　PBEC：太平洋経済委員会、太平洋地域の財界人で構成される純民間国際フォーラム。
　　なお、アジア太平洋地域の全般的な政治・安全保障の枠組としてASEAN地域フォーラム（ARF）が存在する（参加メンバー：ASEAN、日、韓、中、印、米、加、豪、NZ、PNG、EU、露）。

アジア・太平洋地域と日本 ● 155

や協議の積み上げを通じて地域協力の原理原則が作られ，慣行が重きをなしていることに気づきます．「みんなでルールを作る」というプロセスが重要なのです．一般的にいえば，アジアにおいては，対話のプロセスを経て形成されてきた共通ルール・原則・規範は，それ自体加盟国の行動を厳しく拘束するものではありません．自主的，自発的行動が尊重されます．原則や行動規範を承認した国が実行を怠っても制裁を課さない．ただし，この約束は多国間協議の結果生まれたものであり，したがってこの約束は公的なものです．この結果，約束したその原則の履行を無視する国に対しては，「仲間からの圧力（peer pressure）」が加わります．国家は，国際的・地域的に承認された合意を破ることへの道徳的な罪悪感を有するようになります．そして，時間の経過とともに，こうした圧力が効果をあらわし，すべての諸国の原則の遵守が期待されるわけです．活動を集団として行っていく際の「自己規律」がこうして得られるわけです．また対話を通じて自らを地域の一員であるとの認識を深めることによって（地域アイデンティティの形成）ルールや行動規範の遵守が一層確実になるといえます．

広域的な地域レジームのこうした機能は，域内大国のすべてがARFやAPECのメンバーであるという事実を念頭におけばその意義は大きいといえます．すなわち，大国の行動は，大国間関係と同時に，地域共通のルールや行動規範の制約を受けることになります．地域レジームは大国間のバランシング行動と地域全体の規範やルールとの整合性を確保する上で重要な意義を有します．

ところで，地域レジームの形成に関して今後注目すべきは，「東アジア」という地域概念です．70年代以降，ASEANを中心に「東南アジア」という地域がひとつのまとまりとしてアジアの国際関係に登場しました．そして，80年代以来のPECCやAPECの活動によって「アジア太平洋」という地域概念に実質が与えられました．また，四者会談やKEDO，六者協議などの構想は「北東アジア」地域概念に実質を与えつつあるといえます．

これらに加えて今日，「東アジア」がひとつのまとまりをもった地域とし

て観念されつつあります．90年代はじめにマレーシアのマハティール首相によって「東アジア経済協議体（EAEC）」構想が提唱されました．東アジア諸国の間で当面する国際的・地域的な経済問題を討議するフォーラムをつくろうという構想です．同構想そのものはアメリカの強い反発や日本の消極的な姿勢もあってまだ実現していませんが，ASEM（アジア欧州会合）のアジア側のカウンターパート，あるいは「ASEAN＋3（日中韓）」の首脳レベル協議（1998年開始）として，「事実上」実現しつつあります．「ASEAN＋3」を先進諸国首脳会議（サミット）と同様のフォーラムに発展させようという動きは，東南アジアを中心に拡大しつつあります．今後注目すべき点でしょう．

「東アジア」をひとつのまとまりとした協議が東アジア諸国と域外の地域との間でも生まれています．上述のASEMに加え，最近では東アジアとラテン・アメリカとの地域間経済対話の枠組みもできつつあります．そして，APEC自体もアジアと北米（中南米）との地域間対話という側面を有しています．これらは地域間の協力と信頼醸成（相互の政治経済関係を強化し，相互に差別的な通商・投資政策を採用しないよう確認する）を促すだけでなく，それぞれの地域が独自の「地域アイデンティティ」を醸成する契機を提供しているといえます．

第三の変化は，サブ・リージョンでのレジーム形成です．アジアのサブリージョンでのレジーム形成は東南アジアが先行してきました．ASEANは域内諸国間の政治的和解と信頼の醸成に大きな貢献をし，東南アジアに「不戦体制」を形成する上で中心的な役割を演じてきました．ASEANは1999

---

—— キーワード ——

**ASEM**（アジア欧州会合）：アジア諸国とヨーロッパ間での協議の場．これまでアメリカとの間にはAPECとして協議の場があったが，ヨーロッパとはなかったので，1996年バンコクにて第1回が行われた．参加国はASEAN諸国，中国，日本，韓国，EU加盟国15カ国と欧州委員会で，アジア・ヨーロッパのパートナーシップや内政不干渉が声明として発表された．第2回は1998年4月にロンドンで行われている．

年のカンボジアの加盟によって，東南アジア全域に対象を拡大して「ASEAN 10」を実現しました．新たなメンバーを加えて内部の結束と協力を進める上で大きな課題を抱えているものの，ASEAN がこれまで蓄積した相互信頼と紛争予防の外交経験は，今後も地域にとって有用でしょう．

　カンボジア紛争や最近の東ティモールの紛争でも，国連を中心にアジア諸国などのアド・ホックな協調・提携が実現し，平和維持軍の派遣（および国連暫定統治）が実現しました．これらは，中国をはじめとするアジアの多くの諸国が最も好まないはずの国内政治に対する域外国の関与を核心としている点で注目してよいと思います．

　また，インドネシアを中心にした南シナ海の領有権紛争を解決（「棚上げ」）するための非公式ワークショップが，係争国すべての参加をえて 90 年代の初頭から実施されています．ここでは，領有権紛争がエスカレートするのを防ぐための共通の行動規範作りや共通の利益を確認するための海洋調査などの共同プロジェクトや共同開発の方式などが検討・実施されています．

　北東アジアにおいても近年，地域レジーム形成の動きが見られます．第一は KEDO です．直接には北朝鮮の核開発疑惑に由来する「危機」を回避するための，関係諸国間のアド・ホックな協議・協調を基盤として，KEDO レジームが形成されました．第二は，朝鮮半島の平和体制を協議するための四者会談です．

　KEDO は今後の北東アジアのレジーム形成の参考になりうると思います．第一に KEDO レジームは，グローバルな NPT/IAEA レジーム（およびそれを通じて国連のレジーム）と地域の拡散問題を結びつけて地域レジームの形成がなされた事例です．ここでは既存の国際レジームが重要な役割を果たしている．第二に KEDO は，米朝二国間合意（「米朝枠組み合意」）を基盤としているが，同時に，日米間の提携や米中，米ロ関係など，朝鮮半島での核の拡散を懸念する諸国のアド・ホックな提携がレジーム形成に作用していること．第三に，KEDO はこの地域での経済と安全保障の密接な連結を象徴するものであること（不拡散問題と経済援助）などです．

四者会談に関しても，米朝二国間関係と同時に，それが米中関係や日米間関係の推移と密接に連動していることが分かります．

　経済の分野でも，制度化されてはいないものの，国民経済（もしくはその一部）相互の結びつきも見られます．「局地経済圏」と呼ばれる，市場メカニズムを通じての「事実上の」経済統合が，東南アジア（「成長の三角地帯」「メコン河流域経済開発構想」など）や北東アジア（「華南経済圏」「豆満江開発プログラム」など）で生まれています．「環日本海経済圏構想」などの構想も，国際機関や地方自治体，経済界によって検討されています．「局地経済圏」は当該地域の経済開発に寄与するだけでなく，政治的な関係を安定させる機能も有しています．

　第四の変化は，米中日露の大国間関係に見られます．歴史的に見て，秩序形成に大きな役割を果たしてきたのが大国であり，したがって大国間関係の行方が地域秩序のあり方に決定的な影響を及ぼすことはいうまでもありません．アジア太平洋においては，相互の関係を新たに定義する試みがようやく始まったようです．二国間レベルでの首脳外交の活発化がそれです．昨年1年だけを見ても，米中日露の各首脳は，それぞれ他の三者すべてとの間で二国間の首脳会談を開いてます．これはアジアの歴史上はじめてのことです．

　近年の特徴は，四つの大国間に「戦略的パートナーシップ」という言葉で裏打ちされた新たな二国間関係が展開されつつあることです．大国間に相互の対立点は残りますが，冷戦期の米ソ関係のような敵対的な関係にならないことを相互に確認しあっているといえます．相手を国際・地域秩序構築に際して重要なパートナーであることを相互に確認しあう作業が大国間で進行しています（もちろん必ずしも安定したものではありませんが）．冷戦期の戦略的パートナーシップが第三国を対象とした結束の強化という側面を強く有していたのに対して，今日のそれは，第三国とのバランスの強化（日米を対象とした中ロ「戦略的パートナーシップ」など）や第三国への牽制といった側面を有するものの，第三国を公然と敵視した結束の誇示（敵対的な戦略パートナーシップ）という性格は弱いといえます．二国間の相互のリアシュア

レンス（冷戦期の米ソ関係のような敵対的な関係に戻らないことを相互に確認すると同時に，相互のパートナーシップを確認する）という側面をより強く有しています．

　こうした二国間レベルでの大国間関係の進展は，四カ国間のいわゆる「大国協調（Concert of Powers）」の枠組みに発展するのでしょうか．一般に，協調システムが成立するには，大国間にシステムの安定のための公式非公式の行動のルール・規範が形成されていなければならないといわれます．こうしたルールには例えば，地域の主要な問題について相互に協議する，単独行動を避ける，他のメンバーの主要な利益を阻害する行動をとらない，相互の違いを調整するための多角的協議を行う，などがあります．

　アジアを見ると，関係諸国の間には政治・経済的な価値や国際・地域秩序のあるべき姿についての対立が残っています．大国間では引き続き単独行動とバランシング（balancing）の動きが随所に現れると思われます．四カ国の間には共同して守るべきシステムについての共通の認識が欠落していますし，領土の現状維持についての合意もありません．中国は台湾問題に関して単独行動（武力の行使）をとることを放棄していないし，日米両国は，例えばガイドラインの改正やTMD（戦域ミサイル防衛）問題に見られるように，単独行動をとっています．また，二国間関係には，それ自体取り上げるべき固有のテーマもあるし，二国間で（「静かな外交」を通じて）取り上げることが望ましい問題もあります（例えば中国の人権問題や台湾問題）．

　こうして，四カ国の間に多角的な大国協調の仕組みを作り出すことは当面困難でしょう．また，仮に可能だとしても，「大国による独占的支配」に対する域内諸国の懸念を高め，域内諸国間の関係を不安定にするという副作用を伴います．大国間にはバランシングや単独行動が見られるし，それは今後も不可避でしょう．この地域には依然として深刻な「安全保障ディレンマ」が存在します．

　しかし同時に，そうしたバランス回復のための行動が，冷戦期のような第三国に対して公然と敵対するものにはなっていないことは注目すべきでしょ

う．今日生まれている二国間の協調関係は基本的に，第三国を対象に二カ国の結束を強化するという意味合いは比較的希薄です．また，二国間関係の進展はそれぞれと他の大国との関係によって変化します．実際，NATOの東方拡大や日米安保共同宣言などを念頭に置きつつ，中ロで「戦略的協力関係に向けたパートナーシップ」が宣言され，「対立的なブロック形成」への警戒心が表明されましたが，中ロ両国とアメリカとの関係改善に伴ってその内容は変化してきました．

アジアにおいては，四大国間の単一の協調システムは不可能であるにしても，それぞれ固有の課題を有する二国間関係を基盤にしながら，二国間の強化を通じて，大国間関係に相互の抑止と牽制の仕組みを作ることは可能かもしれません．協力を促すと同時に相互の行動を牽制する「協調的な二国間主義（Concerted Bilateralism）」が形成される可能性はあるかもしれません．二国間関係は今後も協調と対立が繰り返され，大国間のバランシングの動きも随所に見られるでしょうが，二国間関係が相互に組み合わされることによって，大国間の関係に一定の相互（自己）抑制が働くことになることを期待できるかもしれません．

第五に，アジア諸国の国内政治過程の変化に注目すべきです．かつて「輸入代替」という保護主義的な開発戦略を採ってきたアジア諸国は80年代以降，外資を積極的に導入し，輸出を振興する開発戦略を広く採用することになりました．開発戦略の変化は，国際経済に対する先進国と途上国の対外経済認識を著しく接近させ（例えば，自由貿易原理への支持），APECのような地域経済協力の仕組みの形成を促してきました．同時にそれは，それぞれの国家の国内政治過程にも大きな影響を与え，政策の優先順位を変化させてきました．

開発戦略の変化や経済の自由化に伴って国際経済との関係が強まった結果，国家が守るべき核心的価値（国家安全保障，経済的繁栄，政治的自律）の優先順位やそれぞれの間のトレード・オフへの対処の仕方に変化が生じました．政治権力の正統性がますます経済的富の創出に依存し，また富の創出は国際

経済との深い結びつきにますます依存するようになりました．この結果，国際貿易や外国企業との提携に従事している人々（政治家，役人，企業人，学者などの「国際派勢力」）の国内政治的影響力が強まりつつあります．そして，一般にこうした勢力は，地域環境をより平和的にするような対外政策を唱導するようになります．自国周辺の政治軍事的緊張は，生産に振り向けられる自国の資源を縮小させ，海外からの投資や資金・技術の導入を阻害し，対外経済環境を悪化させるからです．こうして彼らは，保護主義的な勢力に比べ，緊張を緩和するような対外政策を唱導して政府に影響力を行使することになります．

今後注目すべきは中国でしょう．アメリカとの人権やミサイル移転問題をめぐる対立，日米ガイドラインやTMD問題などにもかかわらず，APECへの中国の関与，経済改革と自由化へのコミットメント，WTO加盟への継続的な努力などは，中国における「国際派勢力」の政治的影響力を反映しているといえます．

もとより，こうした勢力の政治的影響力が中国において決定的な力を有しているとはいえないでしょう．しかし，国際経済との結びつきを強めることによって生活条件を改善させたいと考える国民によって支えられた彼らの政治的影響力は，中国が再び国際社会との相互依存を拒否し，孤立主義的な姿勢に逆戻りするのを防ぐには十分強力であろうと思います．

## むすび

協調的安全保障と集団防衛は，原理的に異なる安全保障へのアプローチです．欧州においてNATOがそうであるように，確かにアジア太平洋の同盟体制も，特定の顕在的かつ明白な脅威に対抗するというよりは，地域全体の安全保障環境の維持という公共財的機能（集団安全保障機能）をより強く持つようになっています．そして，この点に関してアジアには共通の理解が醸成されてきました．しかし同時に，両者の原理的な対立・矛盾が顕在化する

可能性が常に存在することは十分認識しておく必要があります．日米安保を巡る中国と日米の間での論争がこれを象徴しています．

中国と日米同盟との関係は，中国と両国との全般的な政治・経済・社会関係によって影響を受けます．安全保障関係だけが独立した領域として存在するわけではありません．また，中国と日米との関係は，それぞれの第三国や国際・地域レジームとの関係によっても影響を受けます．この点で，同盟（集団防衛）と協調的安全保障の原理的な対立を顕在化させないための多元・多角的なアプローチが今後ますます重要になるでしょう．

アジアには，国家間関係を制御するために様々な公式，非公式のレジームや対話の枠組みが形成されつつあります．それらはひとつひとつを取り上げると必ずしも国家行動を厳しく制約するものではありません．しかし，それらを重層的に組み合わせることによって地域の統治（ガヴァナンス）の仕組みを構想することは可能かもしれません．協調的安全保障の概念は，そうした重層的な安全保障構造の構築に向けて地域の諸国を動員する上で有意義であると思います．

◆参考文献

山本吉宣「協調的安全保障の可能性」，『国際問題』425 号，1995 年 8 月
山影進『ASEAN パワー』（東京大学出版会，1997 年）
日本国際政治学会編『21 世紀の日本，アジア，世界』（国際書院，1998 年）
菊池努『APEC―アジア太平洋新秩序の模索』（日本国際問題研究所，1995 年）
渡邊昭夫『アジア太平洋の国際関係と日本』（東京大学出版会，1992 年）
David A. Lake and Patrick M. Morgan (eds.), *Regional Orders : Building Security in a New World* (The Pennsylvania University Press, 1997)
Michael Yahuda, *The International Politics of the Asia-Pacific, 1945-95* (Routledge, 1996)

# ソ連社会主義の挑戦と挫折

袴 田 茂 樹

　世紀末を迎えて，20世紀の再検討という問題が論じられています．20世紀の最大の政治・社会事件は，何と言っても**社会主義（共産主義）**体制の成立とその崩壊でしょう．そこで，社会主義とはいったい何であったのかという問題を考えてみたいと思います．以下，まず社会主義の現実と理想について，主としてソ連の考察を中心に歴史的視点から筆者の理解を簡単に述べ，次にその今日への影響について，欧州の**社会民主主義**，文化や科学技術，日本における社会主義運動など，いくつかの分野に分けて述べます．

## 社会主義思想とソ連体制

　今の若い世代には，社会主義というと自由のない独裁体制，強制収容所，政治的には自由主義に破れ，経済的にも失敗した体制，といったネガティブなイメージしかありません．しかし，30歳代以下の人にはちょっと実感的

---

── キーワード ──

**社会主義**：協同的で自由平等な社会を形成し，不公正と貧困から人々を解放しようとする，思想，社会運動，社会体制の三面を総称する．生産手段の社会的所有を土台とし，狭義には資本主義に続いてくる共産主義社会の第1段階を指す．

**社会民主主義**：政治上の自由平等を求める政治的民主主義に比べ，さらに社会経済上の実質的平等を実現しようとする思想と運動．レーニンはこれを「資本主義を改良主義的に擁護するもの」と批判し，以後反マルクス主義的潮流と見なされる．ソ連崩壊後，ヨーロッパを中心に世界的な関心事となっている．

には想像できないことですが、今世紀初めのロシアにおける社会主義体制の成立は、これまで経験したことのない壮大な実験として、人類に大きなドリームとロマンを与えたのです。共産主義こそが貧困、搾取、階級対立など人類社会が、特に資本主義社会が、抱えている諸矛盾を最終的に解決し、政治、経済、社会、自然、そして人間存在自体をも完全に合理化できるという希望を与えたのでした。社会のさまざまな不条理は、運命あるいは宿命として諦めざるを得ないと考えていた世界の大多数の人々に、1917年のロシア革命は夢と希望を与えました。われわれは政治や社会を根本から変革して、不条理な社会を公正なものにできるのだという希望です。これは啓蒙主義の時代以来の人類の夢の実現でもありました。

17世紀のデカルト以来の合理主義、あるいはフランス革命やアメリカ独立宣言の理念でもある18世紀の西欧の啓蒙主義の思想は、理性に対する信仰を基礎としています。宗教が支配した中世を暗黒の時代と見、人類は理性によって暗黒から抜け出ることができると信じたのです。近代の自由主義も社会主義も共にこの啓蒙主義の落し子であり、社会主義は、この理性による支配をより徹底させようとした思想です。それは、人間社会を理性の規範に従って完全に合理化できる、経済を計画化し、階級対立や貧富の差、景気変動、失業などの諸矛盾をなくすことが可能であるという信仰を基礎にしています。社会主義者は、単に政治や経済の体制だけでなく、自然も人間存在そのものをも科学的に改造できると信じていました。

独裁体制あるいは強権体制をもたらした社会主義は、人間不信、つまり「人間性悪説」に基づいていると誤解されています。しかし、もともとそれは、理性にしたがって社会を形成できるという「人間性善説」に立脚してい

---

**キーワード**

ロシア革命：1917年にロシアに起こった革命。同年3月ロマノフ王朝の専制政治が倒壊し、ソビエトの支持のもとに臨時政府が成立。11月レーニンの指導するボルシェビキによりソビエト政権が樹立され、世界最初の社会主義革命が宣言された。

たのです．それを典型的に示しているのが，共産主義社会では国家は死滅するという論理です．個人のエゴイズムを抑制するための国家権力という強制力がなくても，社会契約とか人間本来の社会性によって社会の規律や秩序の維持は可能であると考えたのです．ただ，共産主義は，自由主義と異なり，既成の国家権力は抑圧のための暴力装置であり，それは革命という暴力でのみ打倒することができると主張しました．したがってそのプロセスにおいては，人権尊重とか民主主義の原理の絶対化は「ブルジョワ的」と否定され，一定期間はプロレタリア階級の独裁が必要だとしたのです．しかし，あくまでも国家は悪であり，階級の消滅と同時に国家も独裁も死滅すべきものと考えたのでした．

　しかし，現実の社会主義体制においては理想と現実は大きく乖離しました．共産主義が絶対的なものとされるかぎり，その目的はあらゆる手段を正当化します．特に，スターリン時代以後のソ連では，目的達成のための一時的手段とか非常措置と考えられていたものが，しばしば自己目的となって恒久化されました．ソ連体制とは非常措置の恒久化されたものという見方さえあります．そして，党と国家も絶対化され，党員という新たな特権階級が出現し，党と国家の強化が至上命令となって，そのためにすべてが犠牲に供せられたのでした．こうして社会主義国家では，ノメンクラトゥーラと呼ばれた2,300万の特権層以外の一般の国民は，党と国家のための単なる消耗品と化しました．ソ連における農業集団化の過程は，実際には数百万の犠牲を生んだ悲惨な内戦でした．1930年代から50年代には，工場もコルホーズなど集団農場も，労働者や農民にとっては，ノルマ制と厳罰主義による強制労働の場でした．したがって，1960年代半ばから80年代半ばのブレジネフ時代のように，平和時に上からの強制が弛緩した時は，社会主義体制の内部では無秩序，無規律や腐敗が蔓延し，統制経済はきわめて非効率となったのです．

　社会主義国においては，共産党のイデオロギーは宗教的なドグマとなり，政治だけでなく学問も芸術・文化も党イデオロギーによって支配されました．公式のイデオロギーを外れることはすべて国家に対する反逆とみなされ，犯

罪となったのです．こうして，理性信仰の理想主義は，現実の社会主義体制下においては，グロテスクなまでの反理性主義に転化しました．社会主義国内のこのような現実に対して，初期の社会主義者自身がすでに批判の声を上げています．ポーランドの有名な革命家ローザ・ルクセンブルグはすでに1918年に社会主義の官僚主義化を予感してレーニンの政策を批判し，ロシア国内でも1920年代にソ連体制の現実に対する失望や批判が生まれました．1930年代には恐怖政治のもとで，トロツキー，ブハーリン，キーロフなどオールド・ボリシェビキでスターリン体制に対して少しでも批判意識を有する者，スターリンのライバルとなる可能性のある者は徹底的に弾圧されました．こうして，スターリン時代のソ連体制は，人類史上最も徹底した人間不信の独裁体制となったのです．

しかし，1930年代以後，世界では共産主義イデオロギーとソ連の影響力はむしろ強まりました．それは，1920年代末から30年代にかけて資本主義国は世界恐慌の荒波に呑みこまれ，銀行や企業の破綻や街にあふれる失業者は，資本主義の矛盾と革命の必然性を指摘するマルクス主義の正しさを証明しているかに見えたからです．

これと対照的に，ソ連における計画経済の発展，無料教育の普及と識字率の向上，無料医療などの社会福祉の普及，貧困や失業の撲滅などは，社会主義の優越性として大きくクローズアップされました．各国の貧困な労働者や左翼政党は，ソ連を理想の楽園とみなしました．スターリン体制下のソ連国内の残酷な実態は，厳しい情報統制のもとで，外の世界にはほとんど伝わらなかったからです．

ソ連における共産党政権下での急速な工業化の達成，第二次世界大戦の勝

---

**キーワード**

スターリン体制：1924年のレーニンの死後，ソ連共産党書記長として53年まで指導的役割を果たしたスターリンの思想を具体化した社会体制．一国社会主義論，集権的革命路線への転換，農業集団化，個人崇拝的で抑圧的な支配体制，東欧諸国を従属させた覇権主義等が特徴．

利,戦後の急速な経済復興,世界初の人工衛星スプートニクの打ち上げやガガーリンの宇宙飛行など宇宙開発やミサイル技術面でのソ連の優位,中国における共産党政権の成立などにより,1960年代前半までは,資本主義より社会主義が優れているという見方が,世界の国々で多くの人々に信じられていたのです.

一方,1956年には,ソ連共産党20回党大会でフルシチョフ第一書記が,それまで絶対化されていたスターリンの批判を行い,東欧では民主化を求めるハンガリー事件,ポーランド事件などが起きました.つまり,1950年代にはスターリン主義的な社会主義,すなわち官僚主義的,国家主義的,帝国主義的な社会主義への反発も生まれ,やがて中国の毛沢東,キューバのカストロ,ユーゴのチトーなどは独自の社会主義路線を歩みはじめました.1968年にはチェコスロバキアで「人間の顔をした社会主義」をスローガンにした民主化運動が高揚しましたが,ワルシャワ条約軍の戦車によって潰されました.こうして1960年代後半から70年代にかけて社会主義は急速に実態をさらけだして色褪せ,1985年に登場したゴルバチョフ書記長によってソ連体制の抜本的な民主改革が「ペレストロイカ」として始められたのです.そして,このペレストロイカにおけるグラスノスチ(情報公開)政策は民主化運動と反体制運動を生み出し,ついに1991年のソ連邦崩壊を招きました.

ここで,社会民主主義についても,一言述べておきましょう.第二次世界大戦後,多くの西欧諸国では労働党,社会党,社会民主党などが政権の座につき,社会主義の長所を取り入れながらも市場原理と議会制民主主義を認める社会民主主義政策を実施しました.ソ連邦崩壊後は,自由主義あるいは保守主義は対抗する相手を失ってかえって活力を失ったのに対し,不況による

---

**キーワード**

ペレストロイカ:ゴルバチョフの抜本的改革政策.①グラスノスチと文化面での自由化,②複数政党制と議会の強化など政治の民主化,③社会主義の枠内での市場化,④軍縮,東西の緊張緩和,⑤階級的価値よりも全人類的価値を優先する新思考,等を基本とする.

失業の増大，欧州統合のための緊縮財政による福祉の締めつけといった社会状況を背景として，社会福祉に重点を置く社会民主主義政権は西欧では主要な政治潮流となりました．

## 理性信仰の挫折

　20世紀の壮大な社会主義の実験の失敗は，人間というものは結局，理性の規範よりも，伝統的な価値や文化感覚，民族感情といった本質的に非合理主義的な要素によってより強く支配されているということを証明しました．しかし，これまで述べたように，少なくとも20世紀前半においては，社会主義思想が，人類に大きな夢を与えたのは事実です．共産主義の理性信仰は，経済面においては，盲目的な市場原理に経済をゆだねるのではなく，ひとつの工場内におけるように国家によって合理的に統制すべきだという計画経済の信念を生みました．そして鉄鋼やセメントの生産が経済の中心を占めるような工業化の初期段階においては，また消費を抑制できる戦時体制的な状況の下では，ゴスプラン（国家計画委員会）のような国家が経済全般を統制するシステムも効率的に機能しうる（そのための犠牲を問わなければ）ということを，ソ連体制は証明したのです．

　しかし，ソ連の計画経済の実態は，現場で見るとあらゆる不合理と非効率を内包しており，理性による経済の合理化とはほど遠いものでした．労働への刺激として市場経済の論理，すなわち競争原理に代わるものとして導入されたのはノルマ制でした．しかし，ノルマ制も実際には労働への刺激とはならず，もっぱら「生産力隠し」でノルマを引き下げることに関心が向くとか，また「水増し報告」でノルマ達成をごまかすなど，本来の目的とは逆に，効率を下げる方向に機能したのです．こうして，ソ連のような上からの統制システムは，統制が少しでも緩むと，無秩序と混乱，非効率を生むことになりました．

　社会主義の経済体制が深刻な非効率を内包しているということは，社会主

義者の間でもすでに1960年代には広く認識され，その問題を解決するために「利潤」といった市場経済の原理を部分的に導入するというテーマが真剣に議論されるようになりました．それは，リーベルマン論争として知られています．とくに，国民の生活水準が向上し，個々人の需要が多様化し，情報，文化，ハイテク，個人の嗜好といったものが経済で決定的な意味を有するようになった1960年代以後，ソ連的な「計画経済」の無力と非効率は誰の目にも明らかになりました．ソ連体制の崩壊は，経済や社会に対して国家が隅々まで計画システムで完全に統制しようとする試みが失敗したこと，それは原理的に不可能な試みであることを最終的に示したのです．

## 「神話化された社会主義」が果たした役割

ソ連の社会主義体制は深刻な問題を内包していましたが，それは外からは見えず，神話化されたソ連のイメージは外の世界に対しては大きな影響を与えました．1920年代末に世界大恐慌に呑み込まれた米国では，1933年にフランクリン・ルーズベルト大統領が有名なニュー・ディール政策を導入した．これは，市場における私企業の自動回復力への信頼を放棄し，連邦政府が経済や社会に大々的に介入することを決定したものですが，この政策の導入の背後には，ソ連における計画経済の影響がありました．国家が経済を管理することによって，恐慌などの景気変動や失業者を最終的になくすというソ連の実験が，ルーズベルトを勇気づけたのです．政府による有効需要の創出，失業者救済のための大規模な公共事業の実施，金本位制の廃止と管理通貨制度の導入，競争の排除と生産の規制，農業調整法による生産制限，ワグナー法による労働者の団結権と団体交渉権の保証，これらの「大きい政府」の政策は，自由主義経済に対する社会主義的な修正ですが，これはソ連体制の影響なくしてはあり得ませんでした．さらに戦後も米国の民主党は「大きい政府」の伝統を受け継いで，共和党の自由市場万能主義に枠をはめてきました．また，自由市場への楽天的信仰に対するケインズ理論からの批判は，ニュ

ー・ディール政策をはじめ，福祉国家や社会民主主義政権の成立など20世紀の各国の政策に大きな影響を与えました．これも社会主義の影響と言えます．

　20世紀における資本主義の発展は，資本主義が発展すればするほど，労働者は絶対的に困窮化し，所有者階級である資本家と無産階級である労働者の階級対立は激しくなるというマルクス主義の理論を事実上否定しました．資本主義の発展と生産力の向上は，所有者層だけでなく無産層の生活の向上をもたらし，先進国の労働者はマルクス主義が予想したようには革命的にはならず，穏健で改良主義的な社会民主主義への支持が増えたのです．1945年に選挙で大勝したイギリス労働党は，重要産業の国有化，社会保障制度の拡充，完全雇用の拡充など改良主義的な立場から社会主義的な政策を実行しました．ドイツ社会民主党は1969年から82年まで政権の座につき，フランスでは社会党のミッテランが1981年に大統領になりました．スエーデンでは社会民主労働党が高度の福祉国家を築きました．1997年にはイギリス労働党とフランス社会党が政権に復帰し，1998年にはドイツ社会民主党も政権に復帰して，欧州における社会民主主義の台頭が世界で注目されました．

　このような西欧における社会民主主義政権や福祉国家の成立の背後には，やはりソ連という社会主義国の存在が影響しています．社会主義国においては年金制度，無料医療制，無料教育制，完全雇用などが立派に実現しているという社会主義の神話は，各国の労働運動を鼓舞すると同時に，第二次世界大戦後に西欧諸国が社会民主主義を受け入れるにあたって，重要な役割を果たしたのでした．労働者などの一般国民が社会主義国と同様の充実した社会保障と社会福祉を求めただけでなく，政府官僚や企業家なども，社会主義陣営の拡大を防ぐためにも，社会民主主義を積極的に受け入れざるを得なかったのです．

　では，ソ連邦が崩壊し，社会主義への幻想もなくなり，むしろそれが否定的なイメージになった後に，西欧の先進国で社会民主主義が勢いを得たのは何故でしょうか．その理由としては，まず1990年代の不況による失業者の

増大があります．また，欧州通貨統合に加わる条件をクリアするために，各国は厳しい金融引き締め策を余儀なくされましたが，それは社会保障や社会福祉へのレベルを引き下げる結果となり，国民の不満を招きました．また，冷戦構造の崩壊により，皮肉なことに勝利したはずの自由主義は社会主義という対抗相手を失って，かえって分裂し弱体化しました．もちろん，社会民主主義が変化して，福祉の面でも国家の保護だけでなく自己責任を強調するなど，自由主義の原理をかなり幅広く受け入れたことも無視できません．こう見ると，今日の西欧の社会民主主義の再生は，社会主義の遺産であると同時に，ある意味では社会主義崩壊の産物でもあったのです．社会民主主義は，このように新たな形で蘇生しましたが，「大きい政府」が経済と個人の活力を殺ぐという深刻な問題を内包していることは，スエーデンなどの福祉国家が大きな壁にぶつかっていることにも表れています．ドイツ社会民主党のシュレーダー政権も，政権成立後1年の1999年秋にはすでに大幅に支持を失いました．

## 国際主義とナショナリズム

　社会主義の理念は，国境とか民族を超えた普遍主義的な国際主義をその柱としています．しかし，20世紀の現実の社会主義国家は強烈なナショナリズムの色彩に彩られ，結局国際主義よりもナショナリズムの原理の方がはるかに強力であることを示しました．このことも，20世紀の社会主義の実験が示した大きな教訓です．

　社会主義はその理念として国際主義を掲げました．資本の論理そのものが国際的であり，したがって労働者の階級闘争においても，国境とか民族はほとんど意味をなさないと考えられたからです．マルクスの『共産党宣言』の結びの言葉は「万国の労働者よ団結せよ」です．また社会主義思想の背後にはもともと啓蒙主義のもつ普遍主義がありました．共産主義の革命は世界革命として初めて成就するという認識が1920年代までの共産主義者の常識で

した．ソ連政権が誕生した時，それはロシア人の政権ではなく，全世界のプロレタリアートの政権とみなされ，ソ連の国名「ソビエト社会主義共和国連邦」にはロシアといった特定の地名は入っておらず，ソ連国歌も「インターナショナル」でした．

　この国際主義の理想主義的な理念は，しかし，すでに1920年代の現実の中で崩れて行きます．マルクス主義の理論においては，社会主義革命は最も発展した資本主義国で起きるとされていましたが，1921年にはイギリス，ドイツ，アメリカなど先進国での革命は困難となり，現実主義者のスターリンは1924年に「一国社会主義」の理念を打ち出して，トロツキーなど国際派と対立しました．1930年代にはソ連の「国家」が絶対化され，大ロシア・ナショナリズムが復活しました．かつて社会主義者が「ヨーロッパの憲兵」「諸民族の牢獄」「反動の砦」として，その打倒のために闘った帝政ロシアは，再び肯定的に評価されるようになったのです．第二次世界大戦はソ連では「大祖国戦争」として戦われました．「社会主義陣営の全体利害が一国の主権よりも優先する」として東欧諸国の社会主義離脱を抑制した「ブレジネフ・ドクトリン（制限主権論）」も実際にはソ連の国家利益をカムフラージュするためのもので，東欧諸国はソ連の支配下に置かれました．中国やベトナム，北朝鮮，キューバなどの社会主義も，その権力を支えている基本的なイデオロギーは民族主義です．

　ソ連国内では，共産党は「ソビエト人」という民族を超えた新たな国民意識を形成しようと70年間努力しました．「大祖国戦争」時に形成された運命共同体的意識により，その努力は一時は成功しつつあるかに見え，1970年代までのソ連邦内では，民族の対立は政治的に表面化しませんでした．しかし，ペレストロイカ時代のグラスノスチ政策は，眠っていた民族意識や潜在的な民族的不満を覚醒させました．これはバルト諸国やウクライナ，カフカスなどで民族の独立運動を触発し，結局ソ連邦は1991年12月に15の民族共和国に分解しました．ソ連国民は70年間，民族を超えた「ソビエト人」の教育を受けて育ったにもかかわらず，1980年代のソ連人は「民族」に覚

第2次世界大戦後（1950年）

現在

醒したのです．このことは，社会主義政権下での民族宥和も，表面的なものに過ぎないことを示しています．つまり，結局のところソ連人にとっては，ウクライナ人，グルジア人，エストニア人といった伝統的な民族へのアイデンティティの方が，ソ連という国家へのアイデンティティよりも強かったのです．20世紀の社会主義の国際主義の実験が示したことは，普遍主義的な

国際主義よりも国家主義の方が，また人為的な国家主義よりも伝統的な民族主義の方が，結局より強靱だということでした．

しかし同時に，ソ連邦の経験は，一定の条件の下では，社会主義の「帝国」が相当長期にわたって民族主義の対立を抑制するということも示しました．ソ連時代にも，ユダヤ人問題は存在したし，バルト，カフカス，中央アジアなどの少数民族は，ロシア人に対抗する民族意識を有していました．地方の民族共和国においては，名目的にはトップはそれぞれの民族出身者でも，実権はロシア人が握るという政治構造も存在していました．しかし，全体としては諸民族の関係は尖鋭化せず，今日のチェチェン問題のような深刻な民族紛争は起きませんでした．バルカンや中欧では，冷戦終了後に民族問題が火を吹き，歴史的にハプスブルグ帝国などが果たした役割を見直し再評価する動きもあります．ハプスブルグ帝国，オーストリア＝ハンガリー帝国などの下では，中欧，バルカンの複雑な民族関係も，比較的落ち着いていたからです．今後世界各地で民族紛争が深刻になる可能性があるという状況のもとでは，「帝国」の歴史的功罪というものを，民族問題の観点から今一度考え直す動きも出るでしょう．

民族問題がかえって複雑化している今，自由主義陣営と社会主義陣営が対峙した冷戦構造のなかにおいて，相当長期にわたって国際関係が安定していたという事実をどう評価すべきかという問題もあります．冷戦終了後のこれからの国際関係が安定に向かっているのであれば，問題はありません．しかし，現実には，ユーゴ問題，東ティモール問題，インド・パキスタン問題等，国際関係はかえって複雑化しつつあります．米国の一極構造は，二極陣営の構造よりもむしろ脆弱で不安定なものとなりそうです．社会主義の崩壊によって，冷戦構造に代わる新たな安定構造を模索することが，21世紀の人類の切実な課題になったと言えるでしょう．

## 社会主義と文化，芸術

　文化や芸術の面において，20世紀の社会主義はどのような役割を果たしたでしょうか．文化や芸術というものは，本質的に科学や分析的な理性の次元に還元できない非合理主義の要素を含んでいます．というよりも，文化的価値，美や芸術のリアリティというものは，その根源において非合理なものであり，それを科学的，合理主義的な枠組みに押し込んだり，理性の範疇によってとらえようとしても，原理的にそれは不可能なのです．もちろん文化現象や芸術作品を実証的に分析したりや究明したりすることは可能だし必要でもあります．しかしそのような分析や究明とその文化的，芸術的な価値の創造やその理解とはまったく別次元の問題です．例えば，レンブラントの作品について，そのテーマ，制作の意図や心理，社会的背景や意義，制作技法，美術潮流などを科学的かつ綿密に分析することは可能です．また，そのような知識によって，レンブラントの専門家や鑑定家にもなれるでしょう．しかしそれは，レンブラントの作品の芸術的価値の理解とはまったく別次元の問題です．またそれによってレンブラントに匹敵する芸術を生み出せるわけでもありません．

　啓蒙主義の根本的な問題は，文化や芸術の価値をも，理性の規範によって合理主義的に，あるいは功利主義的に，理解し評価しようとしている点にあります．科学や合理主義の精神が，社会の近代化や産業化にとってきわめて重要な意義を有していることは言うまでもありません．しかしそれは，誤解を恐れずに言うと，文化や芸術の価値については，最終的には何も言えないのです．社会主義のイデオロギーは，しばしば「科学的共産主義」の名で宣伝されてきました．その文化政策の特徴のひとつは，あらゆる文化現象を科学によって解明できるとした科学信仰でもありました．また，他のひとつの特徴は，革命の目的の達成に，あるいは共産党の支配に役に立つか否かという観点から，すべての文化活動を功利主義的に評価した点です．文化

の価値は，それが革命や人民にどれだけ奉仕するか，実際には共産党支配にどれだけ貢献するかという観点から評価されました．

　これらが文化や芸術などの創造面で致命的であったことは，20世紀の社会主義が文化面では見るべき成果をほとんど生んでいないこと，むしろそれが真の芸術をしばしば抑圧したことからも明らかです．「社会主義リアリズム」あるいは「プロレタリア芸術」とか「民主文学」といった看板を掲げた芸術活動は，創造面では完全に失敗でした．

　もちろん，ソ連の芸術で成果を達成したものもあります．ひとつは，クラシック音楽やクラシック・バレエなど，ジャンルとしては社会主義以前に様式が確立されており，創造面よりも主として技術の完成に全力が注がれた分野です．このような分野には，国家が威信をかけて資金を投入し，特別に人材を育成しました．ちなみにこれは，ソ連や東ドイツ，その他の社会主義国がスポーツの分野で大きな成果を上げたのと似ています．もうひとつは，体制に抵抗しながら生み出された芸術です．パステルナークやソルジェニーツィン，ブーニンなどソ連人にはノーベル文学賞の受賞者が数名います．作家のブルガーコフ，詩人のアフマートワ，ツヴェターエワ，マンデリシュタム，演劇のメイエルホリドやリュビーモフ，映画のタルコフスキーなどとともに，彼らはソ連体制の弾圧のなかで必死に自らの世界を守り，またそのために弾圧されたり犠牲になったりもしたのです．

　私は1960年代から70年代のソ連に数年間生活しました．当時のソ連で私が親しくしていた知識人たちは，公式文化であるレベルの低い「社会主義リアリズム」は頭から軽蔑し，それにはまったく背を向けていました．彼らが夢中になっていたのは，先に述べた，体制に抗して創造活動を続けた作家や詩人，芸術家たちの作品です．それは，ソ連時代に「フォルマリズム」「ブルジョワ芸術」というレッテルを張られて否定された作品で，20世紀初めのロシア・アヴァンギャルド（前衛芸術）やモダニズム芸術の伝統を継ぐものでした．皮肉ですが，真の芸術を否定した社会主義は，結果的に心ある人々を真の芸術や精神文化に向かわせたのです．こうして，20世紀の社会

主義は，科学や合理主義の有効性とその限界についても，より明確な認識をわれわれに与えたのです．

社会主義と科学技術についても一言触れておきましょう．ソ連時代には唯物論のイデオロギーに従って，遺伝子より環境の影響の方が大きいとして従来の遺伝学を否定したルイセンコ学説が，遺伝学や生物学などに致命的な打撃を与えたことはよく知られています．これは科学をイデオロギーによって支配しようとして失敗した典型です．一方で，宇宙開発や軍事技術，物理や自然科学の基礎研究の面ではソ連は大きな成果も上げています．数学や理論物理学，コンピュータのソフトといった理論の分野では，社会主義国は優秀な人材を生んでいます．宇宙開発や軍事技術は，体制の存続をかけた競争という状況の下で，国家が威信をかけて，金に糸目をつけず最も有能な人材を集めて自由に研究をさせた分野です．あるいは数学や理論物理学などは最新設備の不要な理論の分野です．しかし，産業技術の分野では，競争原理が機能していない社会主義国はいずれの国でも，技術開発もその応用も惨憺たる状況に陥りました．

このように，市場原理と国家管理のメリット，デメリットについて，文化や科学技術の分野に関しても，社会主義の実験は具体的な観念をわれわれに与えてくれました．

## わが国における社会主義の影響

わが国においては社会主義はどのような影響をおよぼしたでしょうか．1920-30年代の日本の知識人や労働運動に対して，マルクス主義とソ連社会主義はきわめて大きな影響を与え，社会主義運動の高揚に対しては，当局は酷しく弾圧しました．社会主義者たちは投獄され，弾圧の中で多くの者が社会主義思想を捨てて「転向」もしました．終戦時まで投獄されていた少数の社会主義者は，進駐軍によって解放され，国民からは英雄として迎えられました．1960年ころまでは，わが国でも共産党やその影響下の全学連などは，

本気で社会主義革命を考えていたのです．わが国の共産党や社会党は長年，あるいはソ連の，あるいは中国の強い影響下にありました．これら左翼政党と密接な関係のあったわが国の総評，日教組，その他の労働組合や学生運動も，また多くの知識人たちも，当然のことながら直接，間接にソ連や中国の影響を強く受けました．

1960年代初めまでは，ソ連や中国の社会主義については，美化された宣伝情報は氾濫していましたが，その実態は正確には知られていませんでした．そこで，左翼政党や総評，日教組などの労働組合をはじめ，多くの知識人が社会主義国を美化し，それを民主勢力，平和勢力とみなしたのです．当然のことながら，彼らの政治感覚も観念的で，リアルな現実感覚を欠いたものとなりました．

日本の社会主義者やいわゆる進歩的知識人が，戦前の日本の封建主義，国家主義，軍国主義，対外侵略などを批判してきたことに一定の評価をすべきだとする見解もあります．たしかに，日本を破局に導いた軍部の横暴や独走，アジア諸国に対する日本の侵略などについては，きちんとした批判や歴史認識が必要です．自国の過去については冷静に認識し，評価すべき点はきちんと評価し，批判すべき点は謙虚に批判しなくてはなりません．

ただ，社会主義者やいわゆる進歩的知識人の政治感覚が非現実的で観念的であれば，その歴史認識もやはり非現実的で観念的となってしまいます．したがって，このような観念的な立場から過去の軍国主義や侵略をいくら批判したとしても，その批判はリアリティを欠如したものとならざるを得ません．悪貨は良貨を駆逐するといわれるごとく，そのような観念的な批判は結局真の批判をも排除し，かえって右翼的な歴史認識を結果として温存することになります．こうして，江戸時代から明治そして今日に至るわが国の歴史を，その豊かさと問題点を，社会主義思想も進歩主義的な歴史観も，客観的に評価することはできなかったのです．

西欧諸国と違って，戦後わが国では自民党の長期政権が続き，政権を担当し得るような野党も社会民主主義政党も生まれませんでした．それは，現実

的な政治感覚を有する野党が存在しなかったからです．ソ連崩壊後に社会党の村山政権が成立しましたが，これはただ政権の確保だけを目的とした自民・社会両政党の連立政権であり，その無原則性により社会党は野党としての存在価値さえもなくして，一挙にその影響力を失いました．その結果，1998-99年の中央，地方におけるいくつかの選挙では共産党がかつての社会党支持票までも集めて支持率を伸ばしました．これが，社会主義そのものへの支持ゆえでないことは言うまでもありません．

　わが国においても，社会主義運動が体制や権力への唯一の批判勢力として果たした役割をどう評価するかは，議論のある問題です．わが国でも，「神話化された社会主義」が，国民の生活向上や福祉の向上に一定の役割を果たしたことも事実です．しかし，振り返って総合的に考えると，社会主義の遺産を肯定的に評価することはできないでしょう．

◆参考文献

　　マルクス，エンゲルス，大内兵衛・向坂逸郎訳『共産党宣言』（岩波文庫，改訳版，1971年）
　　猪木正道『ロシア革命史』（中公文庫，1994年）
　　袴田茂樹『ソ連―誤解をとく25の視角』（中公新書，1987年）
　　袴田茂樹『沈み行く大国』（新潮選書，1996年）

# 変貌するヨーロッパ

押村 高

## はじめに

　タイトルは「変貌するヨーロッパ」ですが，変貌はヨーロッパに限ったことではありません．それどころか，世界的な視野から見た最近の変化の特徴は，残念なことにヨーロッパの比重が低下していることではないでしょうか．80〜90年代に，アジアが急成長を遂げました．通貨不安で自信がかなり揺らいでいますけれども，世紀の変わり目にきて，アジアの存在感はヨーロッパに匹敵するものになりました．米国も，経済がすこぶる好調で，往年の勢いを取り戻しつつあります．

　私も，様々な場面でヨーロッパの価値の低落を経験します．たとえば政治学会で，ヨーロッパ研究者は年々，米国研究者，アジア研究者に比べて影が薄くなっています．また，お気づきかもしれませんが，本屋を覗くと，大型店だったらアジア・コーナーを必ず設けていますが，ヨーロッパ・コーナーはなかなか見当たりません．日本の企業も，80年代であればロンドン，パリ，デュッセルドルフ，ミラノなどに駐在員を配置しておりました．しかしここ数年は，ロンドンとベルリンだけにして，浮いた分をアジアにまわす企業が多くなったと聞きます．EU誕生で窓口が一本化され，英国とドイツの動きさえ押さえておけば十分だという読みなのでしょう．

　ヨーロッパの比重の低下は，否めない事実であります．にもかかわらず私は，日本のお手本が米国ではなくヨーロッパであるべきだと，依然として考

えております．なぜならば，ヨーロッパが，日本と同じように伝統を持つからです．米国は移民による人造国家ですが，ヨーロッパは中世，古代の遺産を受け継いでおります．その伝統を持つ国が，他国の言語・文化・伝統を尊重しながら共通の目的を追求するという，ヨーロッパが数世紀をかけて学んだスタイルですね．これは，超大国米国には望むべくもありません．伝統を誇る日本が，ヨーロッパのこのスタイルを見習い，アジアにおいて主導的な役割を演ずべきだと私は考えております．

そういう意味で，ヨーロッパが来るべき世紀にどこへ向かうのか，とくにEU（欧州連合）に焦点を定めてお話しさせていただきます．とはいえ，私は未来学者ではありませんので，「この問題は必ずこうなる」という予測は差し控えます．ヨーロッパの21世紀，EUの21世紀を展望するさいに踏まえるべき前提，背景，トレンドとはいったい何なのか，その辺にスポットライトをあてて話を進めましょう．

## EUの誕生はなぜ画期的なのか

最初に，欧州の変動とEUの登場が歴史において持つ意味合いを，検討してみたいと思います．

EUが画期的である理由の一つは，国民国家を超えた枠組みを作るという「意欲」でありましょう．経済国境，情報国境が無意味になりつつある現代ですけれども，国民国家体系を樹立した張本人であるヨーロッパが，主権を委譲し，制限し，あるいはプールしながら，一つの異次元の共同体を生み出そうとしています．主権というとやや抽象的になりますが，通貨を発行する権限，あるいは国土を防衛する権限，裁判を行う権限などを指します．これらの権限は，その国の魂だと考えられました．他国民はそこに干渉してはならないというのが，内政不干渉の原則です．しかしヨーロッパは，その金言を覆す試みを始めています．

EUの現在の形態はユニオン，つまり超国家組織と呼ぶべきものです．各

国政府の代表が外交の場で話し合いをする政府間組織とは違って，はっきりと国家を上回る権限を持つものとしてユニオンは存在します．EUはまだ，米国ほど完全なユニットではなく，「補完性の原則」を持つ多極共存型コンフェデレイション（国家連合）のままです．しかし，この先いろいろなヴィジョンが描かれています．デハーネ報告が提言したように「多数決」の案件を増やし，集権性を強めてフェデレイション（ヨーロッパ連邦）までもっていこうという案もあります．さらに，強力な中央政府を設け，米国に倣って欧州大統領を選ぼうと考えている人もいます．現在，ユニオンの人口が15カ国でほぼ3億7,000万．GDPは7兆ドル，世界のほぼ3分の1に相当します．将来地中海や東欧に拡大すると，人口が5億に及ぶともいわれます．

　もちろん，超国家組織とはいえ「所詮は国益のぶつかり合いではないか」というシニカルな見方をする人もおります．EU関連の文献を紐解くと，「ドイツとフランスの綱引き」，「英国とフランスの駆け引き」という裏話が出てきます．しかし，アジアにとって政治統合が「夢のまた夢」であることを考えると，ヨーロッパの実験は羨望に値します．なるほどアジアでも，経済的な相互依存が深化しています．けれども，民主国あり，権威主義国あり，全体主義国ありという具合に体制がバラバラで，政治統合は不可能です．しかしEUは世界に先駆けて，それを成し遂げようとしている．ある意味では，ローマ帝国，シャルルマーニュ王国，ハプスブルク朝も，超国家組織でありました．しかしこれらは，少数民族を同化，吸収しながら拡大する「デ・ファクト」な覇権を越えるものではありません．EUの場合は，各国があくまでも自主的に権限を委譲し，国家を超えるコミュニティーを作ろうとしてい

---

**キーワード**

補完性の原則：構成国単位で処理したほうが効率の得やすい問題は構成国が管轄し，EU単位での目的達成がより効率的である領域においてのみEUが関与する，という原則を指す．マーストリヒト条約でEUの基本方針として謳われ，EUとくにブリュッセルの官僚権限肥大化に対する「歯止め」としての役割を期待されている．

ます．

　二番目は，経済のグローバル化に対する「主体的な対処」がEUであったという点です．グローバリズムの波に翻弄されるだけでなく，うねりを作る主体としてそこに参画する．そのための手段が，経済国境線の廃止であり，市場統合です．もともとEC統合には，米国，日本，あるいはアジアの新興工業国との経済競争に勝ち抜くという狙いがありました．さらに，EC統合の背景に，ここ20年来のヨーロッパ人の意識変革があったことは無視できません．かつてヨーロッパ各国は，文化の優秀さを売り物にしてきました．しかし，これからの世の中，やはり経済が強くなくては，科学技術が一流でなくては生き残れないという認識を，ヨーロッパ人たちが持ち始めました．

　たとえば，フランス人は最近しきりにアダプタシオン（adaptation）を口にします．変化に適応する，周囲の環境に順応するという意味のこの言葉を，企業家，政治家が好んで使っております．これはわれわれにとっては，非常に奇妙な現象に映ります．昔からヨーロッパとくにフランスは誇り高い国で，「世界が自分を見習うべきだ」と考えていたからです．たとえばド・ゴールは，日本の首相を「トランジスタ商人」と言って軽蔑しました．経済しか能のない，文化的なものを尊重しない国だとみなしていたわけです．しかし今や，アジアや米国に追い付かなければいけないという意識を，ヨーロッパが抱き始めている．実際，ヨーロッパで，資本収益性，生産性という用語を新聞で見掛けない日はありません．市場競争に持ち堪え，経済を再活性化していくことを，そのように言い表すわけです．悪く言うと，そのためには「なりふりかまわぬ」という面もなきにしもあらずです．

　EUの誕生が画期を成す出来事である第三の理由は，冷戦終結後の米国一極支配の中で，名実ともに米国に対抗する勢力が出現したということです．別な言い方をしますと，ヨーロッパは，アイデンティティを米国と違ったところに，あるいは米国とのカウンター・ヴェイリング・バランスの中に見出し始めている．冷戦の時代に西ヨーロッパは，米国の同盟勢力でありました．共産主義という共通の敵がいたわけですから，同盟関係は揺るぎないものだ

と考えられました．けれども冷戦が終結し，米国は一人勝ちを背景に，外交，安保，国際会議で自己の主張をごり押しする．ヨーロッパ人から見て，目に余る振る舞いが，いろいろと見られるようになりました．

たとえば，WTO その他を舞台とする経済交渉で，EU は，金融・貿易の完全自由化・規制緩和を柱とする米国のウルトラ・リベラリズムを，文化保全・農業保護・社会システム維持の立場から牽制しています．また，査察拒否にともなうイラク危機のさいに，米国は力と正義に訴え，空爆によって相手を屈服させるというヴィジョンを持ちました．それに対して EU は，足並みの乱れを見せながらも，米国を諫めました．あるいは，みなさんもご記憶だと思いますが，1997 年の温暖化防止京都会議におきましては，EU が，温室効果ガスの最も高い削減目標，数値目標を掲げました．15 カ国が，あらかじめ環境担当大臣理事会を開いて削減案を一本化した上で，京都に乗り込んできました．これからも EU は，米国，日本との競合関係を第一に考えて，対外戦略を展開してくるでしょう．

以上の三つが，EU から目が離せない主な理由であろうかと存じます．これらの三つの意義を踏まえた上で，本論として，21 世紀の EU がどこに向かうかについて，少し具体的な話に移りましょう．

## 社会民主主義復活の意義

1999 年の 1 月 1 日から，ヨーロッパは「ユーロ」という統一通貨の流通を開始させました．当初は銀行間取引，資本取引に導入して，2002 年には市中に流通させ，各国家が現行の通貨，貨幣を回収する，そのようなスケジュールで動いております．単一通貨の必要性は，かなり以前から認識されていました．人，モノ，カネの移動の自由は達成されましたが，国境で通貨が変わるという不便が解消されなかったからです．われわれもヨーロッパを旅行して，同じ思いを持つわけであります．ある人が 100 マルク持って 15 カ国を巡り，各国で両替をこころみたところ，手数料で 50 マルクに目減りし

たというエピソードがあります．その不都合をなくす必要から，さらにはドルとならぶ機軸通貨を持ちたいという強烈な願望から，通貨統合へ進むことになりました．

1998年5月のブリュッセル臨時首脳会議で，参加国が決定しました．15カ国が発足時に漏れなく参加したわけではありません．英国，デンマークは世論の反対を考慮して，しばらく参加を見合わせます．スウェーデン，ギリシアは条件を満たせず失格です．もっとも英国は，ブレア首相が2002年，つまり次回の総選挙の後に国民投票で決着し，保守党のユーロ・スケプティックを抑えて早期に加盟を実現したいと語っております．ともあれ，1998年6月1日，準備作業として欧州中央銀行（ECB）がフランクフルトに設立されました．初代総裁は，ドイセンベルクというオランダ人です．このように，念願の通貨統一は，ある意味でいえば既成事実化しています．しかし反面，通貨統一が，少なからぬ犠牲を生み，しかも多くの問題を先送りする口実になっていることも事実です．

EU各国には，通貨統合に参加するための厳格な条件が課されました．新生通貨はドルに匹敵する強い通貨でなければ意味がありません．そこで，通貨価値を維持するために，インフレ傾向を抑制させようとしました．他にもいろいろな基準がありました．たとえば，財政赤字をGDPの3%以内に，政府債務の残高をGDPの60%以内におさめなければなりません．そのハードルをクリアするために，各国は血の滲む努力をしました．ユーロ参加という大義名分を振りかざし，無理やり国内改革を断行したという方が実情に近いでしょう．

西ヨーロッパ各国は，60年代，70年代以降，放漫な福祉政策を布きました．そのツケで，財政が破綻しかかった状態にありました．そこで，外圧を利用して福祉予算をカットする，あるいは効率の悪い国営企業を民営化し合理化するというやり方で，基準を達成しようとしました．がたがたエンジンのおんぼろ車に，金メッキを施したようなものだと悪口を言う人さえおります．町でカーレースがあるので，とにかく「スタートだけは一緒に切ろう

や」と，外見だけ繕ってスタートラインに引きずっていった．とくに「みなし合格」のイタリアとベルギーは，新生通貨の足を引っ張るのではないかと懸念されます．

参加条件達成への全力投入によって，いろいろな問題が先送りされています．その一つが失業であります．公的セクターを整理，合理化したため，雇用状況が悪化してしまった．先日，日本で失業率が5％の大台に近付いたという見出しが新聞に出ておりましたが，ヨーロッパ各国では10％が当たり前です．EU全体の平均をとっても，失業率は10％前後であります．国によっては30％以上の若者が失業しているところさえあります．その問題にどう対処するのか，これはEUの21世紀を占う上で，非常に注目すべき点だと思います．

もちろん，EUも腕をこまねいているわけではありません．この問題には，「公式の」楽観論があります．高失業は通貨統合までの生みの苦しみであって，ユーロ始動後に解決に向かう．現在，GDPの0.5％相当額が，両替手数料や為替リスクをカバーする費用として消えています．通貨統合が軌道に乗りそれらが無くなれば，無駄のない労働市場ができる．あるいは市場が活性化され，競争が盛んになり，生産性が上がる．ユーロのメリットとしては，他にも考えられます．通貨統合によって，高金利国は低金利国に合わせざるをえなくなるわけですから，全体として金利が下がる．そうすれば投資が生まれ，仕事も雇用も増えるではないか．実際にユーロ始動後すぐ，僅かですが金利低下が確認されております．

ただし，このメリットは，実業家，企業家には理解できても，市民にはいま一つぴんときません．なぜかといいますと，通貨統合の結果，一国単位で完全雇用政策，雇用管理を行えなくなることが確実だからです．つまり，各国は，保護主義的な政策を断念しなくてはならない．本来，そのような問題の解決法としては，各国が地道に取り組む以外にはありません．しかし，通貨統合によって，ただでさえ少ない持ち駒を奪われてしまう．1996年にヨーロッパに滞在して得た印象ですが，ヨーロッパ人には，グローバル化がむ

しろ雇用問題を悪化させると深刻に考えている人が大勢います．

そこで現在，社会民主主義という政治勢力が復活を果たしております．つまり全体としては，自由化，グローバリズムの中で市場競争力を強める方向に向かってはいますが，政治的にはそれに冷水を浴びせる社会民主勢力が台頭している．英国では，1997年の総選挙で労働党が勝利しました．すぐ後に行われたフランス総選挙で，社会党が政権を奪還しました．ドイツでは，1998年9月の総選挙で，社会民主党が16年ぶりに政権を奪還しました．EU15カ国でも，実に13カ国で社民勢力が政権に加わっている．これらの勢力は，国有化や混合経済を主張したかつての社民政党とは違います．しかし，それにしても，なぜいま社会民主主義なのでしょうか．失業の放置，福祉の切り捨てに対する国民の不安が，そういう形で表出しているといえます．さらにいえば，民族政党，極右政党も，そのような不満を吸収しつつ台頭しています．

1997年6月，マーストリヒト条約を部分的に修正したアムステルダム条約（新欧州連合条約）が採択されました．この条約において，雇用問題にどう取り組むのか，EUが一つの回答を出しました．高水準の雇用確保を条約の中に謳い込んだわけです．くわえて，競争激化で労働条件が悪化しないように，社会政策の協力体制の強化をも申し合わせました．しかし，内容は総論的なものばかりで，具体的に何をするかは盛り込まれておりません．さらに共同対処の姿勢を示すため，EUは1997年の11月に，ルクセンブルクで臨時の首脳会議まで持ちました．これは別名「雇用サミット」と呼ばれるものです．けれども，伝統的に用いてきた雇用創出の方法が国によって食い違い，ここでは意見の調整ができないということになりました．

具体的に申しますと，フランスで雇用対策の切り札は，一人当たりの労働時間を短縮して，みんなで痛みを分かち合うというものです．国内では成果を上げてきました．けれども英国は，労働市場を完全に自由化して，効率的で柔軟な労働力を生み出す方針です．一方ドイツには，マルクという国際評価の高い通貨があり，ドイツ人は，統一通貨ユーロがマルク以上に強くなけ

ればならないと考えています．したがって雇用とか福祉とかの足枷をはめられることを，極度に恐れている部分があります．そういった思惑の違いが表に出て，共同歩調がとれなかった．これは21世紀まで積み残された重要な問題であります．

ヨーロッパ人は米国経済のことを，よく「野蛮な市場主義」と形容します．収益性を高めるために弱者を切り捨てるという立場を指すわけです．そういうものに代わる，「文明化された市場主義」，つまり労働者の権利を守りながら，労働組合の理解を得ながら競争力をつけていく方向を，英国で労働党のブレア，フランスでは社会党のジョスパン，それからドイツで社会民主党のシュレーダー，この3人が打ち出してくるかもしれません．ミッテラン，ドロール，コールをEU深化の功労者だとしますと，この3人は，ある意味で21世紀EUの舵取りであります．この役者たちがどのような雇用政策の「ヨーロピアン・モデル」を打ち出してくるのか，興味が沸くところです．

## 拡大，民主化とどう取り組むか

EUの行方を占う上で第二の大切なポイントとして，機構あるいは組織にまつわる問題を指摘したいと思います．おそらく，21世紀の早い段階で，EUが新規加盟申請国を迎え入れ，東に拡大していく動きがみられるはずです．さらにEUは，トップダウン型の意志決定方式を民主化し，市民のイニシアティブを取り込むという課題と，本格的に取り組まざるをえなくなります．

マーストリヒト条約の中に，「ヨーロッパのすべての国は，連合の加盟国となるべく申請することができる」という一文がございます．EUの指導者たちは，EUを排他的な機構にはしない，世界のブロック化を引き起こしかねないEUの自閉化を避ける，という申し合わせで進んできました．冷戦の間は，西欧と東欧には明確な境界があって，ECはNATOの経済版つまり東側に対抗する組織でもあったため，さしたる問題は起きませんでした．け

れども、東欧の民主化が進み、旧共産圏の国々がEUに加盟申請をしております。現在加盟交渉を継続している国は、チェコ、ハンガリー、ポーランド、スロベニア、エストニア、キプロスであります。第二陣としては、ルーマニア、ブルガリア、スロバキア、ラトビア、リトアニア、マルタ、トルコの名が挙がっています。トルコの場合は、民主化が不十分かつキプロスのギリシア系政府との対立が原因で、交渉が難航しそうですが、残りの12カ国に関しては、21世紀の早期に加盟が叶うでしょう。

けれども、EUを無制限に拡大するわけにはいきません。そこで問題になるのが、半ばヨーロッパで半ばアジアに位置するロシアです。エリツィン大統領は、ロシアも将来EUに加盟したいと語ったことがあります。しかしロシアまで加盟を希望することになれば、EUの理念や性格に、あらゆる面で重要な変化が起こってきます。まず、中欧、東欧の国々すべてとロシアが加盟すれば、農業専従者が大幅に増加してしまう。東西格差という問題が起きるでしょう。次に、人口（1億5,000万）の面でもパワー・バランスの面でも、ロシアが突出してしまう。常識的に、ヨーロッパの地理上の範囲は「大西洋からウラルまで」といわれています。しかしその常識は、ロシアが加盟を申請する根拠にもなりますし、EUがロシアの加盟申請を却下する理由にもなります。いずれにせよ、いまのところは現実味が薄いとはいえ、21世紀に必ず噴出するのは、ロシア問題でありましょう。

かさねて、拡大にさいしては、より具体的な問題があります。EUはこれまで、共通農業政策を遂行してきました。農業補助金を使って、おもに牛肉や乳製品を、価格安定のため買い支えるという政策を採ってきました。ただ、財政面からみると、EU予算の6割がこの農業補助金で消えていくという有様です。かりに、農業従事者の多いポーランド、ハンガリー、スロベニア、しかも生産性が非常に低いこれらの国が加盟しますと、財政を今まで以上に圧迫することは間違いありません。そうでなくとも、ヨーロッパのルポルタージュは、この農業補助金の無駄遣いを批判していました。デンマークの農家が、補助金による高収入のお陰で、フィアットをメルセデスに乗り換える

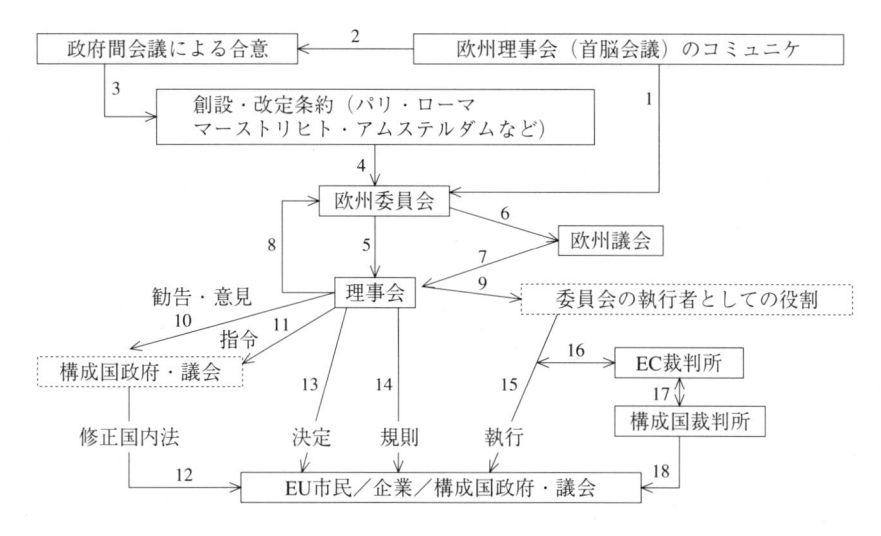

```
政府間会議による合意 ←―2―― 欧州理事会（首脳会議）のコミュニケ
     │3
     ↓                                              │1
  創設・改定条約（パリ・ローマ                        │
  マーストリヒト・アムステルダムなど）               │
     │4                                              │
     ↓         ―――6――→                            │
    欧州委員会 ←――――――                 欧州議会     │
   8 │ 5   ―7→                                      │
     ↓   ―9→ 委員会の執行者としての役割
    理事会
  勧告・意見
   10   11
  ┌―――――┐ 指令
  │構成国政府・議会│              16   EC裁判所
  └―――――┘           13  14  15    17↕
   修正国内法           決定 規則 執行   構成国裁判所
    │12                                        │18
    └――→ EU市民／企業／構成国政府・議会 ←――
```

出所：B. Graham (ed.), *Modern Europe* (London : Arnold, 1998), p. 154. に基づき作成した．数字はおおよその時間的順序である．

図　EUにおける政策決定のプロセス

ことができたというものです．そこでEUは，農業補助金を見直す方向で検討に入っています．それを改革しないと，拡大できないことになります．

　次に，民主化という課題があります．現在のEUの意志決定方式は，官僚主導型です．ユーロクラット（ユーロ官僚）と呼ばれる人たちがおります．ブリュッセルで働く1万6,000人余りの官僚を指します．組織の頂点が「欧州委員会」で，委員長は1999年の委員不祥事をきっかけにサンテールからプロディにバトン・タッチされました．国内でいえば閣議にあたるこの委員会は，委員長を含め20人で構成され，重要な案件のほぼ全てを処理します．さらに細かく申しますと，ユーロクラット，欧州委員会が法案を作成，発議し，それを，案件に関わる各国の大臣で構成される「理事会」が，最終的に議決，採択します．農産物のごたごただったら，農業担当大臣ですね．これが意志決定の方法であります．くわえて，EUの根幹に関わる案件については，首脳会議がもたれます．

　もちろん，「欧州議会」と呼ばれるものがあります．5年に1度の直接選

挙で選ばれ，15カ国の人口に比例する形で議員数が割り当てられる．議員定数は626です．ところが欧州議会は，基本的に単独で立法することができません．この議会は何のために存在するかというと，理事会と共同決定し，法案に同意を示し，また拒否権を行使するためです．あるいは諮問に対し，答申を行う．勧告を発する．しかし，これらの権限も，案件に制限が設けられています．要するに，現在のEUの統治機構は，国内の政府に相当するのが欧州委員会，立法機関に相当するのは，欧州議会よりむしろ理事会なのです．当然のごとく，市民のイニシアティブを重視せよという要求，あるいは政策決定の透明性を高めよという要請が，生まれてくるわけであります．1997年のアムステルダム条約では，若干の改善がみられました．たとえば，同意できる案件，共同決定できる案件の範囲が拡大されました．

　もっとも，誤解を招かないように申し上げておきますと，EUが非民主的だということではありません．先ほど述べた委員会メンバー20人の選び方を例に取れば，EUは小国を優遇するという方針を貫いています．15カ国にまず1名ずつ割り当てる．すると，5つ余りますから，それを改めて大国ドイツ，英国，イタリア，フランス，スペインに配分する．したがって，非常に興味深いことなのですが，ドイツは，人口が8,000万なのに委員を2人しか出せない．しかし，ルクセンブルクは，人口が40万でも委員1人が保証される．民主制には連邦的民主制と多数決民主制がありますが，前者の意味からいえば，EUは未来を先取りするほど民主的であります．問題として残されているのは，意志決定プロセスの透明化，委員会の監視，市民参与の拡充なのであります．しかもEUは，この「民主制の不足」(democratic defi-

―― キーワード ――

民主制の不足：これまでのところ，委員会，理事会といったEUの決定機関は，EU市民の意思を十分に汲み上げるには至らず，さらにEUの政策過程は，一般に西洋民主主義国で要求される透明性やアカウンタビリティーの水準を満たしていない．この民主制の不足は，一般市民のEUへの期待値の低さ，欧州議会議員選挙の棄権率の高さなどの原因でもある．

cit）を，効率性や連邦主義との両立を図りながら解決していかねばなりません．

## 外交，安全保障のアイデンティティ確立

　三番目の問題です．EUが一つのユニット，世界の一極を成すのであれば，やはり外交，安保を共同で処理できる状態にもっていかなくてはだめでしょう．ところが，いろいろな障害があって，共通外交・安全保障政策は半ばしか達成されていない．安保，防衛の問題について言いますと，EU 15カ国に重なる同盟組織は，まだ存在しません．ヨーロッパには現在，複数の同盟枠組みがあります．その一つがWEU（西欧連合）で，ベルギー，フランス，ドイツ，ギリシア，イタリア，ルクセンブルク，オランダ，ポルトガル，スペイン，英国の10カ国が加盟しております．しかし，残りの5カ国は正式には入っていない．もっと広い枠組みとしては，NATOが有名です．ヨーロッパ以外に，米国やカナダが加わっています．この二つ以外にも，最も包括的なOSCE（全ヨーロッパ安全保障協力機構）という枠組みがあります．デンマークの例で考えますと，NATOに加盟していますが，WEUではオブザーバーです．EUの中でも，中立でならしたオーストリア，フィンランド，スウェーデンは，NATOにもWEUにも正式加盟していない．要するに，EU全部を包み込む同盟が，まだ未組織なのであります．
　なぜ，未組織なのか．これは，なかなか複雑な問題です．一つは，欧州の安保が，米国抜きには成り立たないという事情がある．いま一つは，WEU

―― キーワード ――
**WEU（西欧連合）**：1955年，再軍備後の西ドイツを取り込む必要から，欧州の防衛共同体組織として7カ国により発足したが，冷戦中はNATOの影に埋もれほとんど活動していなかった．EUが「アメリカ離れ」を進めた80年代後半，共通防衛政策の柱としてWEUを再活用すべきという案が浮上し，21世紀のEU独自の防衛を担う組織として期待がかけられてきた．

を重視したいフランスやドイツと，NATOそして米国との協調を重視する英国の間に，路線の対立があり決着がつかない．フランス，ドイツは，欧州だけで防衛を組織する可能性を模索してきました．英国を除けば，EUの中で核を保有する国はフランスしかない．だから，フランスは，その核を「欧州の核」にして米国に対抗できる防衛組織を作る構想に拘り続けています．しかし米国は，世界を潜在的戦場と考え，戦略を展開できる手段としてヨーロッパを残しておきたいので，ヨーロッパが親元（?）を離れるのを快く思わない．この点での最近の重要な変化は，1998年にブレアが「EUが独自の軍事行動能力を持つべきである」と発言したことでしょう．21世紀にWEUがEUに吸収されるかどうか，目の離せないところです．

安全保障にまつわるいま一つの論点として，「安全」の意味内容の変容も軽視できません．これまで西ヨーロッパ各国の安全保障政策は，東側との戦争を想定して展開されました．けれどもヨーロッパ内での国家間戦争の可能性は，著しく減少しました．あるいはEU周辺国と，ロシアとの戦争の可能性も，かなり減少しました．国家間戦争の代わりに国民の安全を脅かすものとして現れたのは，テロ活動です．地中海対岸や中東には，独裁者が君臨する「テロ国家」のネット・ワークがあるからです．さらに，安全にとって深刻な問題は，不法移民と，それにともなう治安の悪化でしょう．EUを拡大すると，当然，国境も広くなるわけですから，これまで以上に，神経を使わざるをえなくなります．たとえば，北アフリカからイタリアやスペインにとりあえず上陸して，そこからフランスやドイツに移動するというパターンが考えられる．あるいは，ポーランドが加盟したら，ロシア，ベラルーシ，ウクライナからポーランドづたいに大量の移民が押し寄せる可能性もあります．

そこでヨーロッパの安全保障は，戦争という「最悪の状態」を回避するという考え方から，いかにして市民の暮らしを不法移民，テロ集団，核の拡散，ハイテク・ゲリラのリスクから守るかという方向に転換していくでしょう．この場合は，むしろ，警察，内務，司法の協力，裁判所の迅速な連携などが要となります．こういう仕事を司る機関として，ユーロポール（欧州警察機

構）が存在しますが、その活動を充実させて、警察・司法協力のレジームを作る作業に早急に取り組まないと、EUの治安に空白が生まれる恐れがあります。この点で、1999年10月のEU首脳会議は、大きな成果をもたらしました。つまり21世紀に向けて、EUが、国際的な組織犯罪の取締のための検察ネットワークを設置することを申し合わせるところまでこぎ着けたからです。

さて、外交面でヨーロッパはどのようなスタンスを採っていくのでしょうか。人権の擁護、地球環境の保全、途上国への開発援助や技術支援、公正な世界市場の実現。こういう問題に関しては、共同歩調をいっそう強めることになりましょう。EUは結束を固め、理念を掲げて、実用主義米国と対抗する勢力ユニットになりつつあります。G7蔵相・中央銀行総裁会議構成国の半数以上がヨーロッパでありますから、将来G3に改めようという案もあります。サミットの場合は、各国の政治家の「晴れ舞台」であるという理由から、なかなかそうはいかない。しかし、それ以外の先進国による会合を、三つの主体によって構成し、効率化をはかろうという動きもみられるわけであります。さらに、共通通商政策でも、EUは70の途上国とロメ協定を結んでおります。開発援助を行い、EUの市場にアクセスすることを許すのと引き換えに、人権状態の改善要求を突き付けていく。このようにして、EUはますます、統一された主体として立ち現れるでしょう。

ただ、問題はその先であります。たとえば派兵だとか軍事負担だとか、そういう出血をともなう問題に対して、EUの中が必ず割れる。記憶に新しいのは、旧ユーゴ紛争、アルバニア危機、それから先ほどご紹介したイラク危機です。いずれもヨーロッパの対応はバラバラでした。イラク危機の場合は、軍事制裁を主張した米国に、当時議長国であった英国が同調しました。議長裁量でEUの支持という形にもっていきたかった。スペインも支持を表明した。けれども、フランス、オーストリア、スウェーデンから非難がきた。フランスは、あくまでも外交努力で解決すべきだという慎重論を貫きました。ロシアも中国も空爆には反対でしたから、フランスはEU外と連携した。

コソボ空爆でEUは例外的に共同歩調を取ったとはいえ，このようなEUの不協和を，機構的，制度的に克服しなければなりません．先ほどご紹介したアムステルダム条約では，僅かばかりの改善が見られました．全会一致ではなく，多数決で決定できる案件を拡大しました．また，賛成した国だけが義務を負担する「建設的棄権制」を導入します．閣僚理事会に事務総長を設けて，対外的な「上級代表」の役割を付与し，かつてNATOの事務総長だったハビエル・ソラナを就任させました．さらに，平和維持活動を独自に行うための「緊急対応部隊」の創設に合意しました．しかし，共通外交・安全保障政策へ向けてのさらなるステップは，21世紀の課題でしょう．

## 危機を取り込むダイナミズム

　最後に，21世紀ヨーロッパをどう見るかに関連して，フランスの知人が語った非常に印象深い言葉を，ここでご紹介したいと思います．第二次世界大戦よりヨーロッパの激動に立ち会ってきたその知人によると，「ヨーロッパは危機によって進歩する」．日本人には縁遠い発想だと感じました．実際，アジアはいま混迷の度を深め，絶望感すら漂っています．実は，ヨーロッパでも，1992年，93年に深刻な通貨危機が起こり，EUは絶望だという声さえ聞かれました．そのような危機をバネにして，現在のEUがある．そのことを彼は「危機がヨーロッパを前進させる」と言った．尻込みせず危機を取り込むというダイナミズムこそが，ヨーロッパの精髄なのでしょう．

　おそらくそれは，ヨーロッパが高度な文明の複合体であることに起因するのだと思われます．つまりヨーロッパは古典古代より，ギリシア的なるもの，ゲルマン的なるもの，ラテン的なるもの，そしてスラヴ的，ケルト的，ユダヤ的なるもの……そういった諸文化を融合させ，一つのハイブリッドな叡智，適用範囲の広い疑似普遍性を作り上げた．その延長に，EUという発想があったのではないでしょうか．表層だけを見て「文明の衝突」を喝破する学者もおりますが，EUの事例は逆に，危機や衝突の向こうに文化融合があるこ

とを示唆している．わが国も，これからアジアの地域協力で主導的な役割を演じようとしています．伝統ある国が，「他国の伝統」を尊重しながら共生以上の成果を生み出していく．やはりヨーロッパに学ばなければならない，と考えるゆえんです．

### ◆参考文献

田中俊郎『EU の政治』（岩波書店，1998 年）
村田良平編『EU―21 世紀の政治課題』（勁草書房，1999 年）
渡辺亮『改革の欧州に何を学ぶか』（中公新書，1999 年）
Jeremy Richardson (ed.), *European Union : Power and Policy-Making* (Routledge, 1996)
Alice Lanau and Richard G. Whitman (eds.), *Rethinking European Union : Institution, Interests and Identities* (MacMillan, 1997)

# 第IV部
# 歴史の教訓

ラトビア共和国の首都リガで，前夜の共和国
指導部決定により引き倒されたレーニン像

ロイター・サン・毎日提供

# 戦争の起源

両大戦を比較して

池 田　清

## ヨーロッパ協調

　20世紀を概観しますと、第一次・第二次両世界大戦ともドイツ問題が中心であります．この事実は、20世紀のヨーロッパが、強大なドイツを受け入れることができなかったことを証明しております．第一次世界大戦は、民族のモザイクであるヨーロッパにおける内乱の第1ラウンドであり、第二次世界大戦は第2ラウンド、さらに冷戦は第3ラウンドであったと概略できます．

　ではなぜ「内乱」という言葉を私が使ったかと申しますと、ナポレオン戦争以降のヨーロッパの国際体制は、普通、「ヨーロッパ協調」(Concert of Europe) という言葉で言いあらわされております．歴史的に言いますと、1815年にロシア、オーストリア＝ハンガリー、プロイセン、イギリスの諸国家の間に締結された、いわゆる四国同盟がこのヨーロッパ協調の原型であり、遅れてフランスも参加します．そして、その後のヨーロッパ関係を秩序化するに当たって、多くの大国は国際会議を開き、紛争の平和的な収拾をしばしば試みたわけです．

　例えば、1878年のベルリン会議は、露土戦争で、ロシアが大勝し多くの戦利品をトルコから奪ったことに対する再調整でした．つまりロシアの巨大化にイギリスやフランスが反対して、その結果として、ビスマルクを正直な調停者にして開かれた会議です．このベルリン会議は、大体イギリス、ロシ

ア，フランス，オーストリア，トルコ，イタリア，ドイツの7カ国の協調によって収拾しております．ベルリン会議は19世紀におけるヨーロッパ協調の最も成功した例といえます．

19世紀の中ごろに，イギリスの自由党の首相のグラッドストーンは，ビクトリア女王にイギリスの外交政策について次のような手紙を送っております．いわく，「イギリス外交の健全な原理は，ヨーロッパ列強の連帯を維持することであります．そして，ヨーロッパの大国を連帯させる唯一の目的は，大国すべてに共通する利益に関係するものであります」．グラッドストーン首相のいうこのヨーロッパの大国すべてに共通する利益とは，戦争の防止にありました．また，戦争を防止できない場合でも，このヨーロッパ協調によって戦争を局地化し，戦争が他国にまで拡大しないように努力することでありました．20世紀の少なくとも1914年以前のヨーロッパ社会では，ヨーロッパ協調を可能にしたヨーロッパの一体感，我々意識が共有されて，協調のメカニズムが作動していたのです．

当時における世界政治とは，主としてヨーロッパ諸国間の関係でありました．そして，19世紀における世界の運命は，ヨーロッパ諸国の会議室，あるいはヨーロッパ諸国の戦う戦場で決定されました．つまり，ヨーロッパによる世界支配であったのであります．ヨーロッパの諸国は，海外植民地のギブ・アンド・テークによって，あるいは妥協によって，お互いの縄張りを承認し合ってヨーロッパの平和を維持してきたのです．

こうしたヨーロッパ人の一体感の基礎には何があったかといいますと，これには大体五つの条件がありました．その第一点は，19世紀のヨーロッパは世界政治の中心であって，ヨーロッパ諸国は政治問題，あるいは戦争への恐怖，相互援助の期待において，非ヨーロッパ諸国との関係以上にヨーロッパ諸国相互の間でより密接に結ばれていたということです．

第二点は，ヨーロッパ諸国の政治家や外交官たちは，不必要な戦争を避けるために，一連のルールや協約を発展させ，それらが諸国間の関係を律する慣習法にまで高められていたということです．

第三点が，支配階級，すなわち貴族とブルジョワジーが社会的にヨーロッパ規模で国境を越えて融合していたということです．つまり，上流階級においては，お互いに行き来して，親密感を深めていたわけです．もちろん，各国の国王はほとんどが親戚同士であります．

　第四点は，ヨーロッパ人たちは，ギリシャ・ローマ以来の知的・文化的な伝統を共有していたこと．

　第五点が，ヨーロッパ人たちは，キリスト教国家としての，ないしはキリスト者としての共通の道徳を持っていたということ．例えば，これは捕虜に対する態度などに現われています．

　大体こうした諸条件によってヨーロッパ協調は機能していたのであります．そして，国力，軍事力を平均させて，勢力均衡が保たれていた．勢力均衡を動かす要にあったのがイギリスであります．バランサーとしてのイギリスが大陸に時々介入して，バランスの均衡をとるのです．そのイギリスのバランサーとしての実力の基盤には，大海軍力と世界経済を支配するイギリスの経済界，金融界の影響力があった．だからこそ，19世紀の国際政治体制は，「パックス・ブリタニカ」と呼ばれていました．

## 第一次世界大戦の起源

　ところで，こういう Concert of Europe，あるいはパックス・ブリタニカは，これは一種の「談合政治」でした．この国際体制が崩れて，ヨーロッパ諸国同士が血なまぐさい内乱を起こしたのが第一次世界大戦であります．

---

**キーワード**

パックス・ブリタニカ：イギリスの平和．1815年の四国同盟の結成から1914年の第一次世界大戦勃発まで，イギリスの海軍力・経済力の優位を背景に比較的平和が保たれていたことを指す．当時イギリスは，自由貿易政策に基づいた通商関係を推進していたが，19世紀末，競争相手国ドイツの台頭などによって覇権が衰退するとともに，この平和も瓦解した．

では，ヨーロッパ協調が1914年の7月に機能しなかった理由はどこにあったのか．つまり東欧諸国における民族問題が全ヨーロッパに拡大し，最後には日本もアメリカも参戦する第一次世界大戦になったのはなぜかという問題が提起されます．この疑問への回答は，今日においても——ということは，第一次世界大戦が勃発してから後80年たつ今日においても——，ヨーロッパの歴史学界における第一級の研究課題として論争が続いております．第二次世界大戦の起源については，既に回答が出ており，ヒトラーとナチドイツの戦争目的に絞られているのとは極めて対照的です．

　80年も今なお続いている戦争原因論について，簡単に触れますと，第一次世界大戦が終了しましたときに，戦争に勝った連合諸国はヴェルサイユ講和条約をドイツと結びます．この講和条約の第231条で，戦争を起こしたのはドイツであって，戦争で被った損害はドイツがすべて賠償すべきであると規定されたわけです．他方，戦争はドイツの政策およびドイツの野望の直接的な結果であるとする単純なドイツ有罪説に対して，ドイツ側が猛烈に反論する．しかし，戦間期における第一次世界大戦原因の研究では，このドイツ有罪論が大体主流になっております．このドイツ有罪論を支持する者，あるいは反論するために，各国の外交文書が大々的に公開・検討されて，戦間期における外交史学界は充実した成果を発表できたのであります．

　ところが，ドイツに責任があるというこの主題は，第二次世界大戦後になって，新たな注目を浴びることになります．といいますのは，第二次世界大戦が終わった結果，新しい資料が発掘されまして，そして第一次世界大戦におけるドイツの戦争目標と第二次世界大戦におけるヒトラーの目標との間に

---

**キーワード**

ヴェルサイユ講和条約：第一次政界大戦後の1919年に調印された，連合国とドイツとの講和条約．15編440条からなるが，第1編は国際連盟規約であった．ドイツはすべての海外植民地の放棄やフランス・ポーランドなど近隣諸国への領土割譲によって戦前の面積・人口の10％以上を喪失．さらに戦争責任の断罪や賠償支払い，軍備制限などはドイツ国民を圧迫し，ナチス台頭の素地を準備したとも言われる．

は連続性があるのではないかという，問題が新しく提起されて，ドイツ外交政策が改めて研究され直したのであります．しかしながら，1870年から1914年に至る歴史を実証的に研究しますならば，戦争がなぜ起こったかについての単一的な説明，例えば，ドイツ有罪論は，単純すぎることを示しております．確かに，1914年7月の最後の段階において，ドイツ政府が戦争をより現実化する方向に行動したのは事実であります．しかし，ドイツ以外のすべての交戦諸国の世論も，戦争勃発を熱狂的に迎えたというのも事実であります．喜んで戦争に参加したわけです．また，各国の政府が，自国の重大な国家的利益が危機に直面していたと考えていたのも事実であります．これらの事実は，これまでのヨーロッパ社会が知的，社会的，あるいは経済的，思想的に，もろもろの戦争への原因を蓄積していたことを証明しております．そして，これらのいろいろな要因すべてが，1914年7月危機の一因となって，戦争を勃発させたわけです．

　これまで戦争の起源をどう見るかについて，いろいろな説があります．外交優位説，内政優位説，マルクス主義史観，戦略的観点等々．たとえば外交優位説は，秘密条約に基づく旧外交——古い型の外交や同盟方式——の結果であるとする見方で，三国同盟対三国協商というような図式です．そして，この外交政策が国内政治を規定したんだと考えるわけです．このような考え方は，両大戦間の一般的見解でありました．

―― キーワード ――

三国同盟：1882〜1915年にドイツ，オーストリア，イタリアの間で結ばれていた秘密軍事同盟．1882年に成立した軍事的相互援助条約は，もともと5年を期限としていたが，数回にわたって更新され，バルカン半島やアフリカに関する条項が付加されていった．植民地をめぐって三国協商と対立したが，第一次世界大戦が勃発するとイタリアが連合国側として参戦し，三国同盟の崩壊となった．

三国協商：三国同盟に対抗する形で成立した，ロシア・フランス・イギリスの提携関係の総称．1891年の露仏同盟，1904年の英仏協商，1907年の英露協商を内実とし，1912年の英仏および露仏の軍事協定によって対独包囲体制を軍事的に強化していった．帝政ロシアのロマノフ朝が，ロシア革命で倒され，三国協商も終焉を迎えた．

また，別の歴史家たちによれば，特にこれはドイツの歴史家たちでありますが，各国ともに積極的な外交政策を展開して，戦時における国民的な団結に訴えて，解決不能な国内政策から注意力をそらすために戦争に訴えたのだと．つまり，ドイツでは社会主義政党が脅威になっており，社会革命の危険がある．また，オーストリアにおいては，異民族間の対立を抱えており，国内問題の矛盾のはけ口を戦争に訴えたのであると．イギリスとて例外ではなく，アイルランドは反乱を起こしそうな情勢だったわけです．だから，内政が外交を規定して，国内の団結を固め国内の矛盾を外に発散させるために戦争に訴えたという説です．

　第三が，マルクス主義者の第一次世界大戦観でありますが，彼らによりますと，戦争は，資本主義の本性に固有なものであると明示しており，レーニンの『資本主義最後の段階としての帝国主義』では，帝国主義国家は必ずや植民地獲得をめぐって競争する，諸国家を海外膨張へと駆り立てる力は，必然的に衝突を招いて，国際的な大カルテルはもはや未開発地域を平和的に分割することで合意に達することができなくなったと．それで戦争になったという考え方です．

　第四点が，戦略的な決定が戦争を引き起こしたという考え方で，軍事的側面から戦争の起源を説く視角で，例えばイギリスとドイツとの間の建艦競争がそうです．つまり，ドイツが大海軍を建設して，イギリスの海上権に挑戦しようとしたということ．あるいはまた，ドイツが将来の戦略として構想していたシュリーフェン（Schlieffen Plan）の二正面作戦計画．これが戦争を引き起こしたと戦略的な観点から第一次世界大戦を見るわけです．つまり，ドイツは，東部戦線でロシアへ矛先を転ずる以前に，フランスをたたくためには，ベルギーの中立を侵犯せざるを得なかったのがこのSchlieffen Planです．このために，ドイツがベルギーの中立を侵したためにイギリスの参戦を招いたという見方であります．しかし，イギリスが，このベルギーの中立侵犯云々をもって戦争に参加したというのは，これは表面的な理由であって，いうなれば参戦後，参戦理由を後から勝手にこじつけたようなものですね．

こういうふうに，いろいろと戦争原因論が挙げられるのですが，いずれの説明も一元論的で，第一次世界大戦の原因を十分に示してはおりません．だからこそ，80年後の今日においてもなお論争が続いているわけです．もちろんこの四つの説は非常に有力な説でありますが，どの説をとるにせよ，その説だけで十分に説明できるとは考えないで，自分なりの人生観，自分なりの世界観に基づいて，いろいろの説を組み合わせて説明すべきであります．

### 両大戦の差異

第一次世界大戦と第二次世界大戦を比較しますときに，二つの大きな違いがあります．第一点は，6月28日にオーストリア・ハンガリーの皇太子フェルディナンド大公が暗殺されてから，8月3日にイギリスがドイツに対して参戦するまで約1カ月です．これは非常に短い間に開戦になっております．時のイギリスの閣僚であったロイド-ジョージは，「我々はいつの間にか煮えたぎる大釜の中にすべり込まされていた」ということを述懐しておるほど，つまり事件あるいは情勢が政治家や外交官の手に負えなくなっていったのが，これが第一次世界大戦の特徴です．軍事行動が政策決定や外交交渉に先行しました．

第二次世界大戦は1939年9月に開始されたが，その背景ははっきりわからない．ナチスが政権をとった1933年なのか，ナチスが公然とヴェルサイユ条約を蹂躙した1936年のラインラント進駐なのか，1938年3月のオーストリア合併なのか．あるいはまた，同年9月のミュンヘン会議か．さらに，1939年3月のナチドイツによるチェコスロバキアの解体か．あるいはその後における1939年8月末の独ソ不可侵条約が起点になったのか．いろいろな説がありますが，どこから第二次世界大戦が起こったかについては，定説がありません．そこに違いがあるわけです．

それから第二点は，損害の程度でありますが，第一次世界大戦のときに戦死した者が802万．第二次世界大戦のときは，戦死者が1,500万人．これは

2倍になっている．市民の損害を考えますと，第一次世界大戦のときは664万人．第二次世界大戦のときには2,600万人～3,400万人．これもはっきりわからないのです．大体3倍ぐらいと考えたらいい．それほど第二次世界大戦の物的損害は第一次世界大戦とは比較にならないのですけれども，にもかかわらず，第一次世界大戦の原因の研究がヨーロッパ歴史学界のなお中心課題の一つなんです．それほど第一次世界大戦は，ヨーロッパ精神史において，最も重要な転換点になっております．

　転換点になっていることの歴史的意味は，それまでヨーロッパ協調によって，ヨーロッパの仲よしクラブであった存在が，対立を深めた内乱になったことが一番大きいわけです．第三点は，塹壕戦に象徴される長期持久の史上最大の大消耗戦になったこと．第四点が，日・米を含む最初の世界大戦に発展したこと．第五点が，前線・銃後の別なき総力戦になったこと．第六点が，特に戦争の後期に，ロシアが脱落し，アメリカが参加してから，イデオロギー戦になったことですね．そういう点で，第一次世界大戦は画期的な近代戦として重要であります．

## 短期決戦と大衆ナショナリズム

　第一次世界大戦は，戦争は短期間に終わるという短期決戦の幻想から生まれました．例えば，フランスの兵士たちは，彼らを戦場に運ぶ汽車に「ベルリン行き」とチョークで書いており，イギリスの兵士たちは，「クリスマスで戦争は終わりさ」と楽観しております．また，ドイツの皇太子は，自分たちの兵士に向かって，「すかっとさわやかなこの戦争」と，はっきり鼓舞をしているのです．つまり，政治家・軍人・庶民いずれもやがて平和が目に見える戦利品をもたらして，以前と同じような平和な生活に帰っていくだろうと，楽観していたわけです．戦争に伴う労苦と災害について理解している者はほとんどいなかった．例えば，オーストリア・ハンガリーでは，3週間分の小銃弾しか準備していなかったのです．

第二の幻想は，戦争は，個人的にもさわやかな一瞬であると考えられていました．ドイツの有名なラテナウというユダヤ人実業家は，開戦の瞬間に，「我らは偉大な出発点に立っている」と言っております．つまり，戦争は，「犠牲，忠誠，ヘロイズムを奏でる不滅の歌である」と．これは何も政治家や庶民だけではなくして，ドイツの歴史家マイネッケは戦争の勃発を，「私の生涯における重大な瞬間であり，それは突如，私の心を私の民族への最も力強い自信と最も深遠な喜びとで満たした」と記しております．

　オーストリアがセルビアに対して宣戦布告をしたのが9月24日であります．この日に，ウィーンの一番にぎやかなシュテファンプラッツ広場では，庶民が大勢ここに出てきまして踊り狂ったのです——戦争が始まったというので．第二次世界大戦直前に，ナチドイツの戦車隊がベルリン市街を東進するとき，ベルリン市民がシャッターをおろして，戦争が起こるのかと心配したのとは非常に対照的であります．

　このように，第一次世界大戦の初期において戦争を賛美する大衆ナショナリズム，いわゆる排外的な愛国心が出てきた背後には社会進化論の考え方があります．つまりこの世の中において最も優秀な民族だけが生き残り得る．そして，最も優秀な民族によって劣等な民族は支配されるのが神の摂理であるという非常に傲慢な考え方です．適者生存．つまり，ダーウィンの生物学的進化論を，社会科学，国際関係に適用した考え方で，適者生存説が国際関係に適用されて，戦争が国家生存の最高の試金石であると考えられていたのであります．また，このころは，現状打破のニーチェ思想が曲解されて，戦争を賛美するのに一役を担っていたのです．戦争は短期間で終わるという幻想の背後には，こういう適者生存説や現状打破説があります．

　今一つの幻想は，労働者階級の自信過剰です．1889年に第2インターが設立されますが，第2インターに集まった人々は，みんな労働者が団結してゼネストに訴えるならば，戦争が起こりようがないと楽観していたのです．マルクスが『共産党宣言』を書いたのが1848年です．そのときに，はっきりと「労働者には祖国なし」ということを宣言しております．だから，「万

国の労働者よ，団結せよ」と言ったのです．ところが，その後，福祉政策で労働者階級にも祖国が与えられた．その福祉政策によって労働者も体制化され祖国への忠誠心を持つことができた．しかし社会主義者たちは錯覚しており，いつまでも古いマルクス主義の「労働者に祖国なし」という考え方にとらえられ，戦争が起こりそうになったら，各国でゼネストを組織すれば戦争は起こらないだろうと錯覚していた．これが見事に裏切られて，当時におけるヨーロッパ最大の社会主義政党・ドイツ社会民主党も国会において戦時予算に賛成票を投じ，第2インターナショナルは崩壊いたします．

## 第二次世界大戦の起源

次は，第二次世界大戦の起源であります．これは明白に，ヒトラーとナチドイツが起こした侵略戦争であります．しかし，戦後にイギリスの歴史家であるトレーバー=ローパー教授とA. J. P. テイラー教授との間にこの第二次世界大戦の責任・原因について大きな論争が起こっております．第二次世界大戦の責任・原因に関して，ヒトラーおよびナチスの外交および戦争目的に最高の責任ありと主張するトレーバー=ローパー教授説は一般論として正しい．

これに猛然とかみついたのがA. J. P. テイラー教授です．A. J. P. テイラー教授は，著書『第二次世界大戦の起源』(*The Origins of the Second World War*)の中で，こう言っているわけです．「1939年の戦争は，イギリスとドイツ双方の側の外交的失敗の結果に起こったものであって，それは英雄なき物語であり，おそらくは悪役なき物語である」と，述べ，「国際関係においてヒトラーには責められるべき悪い点はなかった．ただ，彼はドイツ人であっただけである」と．幾分ヒトラーを弁護し，戦争は相互の過誤の重複に由来する「自動車事故」のような悲劇である，と言っているわけです．しかし，このA. J. P. テイラー教授の説から見ますならば，ヒトラーおよびナチズムによるユダヤ人の最終的絶滅対策の視点が欠けており，そこに問題

があります．トレーバー‐ローパー教授は反論して，どのような手段によってであれ，自分の目的を達成しようとするヒトラーの不動の決意こそが，これが1939年の戦争を引き起こした最大の要因であると力説しております．

そして，ヒトラーのこの不動の決意は，既に『我が闘争』(Mein Kampf) 以来，一貫した東方への生存権（Lebensraum）の主張であったと断定されております．『我が闘争』は，ヒトラーがミュンヘンで一揆を起こして失敗して，ルステンベルクの牢獄に軟禁されたときに，彼が腹心のヘスに口述させて書かれたナチドイツの外交目標でありますが，東方への生存権を獲得してドイツ人のための大植民地を，1914年の国境線を越えて東方に建設することであったわけです．これが『我が闘争』の中の中心課題になります．

ヒトラーは『我が闘争』の中でこう強調しております．「他日，ドイツの農民たちがそこで彼らのたくましい子どもを産み育てるであろうこの主張は，今日のドイツ人がそのために払う犠牲を認めてくれるであろう」と．「また，このときは，いつかはそのためにドイツ人に流血と犠牲とを強いた責任ある政治家たちの罪を許してくれるであろう」と．具体的に侵出方向は，まずポーランド，ついでウクライナです．ウクライナの小麦，それからルーマニア・コーカサスの石油なのであります．こういう東方植民地建設という基本構想の中核には，前に第一次世界大戦のときに申しましたように，適者生存説や人種論が混在しております．つまり，スラブ民族やユダヤ人種の劣等民族は排除ないし抹殺して，世界に冠たるアーリア民族＝ドイツ民族の維持と拡大のために，空間的に巨大な千年帝国を建設するべきであると，彼は妄想したのであります．

1937年11月5日に，彼は総統官邸の密議を招集し，ドイツの有力な軍人，政治家，外交官，経済人を集めて，彼の抱負をこう語っております．「ドイツの政策の目標は，フォルクス・ゲマインシャフト――人種共同体――を安全に保持して，さらにこれを拡大することにある．それゆえに，これは空間の問題である．ヨーロッパの政策は，イギリスとフランスという猜疑に満ちた二国の動きに配慮しなければならない．ヨーロッパの中原における巨人ド

イツの出現は，英仏にとって身体に突き刺さったとげのようなものである」と．

そして，大体いつ戦争を始めるかについて，「ドイツの実力が絶頂に達するのは1943年から45年の間であり，それ以降はドイツ側から見て状況は悪くなるであろう．また，1943年から45年の期間における情勢がどうなるかは，今日のところだれにもわからない．確実に言えることは，ドイツとしてはもうこれ以上待てないということである．もし私が存命するならば，ドイツの空間の問題を遅くとも1943年から45年までに解決するのが私の不動の決意である」と．確かにその後の歴史の進展は，計画通りには進行せず，結果的には1939年9月のドイツ軍のポーランド進撃によって第二次世界大戦が始まったのであります．つまりヒトラーの外交目標は，ヴェルサイユ条約によってドイツ側から切り離されたチェコスロバキアのズデーテン問題（ズデーテンにはドイツ人が325万人いた）を修正するだけでなく，1939年3月チェコスロバキアそのものを解体していく．ついでダンチヒ，ポーランドを経て1914年当時の国境を無視します．彼の構想はさらにウクライナやルーマニア，さらにはバルト三国まで進出し，大ドイツの生存圏帝国を建設しようとしたわけです．

## 宥和による抑止政策は何故失敗したか

こういうヒトラーの野心を早くから見抜いていたのが，ウィンストン・チャーチルとか，イーデン外相でありますが，彼らは当時，イギリスにあっては少数派でした．時のイギリスの首相は，ネヴィル・チェンバレン．彼は実業家出身の政治家でありまして，アナーキーな国際政治を合理主義的なビジネスの観点から見る傾向がありました．商取引には信頼が非常に重要視されます．ヒトラーもまた戦争の悲惨を体験した同じ人間だと錯覚し，ヒトラーに不戦への理性と抑制心を期待していたのです．

そこで，無法者のヒトラーを，イギリス，ドイツ，イタリア，フランスの

四カ国の四国協調体制の中に閉じ込めて抑止しようとした．実は，これは19世紀的「ヨーロッパ協調」の精神を復活させてドイツを取り込み，ヨーロッパの平和を維持しようと策したのです．これがいわゆるミュンヘン会議であります．つまりミュンヘン会議によってドイツの要求を入れ，ドイツを宥和しその膨張野心を抑止する．つまりミュンヘン会議が「宥和政策」と同義されたのは，当事国のチェコスロバキアに相談もなく，また関係国であるソ連をも抜きにして，ドイツの原案に沿うかたちでズデーデン地方を一方的にドイツに割譲したところにあったわけです．これによってヨーロッパの平和は一時的には保たれました．しかし「我々の時代の平和」は永続しませんでした．チェコスロバキアは，翌1939年3月，ナチドイツによって解体されました．

なぜチェンバレンが「ヨーロッパ協調」の復活に失敗したのか，つまり平和的な交渉を通じての地域協定による紛争の局地化政策が失敗したのかを考えてみますと，このミュンヘン会議に具体化されたヨーロッパ協調の復活は，確かに一時的には成功しております．しかし，結局において失敗した理由としては，19世紀の，少なくとも1914年以前のヨーロッパにおいては，ヨーロッパ協調体制を可能にする諸条件に裏づけられたヨーロッパの一体感・仲間意識があったのです．しかし，第一次世界大戦は，ヨーロッパの国家体系や社会階層関係に大きな変動を引き起こして，この一体感を根底的に揺るがしました．すなわち，まず第一次世界大戦の結果としてドイツが弱体化し，オーストリア・ハンガリー帝国と帝政ロシアも消滅した．それに代わってひ弱いポーランドやチェコスロバキアとかユーゴスラビアなどの小国が出現した．またヨーロッパ文化とは異質な社会主義国家ソ連が登場したがヨーロッパからは排除された．ソ連もチェコスロバキアも，このミュンヘン会議には招待されていないのです．しかも戦後のヨーロッパは，政治・経済・軍事いずれの面から見ても，もはや世界の中心ではなくなり，国際政治・経済の中心が次第にアメリカに移りつつあったのです．

第二点は，紛争を局地化し，紛争の拡大を阻止するために生まれた国際連

盟は，国際的な正当性を持たなくなった．すなわちドイツ，イタリアにとって国際連盟は，戦勝国がその現状を維持するための道具にすぎないと不信感を持ったということです．

第三点は，第一次世界大戦後における社会・経済の変動によって，諸国の支配階級は往年の勢力を失い，ヨーロッパ的規模で国境を越えて融合していた彼らの発言権の比重が低下した．

第四点が，かつてのヨーロッパの一体感をはぐくんできた知的・文化的な遺産の共有意識も，大衆社会の中で大幅に失われていきます．クラシックにかわってジャズがはやった．映画がまたその代表であります．要するに，戦後のヨーロッパは，権威や合法性の根拠となるそれまで公認されていたものが，すべて崩れ落ちて，それに代わるべきものを発見できない状態にあったのであります．プロイセン貴族に代わって，一介の伍長上がりのヒトラーが華々しく登場して，貴族に代わって権力を掌握した．しかも彼らは1914年の国境線を全く問題にしていなかったという事実は，19世紀的社会秩序や国際関係の枠組みがもはや機能しない新時代が来ていたということを象徴していたといえます．

宥和政策の主張者だったチェンバレンは，彼は1869年まれの典型的なヴィクトリア王朝的な思考の持ち主で，こうした新しい時代の到来を十分に理解できなかったのです．そして，19世紀とは全く異なる国際的・国内的な諸条件の中で，彼が古典的な「ヨーロッパ協調」を追求して，しかも経済力や軍事力の背景を持たずに宥和による抑止政策を進めたところに彼の悲劇があったといえます．しかし，彼は「ヨーロッパ協調」の復活を通じて，ヨーロッパの自立と自己解決を図り，結局は失敗した最後のヨーロッパ政治家であったということがいえます．

◆参考文献

岡義武『国際政治史』，岡義武著作集第7巻（岩波書店，1993年）
James Joll, *Europe Since 1870-An International History* (Weidenfelt and

Nicolson, 1973), 池田清訳『ヨーロッパ100年史』I・II（みすず書房, 1990年）

鹿島守之助『第一次世界大戦原因の研究』, 日本外交史別巻2（鹿島研究所, 1951年）

James Joll, *The Origins of the First World War* (Longman, 1987), 池田清訳『第一次大戦の起原』（みすず書房, 1993年）

A. J. P. Taylor, *The Origins of the Second World War* (Hamish Hamilton, 1963), 吉田輝夫訳『第二次世界大戦の起源』（中央公論社, 1977年）

Donald C. Watt, *Too Serious A Business* (Temple Smilh, 1975)

# 共産主義とファシズム

木村明生

　20世紀に相ついで出現し，国際政治に大きな痕跡を残した共産主義とファシズムについて検討してみたいと思います．

## 共産主義の理想

　まず，共産主義（communism）というものについて考えてみましょう．これは20世紀になって初めてあらわれた思想体系です．長い人類の歴史の中で19世紀後半に資本主義の矛盾が吹き出したときに初めてあらわれたのです．いわゆる産業革命による資本主義の急速な発展に伴って労働者階級というものが増えてきました．初期の荒削りの資本主義のもとで，資本家たちは自分の資本を利用して，できるだけ利潤を上げようとする．できるだけもうけようとする．そのために安い賃金で労働者に長時間労働を課したり，あるいは非常に衛生状態の悪い環境のもとでの労働を強いたりするケースが少なくなく，労働者階級の生活状態は非常に劣悪でした．そこで，いわゆる階級対立——ブルジョアジー（資本家階級）とプロレタリアート（労働階級）の対立——というものが形をとってあらわれ始めたのです．
　ブルジョアとは一般に資本家を指し，プロレタリアとは労働者を指します．階級としては，ブルジョアジーとプロレタリアートということになります．共産主義というものを初めてまとまった形で提唱したのがカール・マルクスです．彼は19世紀の初頭，1818年に生まれて1883年まで生きた人です．彼の共産主義に関する考え方を非常にはっきりと示したのが同志のフリード

リッヒ・エンゲルスと共著の『共産党宣言』という小さなパンフレットです．邦訳で50ページ余りの短いものですけれども，簡潔に共産主義とは何か，我々は何を目指しているかということを明らかにしています．1848年の出版です．

これは，とてもおもしろい本です．我々の学生時代には必ず読んだものです．『共産党宣言』ぐらい読んでなければ大学生とは言えないというふうな風潮がありました．

ここで彼が打ち出したのは，いわゆる階級闘争史観といわれる歴史の見方です．今までの長い数千年にわたる人類の歴史を一言で言えば，それは階級闘争の歴史であったという歴史観です．支配階級と非支配階級，例えば貴族と奴隷，封建領主と農民，そして現代においてはブルジョアジーとプロレタリアート，この階級闘争の歴史がすなわち人類の歴史であると，こう言っているわけですね．

人類の歴史を民族闘争の歴史であるというのは，ブルジョア学者のまやかしであって，一見民族闘争のように見えても，その本質は階級闘争であったということを彼は述べています．資本主義が成立してからは資本家階級と労働者階級の利害の対立，衝突が世界を動かし，歴史をつくっていると考えるのです．

そして，労働者階級は，いわゆる無産階級であり，財産を持たないだけではなくて，国家権力からも疎外されていると考えます．国家というものは，マルクスの考え方によると，「一つの階級がもう一つの階級を押さえつけ絞り取るための暴力装置である」，と定義されます．例えば貴族と奴隷，封建領主と農民，現代においては資本家と労働者という階級対立があるところでは国家は常に支配階級の側にあって，支配階級が他の階級，つまり被支配階級を経済的に搾取し，政治的に抑圧するための道具，暴力装置だというのです．国家の暴力装置の中味は何か．具体的には警察，裁判所，軍隊だというわけです．国家は本質的に階級性を持っていると主張するのです．

労働者階級というものは国家権力から全く疎外され，生産手段も持ってい

ない．だから労働者階級はどうやって生活するか．労働力を資本家に売ることよってかろうじて生存している、こういう状態であると説くのです．

このように労働者は何も持っていない，持っているとすれば，それは両手両足につながれた鉄の鎖であると『共産党宣言』は書いています，何も持たない労働者階級が国家の主人公になり，人間らしく生きるためには革命によって国家権力を手中にしなければならない．そしてそのためには労働者は国際的な連帯をしなければならない．資本というのは国際的な力であり，それに対抗するには労働者階級が民族の違いを超え，文化や言葉の違いを超えて一つに団結しなければならない．そのことによって初めて労働者階級はすべてを手にすることができる．そのとき労働者階級が失うもの，それは両手両足に加えられた鉄の鎖のみである──こういう檄を飛ばすのですね．

この『共産党宣言』を締めくくる最後の有名な言葉が，「万国の労働者，団結せよ」です．労働者の国際的連帯の力によって，現代資本主義社会におけるブルジョアジー支配を打倒して，プロレタリアートの国家，ひいてはプロレタリアートの世界をつくろう．こういう激しい，画期的なアピール，これがマルクスの主張です．

マルクスの理論というのはきわめて幅広いものでありまして，彼の仕事の大半は資本主義の分析です．あの大部の『資本論』は，資本主義の本質を明らかにしようとしたものにほかなりません．マルクスの幅広い理論の中から，一つは社会民主主義が生まれてきます．これは自由と民主主義を重んじながら国家，世界を変えていこうという穏健な路線ですね．もう一つは共産主義です．同じマルクスから出ても社会民主主義とは違った共産主義の代表がレーニン主義となるわけです．

レーニンは，マルクスの階級闘争史観を踏まえて，現在の資本家階級対労働者階級の対立状況にあって労働者階級の任務は「プロレタリアート独裁」の実現にあると主張しました．プロレタリアート独裁というのは何に対立する概念かというと，「ブルジョアジー独裁」です．現代世界はブルジョアジーの独裁下にある．生産手段，すなわち土地，工場，あるいは天然資源とい

ったようなもの，これらはすべて資本家の手中にある．国家権力もすべて資本家の手中にある．警察も裁判所も軍隊もすべて資本家階級の利益に奉仕している．こういう状態，これを「ブルジョアジー独裁」と考えたわけです．

現在抑圧され，搾取されている労働者階級がすべての権力を握る．そして今度はブルジョアジーを弾圧する，これがプロレタリアート独裁なんですね．これはまさに画期的でありまして，それまでこんなことを言った人はいない．マルクスとレーニンによる，マルクス・レーニン主義というものが20世紀の前半における非常に大きな政治的・思想的な動きであると言わなければならないわけです．

プロレタリアート独裁は，ブルジョアジー独裁を打ち倒して，ブルジョアジーが今まで占めていた地位に取って代わるということです．具体的にはどう定義すればいいのかという問いに対して，レーニンは非常に明快に答えています．「直接暴力に立脚し，いかなる法律にも拘束されない権力．これがプロレタリアート独裁の権力である」と説明しています．このことを認めるかどうかが真の共産主義者と社会民主主義者とを区別するともレーニンは言っています．

レーニンはプロレタリアート独裁を目指して共産党をつくります．まだ帝政ロシアのころに地下組織，非合法組織として共産党をつくったわけです．共産党なんですけれども，レーニンがつくった党の当初の名前は「ロシア社会民主労働党」でした．その後，大まかにいいまして，「ロシア共産党」，「全連邦共産党」，「ソ連共産党」と名前が変わっていきました．これらを総称して共産党といってよいでしょう．

1917年，共産党の主導でロシア革命が達成され，プロレタリアート独裁の国家が初めて地上に出現しました．マルクスは，労働者は自らの祖国を持たないと言ったけれども，ロシア革命の成功によって，初めて労働者は自分の祖国を持ったと，レーニンは考えました．

そこで，1919年，ロシア革命が成功してから2年後にレーニンがイニシアチブをとってコミンテルン（共産主義インターナショナル）という国際組

識をつくりました．国際共産党とも訳されています．ロシア革命で成立したソビエト・ロシアというのは労働者階級の国で，単なるロシア人の国ではない．全世界の労働者階級の祖国だという建前です．レーニンは「ソ連邦は国際労働階級の祖国である」と規定しました．その労働者階級を指導するのは共産党ですから，各国の労働者階級を指導する共産党の国際的連帯の組織としてコミンテルンをモスクワに設立するんですね．

当時，各国の共産党はコミンテルンの支部，下部組織と位置づけられました．例えば日本共産党はこの当時はコミンテルン日本支部となるわけです．日本共産党の代表をモスクワのコミンテルン本部に派遣して，その指導を仰いでいました．中国革命を達成したあの中国共産党なども，国際共産党中国支部として位置づけられ，コミンテルンの本部から指導員が行って，革命運動を指導しました．こういう形で，全世界的規模で革命を達成し，プロレタリアート独裁を確立する．そのことによって初めて労働者階級は完全に解放されるし，戦争もなくなる．資本主義こそ戦争の根源であるとレーニンは何回も言っています．地上から資本主義というものをなくし，ブルジョアジーを消滅させ，プロレタリアートだけの全世界的な連邦ができれば，戦争というものもなくなると，こう呼びかけたんですね．非常に衝撃的な，過激といえば過激，急進的な訴えかけです．これは当時の社会情勢にはかなり，受け入れられ，各国に共産主義運動が拡がりました．

その後，1943年になってコミンテルンは消滅します．表向きの理由は，各国の共産党がそれぞれ成長したので，それをすべてモスクワの本部から指導することは不適切になったというものです．コミンテルンは解散して，革

---
**キーワード**

コミンテルン：第3インターナショナルとも呼ばれる．中央集権主義に基づき，各国共産党を指導した．結成当初の1920年末までは急進的な政策で世界革命を目指していたが，1921～28年には社会民主党との統一戦線で穏健政策に傾き，中国革命なども支援．1929年以降極左戦術に転換して，社会民主主義とファシズムの両方を攻撃するが失敗，1934年からは人民戦線戦術でフランス，スペイン，中国などで成功を収めるも，1943年にソ連の政策転換にともない，消滅した．

命運動は各国の共産党の指導にゆだねるというのが解散の理由とされました．

　1943年という年は，第二次世界大戦の真っ最中でややドイツ，イタリア，日本側が不利になりかかったころですね．ソ連としては，どうやらドイツの猛烈な攻撃はしのげた．さらに進んでドイツを打倒したい．そのためにはイギリス，アメリカに第二戦線を結成してほしいと要求していた時期です．コミンテルンがありますと，これは資本主義の打倒を言っているのですから，アメリカやイギリスのような資本主義国との協調がうまくいかないという戦略的な考慮もあってコミンテルンは解散することになったわけです．

## 現実の共産主義

　その後の経過を簡単に言っておきますと，1945年にソ連は対独戦に勝利しました．それから戦後の復興に取りかかりまして，1959年にソ連の指導者フルシチョフは「ソ連における社会主義は全面的かつ最終的に勝利した」という宣言を第21回党大会で打ち出すわけです．全面的というのは単に工業や農業の面だけではなくて，金融，財政，それから道徳とか，文学・芸術といったような精神的な分野も含めてすべての分野にわたって社会主義が勝利したということなんですね．

　最終的というのは，資本主義への逆転はもうないということを意味しています．周知のように1917年のロシア革命でレーニンは政権をとるのですけれども，その当時はまだソ連国内に帝政の復活，資本主義の復権を目指す勢力もまだたくさんありまして，社会主義を擁護する赤軍とそれに反対する白軍との内戦が行われていました．だからどちらが勝つかまだわからなかった．外からも若い社会主義政権を押しつぶすべく資本主義諸国が武力介入していました．

　日本もシベリアに出兵しました．日本軍が，バイカル湖の近くまで占領したことがあるんですね．そのときソビエト政権は負けるかと思われた．だが何とかしのいだ．

最大の試練は1941年にやってきました．ヒトラーのソ連攻撃です．このときはほとんど負けかかったわけです．モスクワのクレムリンから大体50キロぐらいまでドイツの機甲師団は迫ったのですから，そこから双眼鏡で見るとクレムリンが見えたといいます．そのとき，あるいはソ連体制は倒れるんじゃないかと思われました．

モスクワが危なくなったころ，ドイツ軍に呼応して日本は東からソ連に侵入するという計画を考えたこともあるのです．関東軍特別大演習というのを計画しまして，関東軍の通常兵力のほかに予備役を動員して，約70万から80万の大兵力を満州に終結させたんです．独ソ戦の成り行きを見ながら，チャンスがあれば一挙にシベリアになだれ込むということを考えていたといわれます．ソ連の社会主義は非常に危なかった．しかし，日本の軍国主義もついえたし，ヒトラー・ドイツも降伏したことによってソ連社会主義は最終的に勝った，もう後戻りはないというのが，「全面的かつ最終的勝利」という規定です．

それでは，その次の課題は何かということになります．それは1961年採択の新しい党綱領がうたった「共産主義の建設」です．今までは社会主義の建設を目指したのですが，社会主義はすでに全面的に勝利したので，次は共産主義ということです．

共産主義と社会主義の違いは簡単にいうと，共産主義というのは社会主義のより高い段階です．もっと具体的にいうと，社会主義では各人は能力に応じて働き，働きに応じて報酬を受ける．たくさん働いた人はより多くの報酬，少ししか働かなかった人はより少ない報酬ということになります．働かなくて，単に工場を所有している，あるいは株を持っている，土地を所有しているということで所得を得ることは許されないわけです．労働の多寡に応じて報酬の多寡が決まる．これが社会主義ですね．

共産主義になると，各人はその能力に応じて働き（これは社会主義と同じ），必要に応じて受け取ることになります．欲しいだけ受け取ることができるというわけです．そのためには何が必要かというと，当然，あり余るほ

どの物資とサービスということになります，それぞれの人が労働に応じた報酬でなくて，欲しいだけ（いくらでも）受け取るというわけです……．夢のような話ですね．

　そこで，フルシチョフが打ち出したテーゼは，経済力で「アメリカに追いつき追い越す」ということです．1970年までにアメリカの経済力に追いつく．1980年にはアメリカをはるか後方に抜き去る——こういう壮大なロマンを掲げたんですね．社会主義から共産主義へ．共産主義という人類が今まで経験したことのない新しい豊かな社会．そこでは，例えば公共交通機関などは無料になる．教育などももちろん無料になるし，行き届いた医療サービスも受けられる．こういうことを宣言したんですね．その共産主義建設へ向かった．1970年が第一のゴール，1980年が最終的なゴールとなっていたわけです．ところが，1980年になってみると，とてもアメリカに追いつき追い越すどころじゃない．GNPではアメリカのせいぜい60％ぐらいに到達しただけでした．1980年には共産主義の入り口に立つと共産党綱領で言っていたんですけれども，それは実現しなかった．

　そこで1977年，ブレジネフの時代にタイムテーブルを修正しました．社会主義が完成したからといって，すぐ共産主義に移行することはできない．社会主義が完成してから，一定の期間の「発達した社会主義」という段階を経て，それから共産主義を展望することができるというふうに少しスケジュールを後退させるわけなんですね．

　一方，国外では，まだ社会主義にはなっていないけれども，方向として社会主義を目指している国々が，70年代，特に後半にはどんどんできました．当時，ソ連をはじめとする14，5カ国が社会主義に移行していました．東欧諸国，中国，ベトナム，北朝鮮，キューバなどです．そこまではいかないおくれた段階にあるけれども，将来の方向としては資本主義ではなくて，資本主義をバイパスして社会主義を建設しようという国々が新しく浮上してきたわけなんですね．

　ブレジネフによると，世界で約20ぐらい，例えばアフリカでは一時期の

アンゴラ，モザンビーク，エチオピアなど，それからラテン・アメリカのニカラグア，そのほかいくつかの国々が社会主義志向国家ということになります．だから世界は社会主義陣営と資本主義陣営とに分かれ，両者の中間に第三世界が存在しているが，第三世界の中へも社会主義の影響が浸透してきて社会主義志向，ソーシャリスト・オリエンテーションを持った国々が増えてきているとソ連は見ました．この勢いによって世界資本主義システムを圧迫していって，最終的には全世界的規模における社会主義の勝利を目指すというのがブレジネフ時代のソ連の戦略であったわけです．

ところが，さきに言いましたように，アメリカのGNPの約60％弱ぐらいの経済力でアメリカと並ぶような大きな軍事力を建設して国際舞台でアメリカと対決しておったわけですね．その無理が続かなくなって，1980年代の後半にゴルバチョフが出てペレストロイカ（再編，立て直し）を始めて，それまでの非常に硬直した内外路線を脱皮して，より穏健な，より緩やかな社会主義によって国内経済を活性化させ，西側諸国との関係も調整するという方向に転換することになります．

しかし，この緩和政策に対して反対勢力も出てきまして，1991年8月に反ゴルバチョフ・クーデターが起こりました．その後，ゴルバチョフ失脚という事態になり，さらにソ連邦崩壊に至るわけです．国際共産主義陣営の本山であるソ連において共産主義が消滅してエリツィン政権が登場しました．ゴルバチョフのスローガンはペレストロイカ，すなわち立て直しでした．これは社会主義の立て直しです．エリツィンは社会主義そのものを否定して，「ロシアの再生」ということを言い出しました．どういうことかというと，社会主義によって滅ぼされた，社会主義によって崩壊した古き良きロシアをよみがえらせるということなんですね．彼は1991年6月のロシア共和国大統領選での立候補演説で革命前の1910年代のロシアを高く評価しています．

たしかに，1910年代のロシアは世界一のテンポで経済発展をしていました．世界最大の穀物輸出国でした．芸術とか文化の面でもいろいろ新しいもの，例えばカンディンスキーやシャガールの抽象画とか，メイエルホリドの

前衛的な演劇なども登場してきて，非常に活力に満ちていました．あのまま社会主義革命が起こらないでいけば，ロシアは今すばらしい資本主義大国になっていたのではないかとエリツィンは言って，1910年代のロシアを再評価して，そこから資本主義を建設していこうと訴えたのです．そのエリツィンが新生ロシアの大統領になるに及んで，ソ連共産主義は終末を迎えたわけです．

## ファシズムの台頭

さて，次にファシズムに触れておきましょう．ファシズムは，共産主義に対するアンチテーゼ，防波堤として登場しました．共産主義革命がロシアで確立して，レーニンがその革命を全世界に及ぼすと言ってコミンテルンを創立したものですから，資本主義諸国のエスタブリッシュメントはそれを非常に恐れたわけですね．第一次世界大戦後，ドイツ，オーストリア・ハンガリーの戦後処理で勝利の恩恵にあずからなかったイタリアでは，ヴェルサイユ会議を主導したイギリス，フランスに対する不満が生まれました．戦争で経済が疲弊して，各地でストライキとか農民の暴動が起こりました．非常な社会不安の状態になってきた．そのときにあらわれてきたのがムッソリーニです．ムッソリーニがファシズムの始祖と言われます．

ファシスト党を率いて政権を取ったムッソリーニは，国内では労働者のストライキとか，農民の一揆を力によって弾圧し，対外政策では領土獲得を進めていきました．エチオピア，アルバニアに出兵してイタリア領にしてしま

―― キーワード ――
ファシズム：もともとは，イタリアの国家ファシスタ党の思想・支配体制を指すが，広義ではドイツのナチズムや日本軍国主義など類似の現象一般を意味する．20世紀の帝国主義の時代に後進の資本主義国が，反ロシア革命・ナショナリズム・人種主義・擬似的な社会政策などを掲げて危機の打開のために国家主義的独裁を行ったもの．しばしば中産階級の危機感に訴え，対内的には全体主義的，対外的には侵略的な政策をとった．

います。ムッソリーニは，古代ローマ帝国の栄光を復活しようとしたと言われています。

ムッソリーニよりももっと強烈な衝撃を与えたのはヒトラーですね。彼はムッソリーニよりちょっとおくれて生まれ，第一次世界大戦にドイツ軍の兵士として従軍しました。非常に勇敢に活躍して2回も負傷し，一時は失明しそうにもなったといいます。彼は一生懸命戦ったんだけれどもドイツは負けました。戦闘ではドイツ軍は負けていなかったが，国内で労働者階級を中心とした革命が起こってドイツ帝国がついえたという経験をします。これがヒトラーに非常に大きな衝撃を与えたのです。我々は戦闘に負けていない。しかし，我々の背後で共産主義の連中が革命を起こしてドイツを敗戦に導いた──こう受け止めたわけですね。

戦後はユダヤ人たちが経済混乱に乗じて買い占めだとか，投機だとかを盛んに行って，一般のドイツ人は非常に困惑し，生活に窮しているのにユダヤ人がうまい汁を吸っていると彼は感じたのです。そこで彼はナチスという民族主義の政党に入り，指導者になりました。党のフルネームは国家社会主義労働党といって社会主義をうたい，労働者の党という名目になっているんですけれども，内実は共産主義とは全く対極に立つものなんですね。

ナチスは，大ドイツ国家を建設することをスローガンに掲げました。第一次世界大戦の結果，ドイツの国土は縮小され，ドイツ国家の外にドイツ人がかなり残りました。チェコスロバキアとか，ポーランドとか，あるいはフランスとかにドイツ人が取り残されたのです。そういうドイツ人たちを糾合して大きな強力なドイツをつくろうというのが党の初期のスローガンでした。「一民族一国家」これが非常に有名なヒトラーのスローガンです。ドイツ語で「アインフォルク・アインシュタート」といいます。これがドイツ人の人気を得て，まずチェコのズデーテン地方，ドイツ人が多い地域ですね。力を背景にこれをドイツに併合し，ついで自分の生まれた国オーストリアを併合し，さらにポーランド西部にも領土を拡張しようとして，あの戦争に至ったのです。

大ドイツの中心となる民族は純血のドイツ民族でなければならないとヒトラーは主張しました．もともと民族には優れた民族と劣った民族とがあって，存在しなくてもいい，存在する価値のない民族，あるいは存在してはならない民族もあるということを唱えて，ユダヤ人排撃をするわけです．それでヒトラーはユダヤ人問題の最終的解決を部下のヒムラーという親衛隊長に命じます．最終的解決と言ったものですから，ヒムラーはその意味は皆殺しであると解釈して，ドイツ人特有の非常に合理的，緻密なシステマティックな方法でユダヤ人抹殺にかかったといわれます．何百万というユダヤ人を殺害したのはご承知のとおりです．

　結局，対外拡張がイギリス，フランスの反発を呼び，さらにイギリス，フランスと戦争している間に，本来の敵であるソ連が背後で策動するかもわからないというので，まずソ連を屈伏させて，それからイギリス，フランスに対処しようという戦略を打ち出してソ連に侵入するわけですね．1941年の6月にソ連に侵攻して，数カ月でレニングラード，モスクワを占領して，ムルマンスクからアストラハンに至る線まで進出することをめざしたといわれます．この線の西側がソ連の工業地帯であって，人口の多数を占めている．だからそこまで占領すれば，ソ連は屈伏するだろう——こう考えたようです．それでさっき言いましたように，モスクワ近郊まで迫ったのですけれども，そこで力尽きて敗退することになったわけです．

## 日本軍国主義

　日本をファシズムに入れる場合もあります．日本の場合は天皇制がありましたから，イタリアとかドイツに非常によく似ていたけれども，天皇制という形容詞をつけるのが普通になっています．またファシズムではなく軍国主義と捉えた方がよいという意見もあります．

　日本は，昭和初期に非常な不景気に陥った．特に東北の農村では，農民たちが非常に生活に困っていました．石川啄木の歌の中に「百姓は大方酒をや

めしという．もっと困らば何をやめるらむ」という一首があります．彼は社会主義者ですから，そう詠んでいますね．当時，プロレタリア歌人の中には「たった1年の作外れでも，19年育て上げたる娘売るのか」と詠んだ人もいます．凶作の年には家族が生きるために娼婦として娘を売ることも広く行われたんですね．そういう民衆の悲惨な状況の中にあって，これではいかん，日本を改革しなくちゃいかんという考えで決起したのが若い将校たちでした．典型的な事件は二・二六事件，昭和11年のことです．

　青年将校たちが部下の兵隊たちを動員して，その当時の首相，天皇の侍従長，それから陸軍の高官などを襲った一種のクーデター未遂事件ですね．彼らは天皇の側近の政治が悪い，三井，三菱をはじめとする財閥がよろしくないと考えて，それらを打倒して，天皇のもとに社会主義的な政治経済体制をつくらなければならない，と思い込んだようですね．彼らは同志を募って一種のクーデターを敢行したのですけれども，その当時，青年将校たちが自らつくった「昭和維新」というスローガンがあります．天皇の周辺にいる重臣たちを一掃して，天皇のもとに一君万民の天皇親政体制を確立して日本を活性化させようともくろんだのです．

　当時，私などの世代の者はよく知っていますけれども，青年将校自身がつくった「昭和維新の歌」というのがある．我々の世代の耳にまだ残っています．非常にはやりました．「汨羅の淵に波騒ぎ，祁山の雲は乱れ飛ぶ，混濁の世に我立てば，義憤に燃えて涙わく．権門上におごれども，国を憂うる誠なく，財閥富を誇れども，社稷を思う心なし」——こういう歌です．

　初めの「汨羅の淵に波騒ぎ，祁山の雲は乱れ飛ぶ」は中国の故事を引用しているので，ちょっと難しいでしょうが，わかりやすいのは後の部分です．「権門上におごれども」——貴族階級が社会の上層で栄耀栄華を極めているけれども，「国を憂うる誠なく」，国家というものを真剣に考えていない．「財閥富を誇れども」——三井，三菱，住友といったような財閥は富を誇っているけれども，「社稷」，——これは社会ですね．社会のことを思う心がないと歎いているのです．これらを打倒し，日本を立ち直らせるには武力クー

デターあるのみと青年将校たちは思い込んで，首相とか重臣を襲ったのです．これは失敗するんですけれども，日本はその後，青年将校たちが考えたような天皇制を強固に守って，そのもとでの八紘一宇とか，あるいは大東亜共栄圏といったような，ちょっとイタリア・ドイツの「古代ローマ帝国の復活」，「大ドイツ国家の建設」と似たような構想で大陸や東南アジアに進出するわけですね．中国や韓国がこれを「侵略」と言っていることはご承知のとおりです．

ついでに言っておきますと，日本はこの前の戦争を大東亜戦争と呼ぶことに決めていました．ところが，戦後，大東亜戦争というと，何かイデオロギー的な大東亜解放とか，大東亜共栄圏だとかというふうなニュアンスがするという意味でその言葉は使ったらいけないとアメリカが命じまして，それから太平洋戦争ということになった．ただ，太平洋戦争では，例えばビルマにおける戦い，インドネシアでの戦争というものが含まれない感じになりますね．ビルマは太平洋じゃない．戦闘はインド洋でも行われた．イギリスでは極東戦争と言っている．連合軍の日本占領は昔のことになったのですから，大東亜戦争という言い方もあるということを少なくとも知っておく必要はあるでしょうね．

戦後，東南アジアの諸国が独立したということも事実ですね．日本は戦争でアジアの人たちに大きな迷惑を与えましたが，東南アジアと東アジアとでは，迷惑の質が少し違っています．朝鮮とか中国のように自ら独立の国家を持っていた国の人たちは，日本によって国家としての尊厳を傷つけられたし，被支配の屈辱をなめました．しかし東南アジアにはアジア人の独立国がなく，日本が戦った相手はイギリス，アメリカ，オランダ，フランスなどです．戦場になったということは多大な迷惑でした．けれど200年300年の長きにわたって植民地支配していた列強を日本が追い払ったことで，東南アジアの国々は独立の機運を得たのです．もちろんその独立は，結局日本が負けたから，つまり，日本が新しい支配者にならなかったから可能だったわけですから，日本の手柄のようにいうことはできません．しかし，東アジアと東南ア

ジアでは，あの戦争に対する人々の見方が違うということも，知っておいてよいでしょう．

　非常に大きなテーマなのでくわしく説明することができませんでしたけれども，20世紀にこういう波瀾の一時期があったということは，よく知っておいてください．

◆参考文献

　　都留重人『マルクス』（中央公論社，1982年）
　　倉持俊一『レーニン』（中央公論社，1980年）
　　マルクス・エンゲルス，大内兵衛・向坂逸郎訳『共産党宣言』（岩波文庫，1946年）
　　アラン・バロック，大西尹明訳『アドルフ・ヒトラー』Ⅰ・Ⅱ（みすず書房，1958〜1960年）
　　Stephen White, *Soviet Communism : Programme and Rules* (Routledge, 1989)
　　Vadim Medish, *The Soviet Union* (Prentice Hall, 1991)

# 21世紀はアジアの世紀か

渡邉昭夫

　20世紀の歴史において，アジアないしアジア太平洋が占める位置はどんなものであるのか．あるいは逆にアジア太平洋の諸国民にとって20世紀というのはどういう時代であったのか，そういう話をしたいと思います．

　最近，アジアブームというんでしょうか，日本だけでなくて，国際的にもアジアに注目が集まっています．卑近な理由は，非常にダイナミックな経済成長を遂げていて，世界経済全体が必ずしも芳しくないときに，ここだけは光が当たっているようだからでしょう．これが国際経済全体を引っ張る機関車みたいな役割をするのではないかといったような期待があり，例えば日本の企業の人々なども，アジアに注目して，熱いまなざしを注いでいるという，そういうことが背景にあると思います．というわけで例えば，みなさんが本屋へ行くと，アジアの本を並べてあるコーナーがあって，たくさんの本が並んでいると思います．これはわりと新しい現象ですね．「アジア太平洋」という言い方と「アジア」というのでは多少違うニュアンスが出てくるんですが，それは後のほうで触れることにして，とりあえずはアジアということに絞って話をしていきたい．

## アジアとは何か

　まずアジアとはそもそも何かということですね．これは非常に漠然としていて，アジアという言葉自体ヨーロッパに起源があって，古代のギリシャ語とか，ラテン語とか，そういうところに語源があるようです．ヨーロッパ文

明の淵源をたどると，古代ギリシャ，ローマというところに行きつくわけですけれども，あの辺に住んでいる人たちから見て東のほうですね，地中海の東のほうを漠然と指してアジアというふうに言っていたようであります．

　もう一つよく似た言葉で「オリエント」という言葉がありますね．オリエントとオクシデントというのが対になっていると思いますが，オリエントとは東の方向という意味ですね．もう少し言うと，東かどうかは別として，方向という意味になる．初心者たちにどっちへ行ったらいいかという方向，案内をするというのがオリエンテーションですね．だから意味としてはアジアとオリエントというのは似ているわけで，現に最近でもアジア研究というようなときにオリエンタル・スタディーズなんて言ったりすることもあるわけです．要するに古代のギリシャ人とか，あるいはもう少し後の時代のローマ人とかが地中海の東のほうに自分たちとは違う文明があるということで，その辺を指してアジアというふうに呼んでいた．一番彼らにとって身近なアジア，オリエントというのはエジプト，それから今日ではイランという名前になっていますが，ペルシアといったようなものであるわけで，アジアとはそういうエジプトを含む東方の世界を最初は指していたと思うんですね．

　今日，小アジア（Asia minor）という言葉が英語で残っていて，トルコですね，あの辺のあたりを指していて，トルコというのはヨーロッパとアジアとが接するところで，アジア的なものとヨーロッパ的なものがあそこで接しているという見方があると思います．そこからだんだん「東のほう」へ広がってきまして，インド，さらにその向こうにある中国というようなものまで含むようになります．日本や中国は彼らから見ると，一番東のほうにあるというのでファーイースト，極東というような言い方がされるわけですけれども，つまり，漠然と東のほうに何か別の世界があるという認識から始まって，だんだん彼らの認識が，地図がはっきりしてくるにつれて，さらにもっと向こうのほうに何かある，そのまた向こうのほうに何かあるというふうになって，アジアと呼ばれる対象が広がっていくわけですね．

　アフリカという世界は，ヨーロッパ人にとってはかなり早くから知られて

いた世界のようでありますし、やがて大西洋を越えて今日の南北アメリカというものの存在がヨーロッパ人にわかってくるわけですが、このアフリカとアメリカを差し引いた残りというようなものを、全体としてアジアと呼ぶというわけで、そういう意味で「消去法としてのアジア」とでも言えるでしょう。ヨーロッパ人から見て、ヨーロッパとアフリカと、アメリカを除いた「その他」というような漠然としたものとしてアジアというのがある。そんな感じだったと思います。

　大事なことは、古代ギリシャ人にとってアジアというのは未知の世界なんですけれども、必ずしも自分たちよりも劣った文明であるとか、劣った人々だという見方はないわけです。例えば、少し話が先へ行ってしまいますが、有名なマルコ・ポーロの『東方見聞録』というのがありますけれども、彼が描いた東方の世界、これは13世紀の後半ぐらいのことですが、東方というのは自分たちと非常に違う世界だという感じはあっても、何か価値的に劣ったものだという見方はそこにはない。

　やがてそれが逆転する。そして、後で言うように、ヨーロッパ人から見て、アジアというのは非常におくれた世界だという見方が生まれる。そういう逆転がいつ起こったかということについておもしろい話があって、「2人のベーコン」と呼んでおきましょう。互いに血族関係はないんですが、両方ともイギリスの学者兼政治家でその意味でよく似ている。最初のベーコンはロジャー・ベーコンという人であって、この人が活躍したのは13世紀の後半と言っていいと思います。もう1人は、それから3世紀ちょっとあとのフランシス・ベーコンという人で、この人は16世紀の終わりから17世紀の初めにかけて活躍した知識人であり、かつ非常に深く政治にかかわった人であります。この2人のベーコンのアジア、あるいは東方というものについての見方が対照的であるということで、この3世紀の間に何かが変わったことを予想させるわけです。

　最初のロジャー・ベーコンという人は、この時代の学者はみんなそうですけれども、数学から天文学から、今の化学の先祖になった錬金術というのが

ありますが，それから光工学，諸言語学まで，非常に幅の広い教養をもった人でした．特にここで注目するのは，東洋の言語ですね．彼らから見て東方の言語について並々ならぬ関心を示した人であって，スペインとか中東について深く勉強をしました．

なぜスペインが出てくるかというと，今日のイベリア半島あたりはイスラムの影響が延びてあの辺を支配下においていた時代ですね．そこでイベリア半島からアフリカの地中海沿岸そして今日のアラブの世界まで，ここが当時イスラム圏ですけれども，そういうイスラムの世界から知識を得る手段として東洋の言語に彼は関心を持ったわけです．彼の言い方からすると，「知識は東方にあり」ということで，当時は，ヨーロッパは非常におくれているわけで，進んだ知識をイスラムの世界から，東方から獲得したいという，こういう態度が彼にははっきりと見えているわけであります．

さっき言ったマルコ・ポーロというのはまさにこの時代の人ですね．1271年にモンゴルのジンギスカンの子孫であるフビライ・ハンが今日の北京に国を建てて元という国をつくりますが，それから4年後の1275年にマルコ・ポーロが元の首都である大都というところに来てフビライに仕えたというのが史実として残っています．まさにそういう時代に生きたイギリスの知識人のロジャー・ベーコンの見方は，その今いったようなものであった．

他方，16世紀の後半から17世紀の初めにかけて活躍したフランシス・ベーコンはどうか．この人はよく近代経験科学の祖だと言われるぐらいに重要な役割を果たした人物で，有名な「知は力なり」という言葉を残しました．このベーコンになりますと，先ほどのロジャー・ベーコンとは違って，東方の世界に対する畏敬とか，そこから学ばなければならないものがあるという見方は全くないわけですね．もう既にイギリスを含めたヨーロッパが知識の最先端である，こういう意識があって，外の世界から学ぶものはほとんどないという態度がはっきりしている．こちらのベーコンが生きた時代はイスラム世界の没落期であって，それにかわってヨーロッパが興隆していくという，こういう時代であった．

ということで，13世紀においては，ヨーロッパはいわば辺境であり，むしろイスラム世界を含んだ東のほうが文明においても進んでいるということであったのが，どういうわけか——これは大変難しい問題で，そこまで入っていく余裕はいまはありませんが——17世紀になりますと，それが逆転してしまうわけです．それ以後今日までまだ残っている見方，つまり進んだヨーロッパに対して，おくれたアジア，停滞のアジアというふうな見方ができていくということになります．

　例えば，有名な経済学者のアダム・スミスという人がいて，この人は1723年から1790年まで生きたということですから，彼が活躍した時代は，18世紀後半と言っていいでしょう．彼のアジアについての見方は，工業化の進んだヨーロッパと，それに対して農業社会の段階をいつまでも抜け出すことができないアジアというものでした．やがてヨーロッパで，アダム・スミスの言葉にあるように，工業化，産業化の最先端を行くイギリスその他のヨーロッパというものを軸にして，それが次第に世界的な規模で市場を広げていく．最近の学者の言い方をかりると，資本主義的な**世界システム**がつくられていくということになりますね．

　別の言葉でいうと，ヨーロッパによる非ヨーロッパ社会の植民地化ということになるわけであって，そういう大きな波が次第に地球の隅々まで広がっていって，彼らから見ると一番東の端，極東の日本にまで及んでくるということになる．その物語の最後にくるのがよく知られた「ペリーの黒船」であるということになります．

　幕末から明治時代によく使われた言葉でいうと，西のほうの力が東のほうにだんだんとやってくる．「西力東漸」というような言葉が使われるわけで

---

**キーワード**

**世界システム**：マルクス主義的な観点から国際関係のあり方を世界資本主義の経済的帰結と見立てる考え方．主として先進国からなる「中心」と発展途上国等の「周辺」の間にある搾取—従属の関係を重視する．

す。そして我々東アジアの人間は、「西欧の衝撃」（ウエスタン・インパクト）にさらされるということになります。

## 福沢諭吉と岡倉天心

こういうところから日本の近代化が始まるわけでありますが、ここで福沢諭吉と岡倉天心の名前を挙げておきましょう。福沢諭吉の『文明論之概略』というのは1875年に書かれたものでありますけれども、手に入りやすい新しい文庫版がありますから関心があれば見てください。

福沢諭吉という人は、「文明開化」、簡単に言えば、西欧の文明ですね——西欧、もしくは欧米というふうに言ってもいいかもしれませんが——西欧の文明をモデルにして開化を進めていくというのが明治日本のスローガンになったわけですけれども、そのいわばチャンピオンみたいな人として普通考えられている人です。この『文明論之概略』は、そういう文明開化のバイブルみたいな位置にある書物だと言ってもいいわけですけれども、これを読むと非常によくわかるのは、彼は、単に西欧に心酔しているわけじゃなくて、当時の日本の知識人としては、当然と言えば当然なんですけれども、熱烈なるナショナリスト、愛国者であるとさえ言えるわけです。西欧文明というものの重圧に屈してつぶされないようにするためにどうするか。日本がそのような圧倒的な西欧文明、優越した西欧文明の影響のもとでどうやって政治的な独立を維持していけるのか。そのためには、我々は進んだ西欧文明というものを積極的に取り入れなければいけない、というのが彼の立場ですね。

そういう西欧文明を取り入れるということに対する感情的な反発というの

―― キーワード ――

**西欧の衝撃**：西欧列強の世界進出によって、アジアなどの非西欧圏の既存秩序に政治、経済、社会、軍事、思想等の広範な領域で揺らぎが生じたこと。阿片戦争での清国の敗北やペリーの来航は日本に大きな影響を与えた。

が非常に強い時代の空気の中で，それに対して，それではいけないという議論をしているわけですが，そこで，非常におもしろいのは福沢の頭にある，文明，半開，未開（ないし野蛮）という図式です．ここでいう文明というのは，言うまでもなく西欧文明であって，その西欧文明をモデルにして，歴史は一直線に進歩していくものだと，こういうことですね．欧米社会は，進歩の階段の上のほうにいるわけですね．一番下のほうにおくれた野蛮，あるいは未開というふうな言葉で表現できるものがある．文明対野蛮という，こういう軸で考えているわけであります．実際に野蛮という言葉が使われていますけれども，場合によっては，これを未開という言葉で言いかえてある．その真ん中に半開がある．彼の認識によると，日本はようやくこの半開のあたりにいるのであって，より進んだ西欧に追いつかなければいけない．こういう図式で議論しているわけです．

　その場合に，『文明論之概略』を読めばよくわかるように，このような文明化のための重要なテーマは工業化である，産業化である，こういうふうに言っているわけであります．その背後にあるのは大変な危機感です．もしこのことに成功しなければ，今，我々が周りのアジア諸国で起こっていることとして目撃しているように，進んだ西欧諸国によって植民地化されていく．そういう運命から逃れて自分たちが政治的な独立を全うするためには何が何でも文明開化をやらなきゃいけないんだ．こういう非常に鋭い危機意識の中でこの本が書かれているわけであります．これが1875年ですから，今から120年余り前の話ですね．やがて日本は日清戦争というものを経験することになるんですが，これが1894～95年ですから，それに先立つこと20年ということで，非常に早い時期の議論であります．

　次の岡倉天心になりますと，これは今言った日清戦争で日本が勝利をおさめ，そして，1904～05年に今度はヨーロッパの大国の一つだと考えられていたロシアとの戦争に入っていくという時期であります．岡倉天心のこの本は『日本の目覚め』というタイトルですが，もともとはニューヨークで英語で出された本で，それを別の人が日本語に直したものです．岡倉天心は「ア

ジアは一つ」という有名なキャッチフレーズでよく知られた人ですけれども，それは別の本で言っていることです．

この『日本の目覚め』という書物を見ると，最初に「アジアの夜」という章があります．これは古風な日本語なので，このまま読んだのではちょっとわかりにくいかもしれないんですが，大体感じがつかめると思うので，少しだけ引用してみましょう．

「日本の急速な発展は，外国の観察者にとっては幾分のなぞであった．日本は，花と（この場合，花というのは桜の花を意味しているんでしょうね）鋼鉄艦の国，勇壮義烈と優美な茶碗の国（茶碗というのはセラミックですね），新旧両世界の薄明に，古雅な陰影の錯綜する無限郷である」．この辺は一寸難しいが，先へ行きましょう．

「最近に至るまで西洋は決して日本のことをまじめに考えたことはなかった．今日に及んで，我々が諸国民の間に治邦栄耀と努力して達成した成功が，多くの人々の目にはキリスト教国に対する脅威と見えるということはおかしいことである」．

我々日本人は，先ほど言ったような，福沢諭吉の言っているような考え方にのっとって一生懸命努力してここまで来た．それを「多くの人々の目」というのは，欧米人の目ですが，彼らの目には日本の成功がキリスト教国に対する脅威であると見えるということはまことにおかしいことである，と岡倉は言っているわけです．

「不可思議の存するところに真実らしくないものはない．誇張は想像が未知に対して払う礼儀である」．この辺は少し意味がとりにくいが先へ行くと，「新日本に対して，世界は十把一からげの非難を浴びせ，何というばからしい称賛を惜しげもなく与えたことか」．要するに片一方では，十把一からげにして非難をする．片一方では非常に歯の浮くような形で称賛する，こういう極端な反応を彼は批判している．「我々は近代的進歩の寵児であると同時に，恐ろしい異教民族の復活，黄禍の権化である」．こういう書き出しになっています．

これは，ちょっと先走っていうと，ここで言っている日本を一般的なアジアという言葉に置きかえると，今日のアジアと欧米との間でそれと似たことが起こっていますね．20世紀の初めに彼が描いている日本の姿がそういうものです．

　先へ進む前にもう一つ言っておかなければいけないのは，日本はこのようにして長い間アジアを包んでいた真っ暗やみの中から，そして彼によると，日本がその中でも一番真っ暗なところだった．それは鎖国時代の日本をさしているわけですね．その暗やみの中から日本がひとり目覚めて立ち現われてきた．しかし，周りのアジア諸国を見ると，すべてまだやみの中にいる．まわりがまだ真っ暗なやみの中で日本だけが明るいところにいるということを見なければ，我々が立っているところを十分に理解することができないのだ，こういうふうに言っているわけですね．

　例えば「アジアの夜は我が国を閉ざして，その不可思議なひだの間に一切の自発性を包んでいた．知的活動も社会的進歩も無感覚の空気の中に窒息するに至った．宗教はただ傷つける霊の苦しみを和らげるのみで，これを治療することはできなかった．我々の重荷の重圧は，我々が明るみへと脱出してきたその背後のその暗い背景の知識なくしては決して了解できないのである」，こういうとらえ方を天心はしているわけですね．

　要するにアジアは真っ暗なやみである．その中からひとり日本が抜け出してここまで来た．我々が抜け出してきたやみの深さと広さについての認識がなければ，日本がどういう問題を抱えて，それを解決してここまで来たかということがわからないだろう，こう言っている．これが20世紀の初めに岡倉天心という一日本人が見た日本とアジアでの姿であったわけです．

　ところが，20世紀の終わりの今日，まさにそのアジアがやみから抜け出して，明るいところへと到達しつつある．それに対して，欧米諸国の中には，そのこと自体が脅威である，西欧文明にとっての脅威であるという見方をする人がいないわけではない，こういう時代になってきている．それを思って岡倉の議論をふりかえると感慨を禁じ得ないのです．

## アジアの停滞と発展

　そこで，もう少し先に行きますが，今の岡倉天心の見方，あるいは福沢諭吉が暗に言っているように，進んだヨーロッパ，光の当たったヨーロッパと真っ暗なやみに閉ざされたアジアという，こういう対置の仕方ですね．先ほども述べたように，実はそのような見方が古代以来ずっとあったわけではない．ある時期まではヨーロッパがむしろおくれていて，イスラム世界を含めた東の世界の文明のほうがより豊かなものだと考えられていた時期があった．それが13世紀から16世紀ぐらいの間に逆転する．16世紀，17世紀以来のヨーロッパが，先ほど言った岡倉天心的な言い方をすると，「やみの中から一番先に抜け出した」ということになる．明るみに出たヨーロッパから見たアジアというのは真っ暗やみである，こういう見方が次第にでき上がっていくわけです．

　そういう見方はやがて，カール・ヴィットフォーゲルというドイツの学者の東洋史に対する理論，これは1930年代に書かれた本ですけれども，この人はマルクス主義者であって，マルクス主義的な手法に従って東洋社会というのを描いた書物なんです．なぜここにこれを挙げたかというと，「アジア的専制」と「アジア的停滞」というふうな観念が彼によって確立したからです．

　私などが学生のころにはやったヴィットフォーゲル流の見方からすると，アジアとは停滞の代名詞である．そしてそれは「アジア的専制」と非常に深いかかわりがあるということで，例えばインドとか中国とかいう社会がそのように描き出されていた．そういう見方が支配的であったわけであって，今日のように，むしろ世界の中で世界経済を引っ張っていくダイナミックなアジアというイメージとは全く違うわけです．今から50年，60年前のアジアは岡倉天心が言うように，まだやみの中に閉ざされていたわけですけれども，それから50年，60年たってみると，世界から注目されるアジアになってい

るわけです．

　もう一つここで言っておくと，こういうアジア的な専制，アジア的な停滞というやみの中にアジア全体がすっぽり包まれているんだが，その中で岡倉天心の言うように，日本だけがひとり飛び出しているということについて，そういう日本とそのほかのアジアという枠の中で考えると，日本は「進歩の世界」である．それに対して「停滞したアジア」があるという見方になってくるわけで，アジアという場合に何を意味したか．それは時によって違いますが，主として中国ということを念頭に置いていいだろうと思います．進んだ日本，そしておくれたアジア，なかんずく中国，こういう図式が我々日本人の頭の中にでき上がってくるわけであります．

　これは別の言葉でいうと「近代化」というテーマに関係するわけです．ちょっとわき道に入りますが，さっき福沢諭吉の言葉の使い方として，文明があり，その対極に野蛮ないし未開があって，途中に半開があると言いましたね．西欧的なモデルに従って文明を目指して開化していくのが「文明開化」だというふうに言ったわけですけれども，これと非常に似たような言葉を現在我々は使っているわけです．開化というのは何か．英語にすると development ということになる．この言葉はこのごろよく聞くでしょう．一方に developed countries（先進国）があって，他方に developing countries（途上国）があるというわけです．

　つまり，明治初期の「開化」というのは，いまの「開発」という言葉に置きかえることができる．そして，そういう開発という尺度でもって，より進んだ先進国とおくれた諸国があり，先進国に追いついていこうとしているいろいろな段階の開発途上の国がある．こういう図式で今日いろいろな物事が語られていると思うんですね．いわゆる北と南，南北問題，こういう格差を

―― キーワード ――

近代化：経済における産業化や資本主義化，政治における民主化や国民国家化，社会における個人主義化や核家族化や大衆化，文化における合理化や西洋化などを意味する．

どう縮めるかという問題として語られているわけで，どうやってこのおくれた南の世界がこの進歩＝発展階段を上がっていくかという話としていろいろなことがらが議論されていると思いますが，これは福沢の議論と非常によく似ていますね．

今日の開発経済論，あるいは開発理論というものの議論の仕方から見ると，福沢の議論には素朴なところがあるかもしれないけれども，基本的には同じ問題を実は120年前の福沢が『文明論之概略』の中で取り上げているんだということになります．そのときに彼は，もちろん日本の問題として考えていたわけだけれども，それがその後，より広くより大きな規模で，世界的な規模でこの問題が論じられるようになったのが今日の世界だと言うことができるだろうと思います．

そこで，その「近代化」のレースの上で，アジアの中で最先端を進んできた日本という姿で日本の近代史を見ることができますが，その近代化のドラマが展開される舞台としてのアジアの20世紀とはどういう時代であったのか．これについては，私は別のところで論じているので，詳しい話はそちらを読んでいただければいいと思いますが，ごく大まかな話だけをしておきますと，この1世紀間を一つのドラマが展開された舞台として見たときに，第1幕と第2幕という二つの対照的なテーマがあるように思うわけです．特に日本とアジアとのかかわり方に注目した場合に対照的です．

その第1幕は，1895年から1945年までの50年です．1895年というのは，日清戦争というアジアでの最初の本格的な近代的な戦争があった年ですが，それ以来の50年というのは，日本は戦争をテーマとするアジアのドラマの主役として振る舞ってきた．

ところが，1945年から，便宜上95年で話を切ることにしますが，そうすると，その後半の50年の第2幕は第1幕と非常に対照的な姿を示している．日本は，アジアのドラマの第2幕では，経済に専念してきたということが言える．ここで戦前は「戦争」の時代であり，戦後は「平和」の時代であると単純に言っていいかどうかは問題かもしれないが，なぜ戦前はアジアのドラ

表1　ポイントフォア計画の主要点

(トルーマン大統領，1949年1月)

- 1939年度の国民1人当たりの所得100ドル以下を underdevelop d areas（後進，未開発，低開発地域）と定義する
- ラテンアメリカ，アジア，アフリカの28カ国がそれに入る．その人口（共産圏を除く）は10億7,500万人（1949年の世界人口総数の45%）で，所得は計800億ドル
- 先進国の所得（アメリカが2,500万ドル，西ヨーロッパが計1,400億〜1,500億ドル）

出所：大来佐武郎・原覚天『アジア経済と日本』（岩波書店，1955年），pp. 23-4.

マの主題が戦争であり，戦後の第2幕では経済であったかということをとりあえずここで念頭に置いてください．

　ここで，私が言うところの第2幕，1945年から1995年までの20世紀後半の話に入っていきたい．先ほどからの議論の続きでいうと，一体いつアジアに夜明けが来たのだろうかという話になります．最近の50年を見ても，実はアジアが非常に明るい陽の当たったところだと見られるようになったのは，「オンリーイエスタディ」だと言ってもいいかもしれません．前もって断っておくと，別に突然何か奇跡が起こってそうなったのではなくて，もちろん長い歴史の積み重ねの結果として今日の姿があるわけだけれども，少なくともそういうイメージというか，アジアについてのそのような見方が一般化するというのは，ほんとうに最近のことだということです．

　例えば，大来佐武郎という人の名前を聞いたことがあるでしょう．ある意味で戦後日本の，特に経済開発というような問題について語る場合の代表的な人物で数年前に亡くなられた人ですけれども，この人がまだ若いころの1955年に出した『アジア経済と日本』という本があります．この本の中でハリー・トルーマン米大統領のポイントフォアのことが紹介されていて，そ

---

**キーワード**

ポイントフォア計画：トルーマン政権が打ち出した低開発地域一般を対象とする経済開発や公衆衛生面での技術協力計画．援助額は「マーシャル・プラン」等よりも小さかったが，人道的側面が強調された．

表2　1人当たりの所得の地域別比較（1949年）

| | | |
|---|---|---|
| 先進諸国 | アメリカ | 1,453ドル |
| | ヨーロッパ | 473 |
| 後進地域 | 南米 | 152 |
| | アフリカ | 118 |
| | 中東 | 89 |
| | 南アジア | 55 |
| | 東南アジア* | 30 |

注：国際開発諮問委員会がトルーマン大統領に提出した報告による（1951年3月）.
　＊ 東南アジアは韓国，台湾，フィリピン，インドネシア，インドシナ，タイ，マレイ，ボルネオを含む.
出所：表1と同じ.

表3　各国別1人当たり国民所得
（単位：米ドル）

| 国＼年 | 1949 | 1995 |
|---|---|---|
| 米国 | 1,453 | 24,376 |
| 日本 | 100 | 32,496 |
| タイ | 36 | (94) 1,875 |
| フィリピン | 44 | (94) 859 |
| インドネシア | 30 | 797 |
| パキスタン | 51 | (94) 383 |
| 中国 | 27 | (92) 335 |
| インド | 57 | (94) 290 |
| マレーシア | NA | (92) 2,935 |
| セイロン | 67 | (92) 517 |
| 韓国 | NA | 9,084 |

注：タイ（94）などとあるのは1994年の数字であることを示す.
出所：1949年の数字は表1，表2と同じ. 1995年の数字は『世界の統計』1997年版（総理府統計局），p. 87.

の中に underdeveloped areas などという言葉がでてきます．ポイントフォア計画というのは，後々語られるようになるいわゆる「開発援助」を初めて政策的なテーマとして打ち出したものですが，1948年の大統領選挙で当選したトルーマンが，1949年1月の就任演説で打ち出したこの計画の主な点は表1にあるとおりです．

なぜアメリカがこの問題を持ち出したかというと，いわゆる東西対立がきびしくなりつつあって，ソ連とアメリカとが張り合うわけですが，その競争の一環として開発途上国に対してアメリカ，あるいはアメリカを中心とした西側の先進国が，開発を援助するための計画として出てきたんですね．

このポイントフォア計画のもとになった報告書を見ると，当時の日本やアジアの経済発展の様子がわかります（表2）．各国別にその頃と最近の数字とを比較したのが表3です．

この表をみると先ほど言ったアジアのドラマの第1幕の終り，あるいは第2幕が始まったばかりのころのアジアは「文明開化」の一番低いところにいる．依然として真っ暗やみの中だということなりますが，その中で一番ましな日本がやっ

と100です.

　それと最近（いわば第2幕の終りごろ）の状況とを比べてみるとさっきの順序が大きく変わっていることがわかります．多分，皆さん方のイメージでいうと，東南アジア，ましてや北東アジアはかなり上のほうであって，インドとかパキスタン，バングラデシュというのはずっと下のほうにいるだろうから，南アジアのほうが東南アジアよりも，あるいは東アジアよりも高いというのは，多分，奇異に思うだろうと思うんですね．当時の数字を信用すると，そうなのですね．それがこの何十年の間にひっくり返るわけです．

## アジアと東西冷戦

　ここで，話をもとへ戻したいと思いますが，アジアのドラマの第1幕が始まったばかりの，1940年代の終わりごろのアジア，なかんずく我々にとって一番近い東アジアは，一番貧しい国々であったということが言える．こういう「後進国」問題は，もちろんアジアだけの問題ではなくて，もっと広い問題ですけれども，とりあえず我々の主題のアジアについてだけ話を進めていくと，そういう「停滞のアジア」を一体救うのはだれなのか，これらの国々を暗いやみから明るみへ引き出すのはだれかということが問題になる．あるいはそういう努力において，西の自由陣営と東の社会主義陣営のどちらの側がより有益な役割を果たすことができるかがいわゆる冷戦の大きなテーマでした．モスクワを中心とする社会主義というものこそがこのような暗やみの中からおくれた国々を引き上げる力だという見方と，それに対して，いや，アメリカを中心にした資本主義的な世界こそがそうだという論争，これが冷戦の一つの側面であったということになります．

　このようにして「開発」が世界政治の大きなテーマとして浮かび上がってくるわけです．例えば，グンナー・ミュルダールという人の『*Asian Drama*』という本がある．これは1968年に出た大きな本です．先ほどから何遍か使っている『アジアのドラマ』という言い方は，実はこのミュルダー

ルという人の本のタイトルからヒントを得ているのですけれども，ミュルダールがこの本の中で論じているのは，先ほど言った停滞，あるいはやみの中に閉じ込められているアジアという問題なんです．ただ，彼が主として議論の対象としているのは，南アジアなんですが．

　ミュルダールをここで引き合いに出したのは，今日いう開発という問題が初めて国際的な大きな問題として意識されるようになったのは，実はつい昨日のことだと言ってることに皆さんの注意を向けたいからです．それは第二次大戦後のことにすぎない．なぜそうなったかという幾つかの理由を彼は挙げていますが，その中で重要な理由は次の二つです．

　一つは，多くのアジア諸国がようやく独立をかち取ったということです．自分たちが自分たちの主人公になったという政治的な独立，いわゆる脱植民地化を達成した．それまでの長い間ほとんどのアジア諸国は欧米の植民地という存在であった．日本が深くかかわったアジア太平洋戦争がアジアの脱植民地化を刺激する上での一つの大きなきっかけになったわけですけれども，その戦争が終わった後，アジアの国が次々に独立をしていく．そうして独立したアジアの国々が解決しなければいけない問題として，まさに120年前に福沢諭吉が言ったのと同じ問題が浮かび上がってきた．政治的に形の上では独立したが，これに実質的な意味を与えて，ほんとうの意味で独立を全うするために解決しなければいけないのはこの問題だということで，初めて「開発」ということがアジア人自身のテーマとして意識されるようになった．これが一つの大きな背景です．

　もう一つは，さっきトルーマンのところで話をしたように，そういう課題を抱えた多くのアジア諸国に対して有益な支援をする力があるのは，アメリカを代表とする西側の世界なのか，ソ連を代表とする東側の世界なのかという，いわば冷戦のゲームの焦点になったということがあるわけです．冷戦が終わって勝負がついたという今日の雰囲気からすると，答えはわかりきっているということになるかもしれないが，先ほどから議論しているような第二次大戦後の最初の20年，30年ぐらいの時期を見ると，特にはじめの間は西

側世界はかなり分が悪かったんですね．いろいろな理由で，むしろ社会主義の東側から吹いてくる風のほうが強いのではないかという感じがあったわけです．「東風は西風を圧する」という中国の毛沢東の有名な言葉があります．新興アジアの開発のための一番いい処方箋を示すことができるのは，社会主義であるという考え方が非常に魅力的に見えた時期があったわけです．

東側が有利であったもう一つの理由は，こういう新興国の多くは，西側資本主義諸国の植民地であったわけですから，非常に悪いイメージを西側の欧米諸国に対してもっていました．それに対して東側のほうは手が汚れていない．

そこで，ドミノ理論ということが言われた．つまり一つの国，例えばベトナムが，東側に入ってしまえば，その次，その次というふうにばたばたばたとみんな社会主義のほうになだれ込んでいくかもしれない．それを食いとめるためには，何としてもベトナムが社会主義化しないように頑張らなきゃいけないというので，ベトナム戦争へアメリカが介入するということになるわけです．

というわけで，ベトナム戦争のころまでは，ドミノ理論ということがよく言われたのであって，その背景にあるのは，東と西のどちら側が，アジアの途上国が抱えている「開発」という問題を解決するためによりよい処方箋を示すことができるのかという戦いであって，その戦いで，むしろ東側が有利であるというふうに見られていたわけです．もちろん，中国が社会主義の陣営に入ったということがその中でも非常に大きな要因になるわけです．

それから何年たったことになるのでしょうか．いつをもって冷戦が終わったのかは一口には言いにくいけれども，1980年代のどこかで終わったというふうに言うことができると思います．少なくとも1991年のソ連の解体というところまで来れば，そう言って間違いがない．そうすると，いわゆる冷戦の終焉というのは，先ほどからの話との関連でいうと，東西の競争の中で，結局は資本主義，市場経済が勝ったのだということを意味していることになる．ところが，ここで話が終わらないのであって，東西冷戦は終わったかも

しれないが，南北問題は残っているではないか．確かにそうです．

## アジアと南北問題

　南北問題の見方からすると，先ほど私は，一番低いところから出発してだんだん上がっていく階段として「開発」のプロセスを描いたけれども，実際はこの階段はそう簡単には上がれない．低いところにいるものはさらにどんどん下へ下がっていくし，上の方にいるものはさらに上へと上がっていく．その結果南北の格差は広がるばかりで，このギャップはついに埋めることはできないのではないかという見方があります．

　こういう議論をする人の中には，「中心」と「周辺」というような議論をする人がいます．資本主義的な世界システムというのは，「中心」が「周辺」を収奪してますます太っていく．そして「周辺」はますますやせ衰えていく，こういう構造だというわけです．もしこのとおりだとすると，先ほど言ったように，福沢諭吉的なシナリオで，「文明開化」の努力によってこの階段を上っていくということができないわけであって，ますます上下の距離が開いていくということになる．このような見方が比較的最近まではかなり有力であったわけですけれども，そこへ出てきたのがアジアのめざましい成功物語です．

　厳密に言うと，これはアジアだけに限った話ではないわけで，NIES という言葉を聞いたことがあるかもしれませんが，これは newly industrializing economies のことであって，例えばブラジルだとか，アルゼンチンだとか，そういうラテン・アメリカの中にも幾つかのケースがあるということになっているんですが，なかんずく注目されているのが ANIES，アジアの NIES と言われているものであります．

　実際見てみると，先ほど数字で挙げたように，アジア NIES と呼ばれるのは，エズラ・ヴォーゲルというアメリカの学者が「アジアの四つの小さな竜」と表現したように，香港，シンガポール，台湾，韓国の四つの勢いのよ

い経済がまずこの階段をぐっと上がってきた．次は ASEAN 諸国が急速に発展の階段を上り出す．そして，さらにその後に，中国，ベトナム，ミャンマー，そしてさらにインドにまでそういう波が及んでいくかもしれない．

そうなってくると，かつてドミノだと言われたのとは打ってかわって，アジアは世界経済を引っ張る動力，ダイナモであるということになり，アジア諸国について熱っぽく語られるようになってくる．1994 年に出たアメリカのジョン・ブレスナンという人の本のタイトルを借りていえば，「ドミノからダイナモへ」というように，アジアについての見方がここで大きく変わってくる．

このことが持つ意味は非常に大きいのであって，先ほど紹介した南北の格差は越えることができない溝だという見方に対して，いやいやそうではない．アジア諸国が示した成功によって，今までやみの中にあった周辺諸国の中から陽の当たるところへとはい上がってくる，そういう国が現にあると，いうふうに見られるようになってきたわけです．

しかし，それはあまりにも楽観的な見方ではないかという批判があるかもしれない．アジアで起こっているこういう現象をよく雁行形態という言葉で言い表わします．これは日本の学者が言い出したことなんですけれども，flying geese，雁が飛んでいくときの形を借りて，先頭の雁に続いて次の雁が舞い上がり，さらにその次というふうにして全部が次々に上がっていくというわけですね．先頭の日本に続いて，次に経済成長を始めた NIES があり，そしてさらに東南アジア諸国があり，さらにそれに続いて云々というふうに，一国の経済発展が次々に周りへ波及していくという形で全体のレベルが上がっていく，こういうイメージでアジアの経済発展がとらえられている．

こうしてみなが，「開発」の階段をだんだん上がっていく．そのとき，日本なら日本だけがひとり上がっていくんじゃなくて，それにつれてその周りが連動しながら全体が上がっていくんだということを雁行形態型の発展というわけです．

これを「東アジアの奇跡」と呼ぶ人もあるわけですが，開発という問題が，

21 世紀はアジアの世紀か——● 249

世界の多くの国々では必ずしもうまくいっていない中で，何故か知らないけれども，アジアではうまくいっているように思える．ひょっとするとこのアジア的なやり方が，例えば，今では一番真っ暗やみの中にあるアフリカの開発にも適用できるかもしれない，そういう見方が今生まれつつあるわけですね．もしそうだとすれば，これは明るい未来ですね．その意味で「21世紀はアジアの世紀である」という言い方があるいはできるかもしれない．

## アジアの将来

最後に，二，三のことをつけ加えておきたいわけですが，渡辺利夫という，私の兄弟みたいな名前をお持ちの経済学者がいますが，この人が1985年に書いた『成長のアジア・停滞のアジア』という本があります．ここで「成長のアジア」というのは，先ほど言ったANIESのことです．韓国，台湾，香港，シンガポールといったような経済が日本に次いで上がってきている．しかし，他方に「停滞のアジア」があり，インド，パキスタン，あるいはバングラデシュなどがそれに当たる．ここでは事態はむしろ悪くなりつつある．なぜならば，近代化の成果のある部分だけが取り入れられて，例えば衛生条件がよくなる，その結果死亡率が減って人口がどんどん増える．口の数が増えるけれども，一方で，それを養うだけのものを生産する能力は一向に伸びない．したがって，1人頭で計算する限り，ここではますます悲惨な状態に陥っていく．このようにアジアと一口に言っても成長のアジアと停滞のアジアとがある．

その中間にある東南アジアはどうかと言えば，ここでは一つの国の中で成長の部分と停滞の部分とが混在していて非常に複雑な状況である．このような見方は当時少し明るくアジアを描き過ぎていると言われたぐらいだけれども，しかし，それから10年ぐらいするとこれでもむしろひかえ目過ぎたぐらいで，東南アジア諸国も今ではこの成長のアジアにすっぽり入っているというふうに見られるようになった．しかし，ここで渡辺利夫さんが言ってい

る問題というのは今日でも完全になくなっているわけではないわけであって，成長の面と同時に，停滞という非常に複雑な様相をアジアは抱えていると思います．

『Foreign Affairs』のポール・クルーグマンというアメリカの経済学者の論文では，アジア諸国が近年急速な成長を示しているのは事実だが，しかし，この成長のカーブをそのままずっと先に延ばして将来を語ることができるか．それはできないと言っている．その議論の詳細は省きますけれども，いわゆる「収穫逓減の法則」というのが働いて，だんだんカーブはゆるやかになっていくのだと言っています．つまり目の前の趨勢を延長する仕方で将来のことを語ることの危険について言っているわけです．私もそのとおりだろうと思います．

ここでクルーグマンが言っている非常におもしろい例があります．かつてこれと同じような議論をしたことがあった．それはソ連を中心とした社会主義経済が非常に速いスピードで伸びていく時期があった．1950年代から60年代の初めぐらいにかけてです．そのころ多くの西側世界の人たちは，これは脅威だ，ソ連が追いついて，我々を追い越すかもしれない，という恐怖感におそわれたことがある．しかし，現実はそうならなくて，ソ連経済は破綻した．今のアジアをかつてのソ連と同じように言うことはもちろんできないけれども，今の急速な右肩上がりのカーブがそのまま続くというふうに想定するのは間違いだと彼は言っているわけですね．それは確かにそうだと思う．

それにしても，そのクルーグマンでさえ認めているように，次の10年，あるいは20年は，今起こっているアジアの急速な成長のトレンドが続くだろう．そうすると，例えば中国が今のようなスピードでこれから10年，15年伸びていくとすると，そのころの世界は大変なものになる．アジア全体，特に東アジアの経済の成長が，これから10年ないし20年続くとすると，世界の富の，あるいは経済の重心が大きくシフトするということは間違いない．それにつれて，政治的な力関係の上でもアジアの力が増すのは間違いないだろうと思います．これがそのまま21世紀の終わりまで続くとは考えにくい

けれども、しかし、それでもアジアを舞台として非常に大きな変化が今後に待ち受けているということは間違いがないでしょう.

もう一つ最後に、サミュエル・ハンチントンという人が『文明の衝突』という本を書いて有名になった. そこでハンチントンが言っている「文明」というのは、先ほど言った福沢諭吉的な一本道の文明ではないんですね. そうではなくて、西欧文明というものがあり、それとは違った価値観に支えられたアジアの文明がある. それが今までは力がなかったが先ほどから言っているような経済発展を基礎にして自己主張を始めるようになるとすると、例えば西欧文明とアジア文明という二つの異質の文明間の衝突というものがこれから前面に出てくるだろうと、こう言っているわけですね.

そういう見方からすると、岡倉天心がかつて日本の近代化の成功がキリスト教文明国に対する脅威であるというふうに見られるのは心外であると言ったのと似たような問題が、より大きなスケールで、アジア全体について言われるような時代になった. 欧米全体がそのようなアジア観で固まっているとは言いません. しかし、下手をすると、ハンチントンが言っているように、「文明の衝突」という非常に望ましくないドラマが21世紀のドラマになるかもしれないのです. そうなって一番困るのは、日本です. だから、日本人としては、いまアジアの経済が伸びつつあるということをもって単純に安心してはいけないということになるわけです.

◆付言

1997年夏ごろからタイ、インドネシア、韓国などで経済危機が生じ、アジア経済にはさまざまな新しい問題が表面化した. 1999年末の現在でもまだ完全にはアジア経済は回復したとはいえないが、この講演で扱っている20世紀全体を

---

**キーワード**

文明の衝突：冷戦後には米ソのイデオロギー対立に代わり、西欧、イスラム、儒教などいくつかの文明の間の確執や対立が国際関係の焦点になるという考え方. 日本はそれ自体がひとつの文明圏であるとされる.

見渡したときの大きな変化の舞台としてのアジアという論点は依然生きていると思う．

◆参考文献
　　福沢諭吉『文明論之概略』（岩波文庫，1995 年）
　　岡倉覚三『日本の目覚め』（岩波文庫，1963 年）
　　渡辺利夫『アジア新潮流』（中公新書，1990 年）
　　渡邊昭夫『アジア・太平洋の国際関係と日本』（東京大学出版会，1992 年）
　　天児慧「アジアの 21 世紀—歴史的転換の位相」（紀伊國屋書店，1998 年）
　　田中直毅『アジアの時代』（東洋経済新報社，1996 年）

◆索　引◆

ABM（弾道弾迎撃ミサイル）　48-9
APEC（アジア太平洋経済協力会議）
　　151, 153-4, 156-7, 161-2
ARF（ASEAN地域フォーラム）　151,
　　153-4, 156
ASEAN　150, 154, 156-7, 249
ASEM（アジア欧州会合）　157
BMD/TMD（ミサイル防衛）　53, 160,
　　162
CEPS（半数必中界）　55
CSCE（全欧安全保障協力会議）　148-9
CTBT（包括的核実験禁止条約）　53,
　　152
EU（欧州連合）　vi, 181-97
FSX（次期支援戦闘機）　33
GATT/WTO（世界貿易機関）　33, 38,
　　91, 144-5, 150, 153, 162, 185
IMF（国際通貨基金）　38
INF（中距離核戦力）　23, 50
KEDO（朝鮮半島エネルギー開発機構）
　　150, 156, 158
MAD（相互確証破壊）　37, 48, 50, 57
MFN（最恵国待遇）　143, 150
NATO（北大西洋条約機構）　36-7, 51,
　　148, 161-2, 189, 193, 196
NGO　70-1, 75-7, 84-5, 112
NIES（新興工業国）　103-5, 108, 184,
　　248-9
NPT（核不拡散条約）　53, 152, 158
OSCE（全ヨーロッパ安全保障協力機構）
　　193
RMA（軍事における革命）　58
SALT I（第1次戦略兵器制限交渉）
　　48-9
SDI（戦略防衛構想）　49-50
START（戦略兵器削減条約）　50, 52

WEU（西欧連合）　193-4

ア　行

アイゲン，P.　83-5
アイケンベリー，J.　36, 38
（国家・地域の）アイデンティティ　iv,
　　154, 156-7, 173-4, 184
アジアの通貨危機　142, 145, 181
アジアの開発独裁　142-3
アジアの停滞　240-1, 245, 250
芦田均　30
アナーキー　26-7, 40, 149-50, 212
アメリカ独立宣言　165
石川真澄　20
イーデン，R.A.　212
稲山嘉寛　132
猪木正道　40
インド　4
インド・パキスタン問題　3, 9-10, 51,
　　175
ヴィットフォーゲル，K.　240
ウェストファリア体制　69
ヴェルサイユ会議条約　204, 212, 225
ヴォーゲル，E.　248
ウォーターゲート事件　87, 94-5
エリツィン　190, 224-5
エルガ・オムネス　64
エンゲルス　107, 216-7
円借款　132
欧州委員会　191-2
欧州議会　191-2
大来佐武郎　243
大平正芳　132
岡倉天心　236-7, 239-41, 252
岡崎嘉平太　132

## カ 行

海外腐敗行為防止法（米）　86-9, 91-2
華僑　130-2
核実験　3
核抑止　iv, 45-6, 51-2, 54
カストロ　168
カーター, J.　51
環境問題　iv, 39, 64, 80, 106, 111-2, 118, 195
雁行形態　249
キッシンジャー, H.　28, 46
キプロス内紛　79
旧ユーゴスラビア問題　31, 35, 66, 7, 78, 80, 175, 195-6
共産主義　v-vi, 33, 38, 107, 124, 129, 166-7, 216-26
協調的安全保障　148-9, 154, 163
ギルピン, R.　33
クーデター　13
クラウゼヴィッツ, K. von　56
グラッドストーン, W.E.　202
クリントン　143
クルーグマン, P.　251
グローバリゼーション　vi, 37, 111, 123-4, 126, 130, 140-1, 143-5, 184, 187-8
クーン, T.S.　16, 18
軍拡競争　v, 12-3, 47, 50, 55
経済特別区　130-1, 144
啓蒙主義　165, 172, 176
ケインズ　170
血液循環論　15
ケネディ, P.　31-2, 47
江沢民　127, 129, 138
郷鎮企業　135-6
国益　19, 42, 64, 173, 183, 205
国際人権規約　69-70, 74-5
国際人道法　66
国際連合　iv, 26, 63, 66, 68-9, 71, 74-5, 77-80, 100, 114, 152-3, 158
　国連人権委員会　68, 75

国連平和維持活動　79-80, 158, 196
国際連盟　iv, 25, 213-4
コ・バインディング　36-7
コミンテルン　219-21
コモンズの悲劇　116-8
コール　189
ゴルバチョフ　23, 50-1, 131, 168, 224
コンゴ動乱　79-80
コンストラクティヴィズム　154

## サ 行

阪中友久　34
産業革命　100, 110, 115, 216
三国協商　29, 205
三国同盟　205
サンフランシスコ講和条約　30
シェリング, T.　47
失業問題　106, 169-72, 187-9
シベリア出兵　221
市民社会　103, 109-13
社会主義　v-vi, 106-7, 110, 124-5, 127, 130-4, 139, 141, 164-180, 206, 210, 213, 221-5, 228, 245, 247, 251
社会民主主義　164, 169, 171-2, 179, 185-9, 218-9
朱鎔基　138
周恩来　126, 128
「柔軟反応」戦略　47
周辺事態　36
シュミット, H.　51
シュレーダー　189
ジョスパン　189
人権問題　iv, 64, 68-9, 71, 74, 76, 80-1, 84, 112, 143, 147, 160, 162, 195
人口問題　iv, 103, 113-9
人種隔離政策（アパルトヘイト）　74-5
新防衛大綱　36
信頼醸成　149, 157
スターリン　44-5, 166-8, 173
　——批判　168
スハルト　142

スプートニク 167
スミス, A. 104, 235
脆弱性の窓 48
聖戦 42
政府なき統治 150
世界人権宣言 68
セキュリティ・ジレンマ 27, 160
戦争犯罪 65-6
戦略的パートナーシップ 159, 161
相互依存 37, 148, 162, 183
ソマリア紛争 67, 78-9
ソ連の崩壊 v, 23-4, 28-9, 50, 57, 105, 124, 168, 170-1, 180, 224
孫子 58

## タ 行

第一次世界大戦 iv, vi, 25, 30, 56, 201-14, 225-6
第二次世界大戦 iv-vi, 14, 24-6, 59, 101, 115, 167, 171, 173, 196, 201-14, 221, 246-7
大躍進政策 127-8
大量報復戦略 46, 48, 57
ダーウィン 209
田中角栄 86
ダレス, J. F. 46, 57, 141
地域統合 iv, vi
チェチェン問題 175
チェルノブイリ原発事故 50
チェンバレン, N. 212-4
チトー 168
チャーチル 35, 38, 212
朝鮮戦争 46, 80
帝国主義 206
テイラー, A.J.P. 210
鉄のカーテン 35
天安門事件 28-9, 32, 140-3
電脳戦争（サイバーウォー） 58-9
ドイツ統一 23, 28
鄧小平 vi, 125-30, 133, 139, 141-3
『東方見聞録』 233

ド・ゴール 44, 184
ドミノ理論 248
トランスパレンシー・インターナショナル 84-92, 99
トルーマン, H. 46, 243, 246
トレーバー=ローパー, H.R. 210-1
トロツキー 167, 173
ドロール 189

## ナ 行

内部統制システム 92-8
永井陽之助 31, 40
ナガサキ 43, 45, 54
中根千枝 18
南巡講話 140
南北問題 vi, 241, 248
ニクソン 48, 94-5
ニーチェ 209
日英同盟 29-30
日米安全保障（同盟） 30, 36-7, 87, 148, 163
日米安保共同宣言 161
日米防衛協力のガイドライン 36, 160, 162
ニッツェ, P. 51
二・二六事件 228
日本の軍国主義 179, 222, 227-30
『日本の目覚め』 237-8
ニュー・ディール政策 170-1
『ノーと言える中国』 143
『ノーと言える日本』 143

## ハ 行

ハイチ紛争 67, 78
ハーヴィー, W. 15-7, 20-1
パキスタン 4
ハーツ, J. 28
パックス・ブリタニカ 203
ハーディン, G. 116
パラダイムシフト 16
反証可能性 17-21

ハンチントン, S.P.　34-6, 252
比較優位論　105
東アジア経済協議体（EAEC）構想　157
東アジアの奇跡　249
東ティモール問題　78-9, 175
ビクトリア女王　202
ヒトラー　204, 210-2, 214, 222, 226-7
ヒムラー　227
ヒロシマ（広島）　43, 45, 54-6
貧困問題　100-13
ファシズム　216, 225-8
ファローズ, J.　32
福沢諭吉　236, 238, 240-2, 246, 248, 252
フクヤマ, F.　24, 44
パリ不戦条約　25
ブッシュ, G.　23
ブッシュ, V.　45
フランス革命　42, 165
ブル, H.　40
フルシチョフ　168, 221, 223
ブレア　186, 189, 194
ブレジネフ　166, 173, 223
ブローディ, B.　43, 45-6
文化大革命　125-7, 129-30
文明の衝突　34, 196, 252
『文明論之概略』　236-7, 242
ベーコン, F.　233-4
ベーコン, R.　233-4
ベトナム戦争　46, 247
ヘラクレイトス　60
ペレストロイカ　131, 168, 173, 224
ポイントフォア計画　243-4
保護貿易主義　107-8
ポパー, K.R.　18, 21
ホールステッター, A.　46

## マ 行

マクナマラ, R.　51, 57
マージン・オブ・セイフティ　27
マッカーサー　46

マハティール　142
マルクス　106-7, 167, 171-3, 178, 205-6, 209-10, 216-9, 240
マルコス　83, 88, 142-3
マルコ・ポーロ　233-4
ミアシャイマー, J.J.　31, 33
見えざる手　104
ミッテラン　171, 189
ミュルダール, K.G.　245-6
ミュンヘン会議　46, 207, 213
民主主義・民主化　v, 5, 13, 15, 38, 113, 123, 140-2, 145, 166, 168, 190-1
民族紛争　iii-iv, 66-7, 175
ムッソリーニ　225-6
村上陽一郎　15
毛沢東　vi, 44-5, 124-30, 168, 247
モーゲンソー, H.J.　26-8
モブツ, J.D.　83, 88, 95-6

## ヤ 行

ユス・コーゲンス　65
ユーロ　185-8
吉田茂　30
四つの近代化　125-6
ヨーロッパ協調　201-4, 208, 213-4

## ラ 行

ラカトッシュ, I.　18, 21
リアリズム　iv, 10-11, 19, 24, 26, 28-31, 36, 40, 51, 54,
リカルド, D.　105
リップマン, W.　31
リップマン・ギャップ　31
リベラリズム　iv, 10-11, 24, 26, 29, 40, 185
リーベルマン論争　170
（データの）理論負荷性　14-5
ルイセンコ学説　178
ルクセンブルグ, R.　167
ルーズベルト, F.　38, 170
ルワンダ紛争　67, 78

冷戦　iv-v, 23-44, 50-1, 57, 60, 66-7, 124, 141, 147-9, 159-60, 172, 175, 184, 189, 201, 245-7
レーガン　50
歴史認識問題　132, 147, 179
レーニン　106, 167, 206, 218-21, 225
レバノン紛争　79-80
ロイド-ジョージ　207

ロシア革命　v, 30, 42, 165, 219-21, 225
ロッキード事件　86, 89

## ワ　行

『我が闘争』　211-2
渡辺利夫　250
湾岸戦争・イラク危機　35-6, 59, 78, 80, 185, 195

執筆者略歴（執筆順，＊は編者）

河野勝（こうの・まさる）＊
　1962 年生まれ．スタンフォード大学大学院博士課程修了．Ph. D.（政治学）
　青山学院大学国際政治経済学部助教授（日本政治論）．
　主な業績：*Japan's Postwar Party Politics*（Princeton University Press, 1997）．

土山實男（つちやま・じつお）
　1950 年生まれ．青山学院大学卒．メリーランド州立大学大学院博士課程修了．Ph. D.（政治学）
　青山学院大学国際政治経済学部教授（国際政治学・安全保障論）．
　主な業績：『冷戦後の日米関係』（共著，NTT 出版，1997 年），『日米同盟 Q ＆ A 100』（共編，亜紀書房，1998 年），『グローバル・ガヴァナンス』（共編，東京大学出版会，近刊）．

伊藤憲一（いとう・けんいち）
　1938 年生まれ．一橋大学法学部卒．
　青山学院大学国際政治経済学部教授（国際政治学）．
　主な業績：『「二つの衝撃」と日本』（PHP 研究所，1991 年），『超近代の衝撃——21 世紀世界の力と論理』（東洋経済新報社，1995 年）．

柘山堯司（つげやま・たかし）
　1941 年生まれ．青山学院大学大学院法学部公法研究科博士課程単位取得退学．
　青山学院大学国際政治経済学部教授（国際法）．
　主な業績：『PKO 法理論序説』（北樹出版，1995 年），『現代アメリカの経済政策と外交政策』（共著，三省堂，1999 年）．

マキロイ　ロバート
　1954 年米国生まれ．ハーヴァード大学法律大学院博士課程修了．J.D.
　青山学院大学国際政治経済学部教授（国際経済法）．
　主な業績：「Evergreening のカラクリを暴く」『諸君 !』1999 年 1 月号，*The Business Guide to Japan*（共著，Reed Academic Publishing Asia, 1997）．

太田宏（おおた・ひろし）
　1953 年生まれ．コロンビア大学大学院博士課程修了．Ph. D.（政治学）
　青山学院大学国際政治経済学部教授（国際機構論）．
　主な業績：『環境と開発の国際政治』（共著，南窓社，1999 年），『グローバル・ガヴァナンス』（共著，東京大学出版会，近刊）．

天児慧（あまこ・さとし）＊
　1947 年生まれ．一橋大学大学院博士課程修了．社会学博士．
　青山学院大学国際政治経済学部教授（現代中国論）．
　主な業績：『鄧小平』（岩波書店，1996 年），『中華人民共和国史』（岩波新書，1999 年）．

菊池努（きくち・つとむ）
　1953 年生まれ．一橋大学大学院博士課程修了．法学博士．
　青山学院大学国際政治経済学部教授（国際政治経済論・アジア太平洋地域研究）．
　主な業績：『APEC——アジア太平洋新秩序の模索』（日本国際問題研究所，1995 年），*Asia-Pacific Crossroads*（共著，St. Martin's Press, 1998）．

袴田茂樹（はかまだ・しげき）
　　1944 年生まれ．東京大学大学院社会学研究科博士課程単位取得退学．
　　青山学院大学国際政治経済学部教授（現代ロシア論）．
　　主な業績：『深層の社会主義——ソ連，東欧，中国　こころの探訪』（筑摩書房，1987 年，サントリー学芸賞受賞），『文化のリアリティ——日本・ロシア知識人　深層の精神世界』（筑摩書房，1995 年）．

押村高（おしむら・たかし）＊
　　1956 年生まれ．早稲田大学大学院博士課程修了．政治学博士．
　　青山学院大学国際政治経済学部教授（国際関係思想史・欧州地域研究）．
　　主な業績：『モンテスキューの政治理論——自由の歴史的位相』（早稲田大学出版部，1996 年），『EU—21 世紀の政治課題』（共著，勁草書房，1999 年）

池田清（いけだ・きよし）
　　1925 年生まれ．海軍兵学校卒．東京大学大学院修了．
　　青山学院大学国際政治経済学部教授（外交史）を経て 2000 年退職．
　　主な業績：J・ジョル『ヨーロッパ 100 年史』I・II（訳，みすず書房，1975・76 年），『海軍と日本』（中公新書，1981 年）．

木村明生（きむら・あきお）
　　1925 年生まれ．京都大学文学部卒．
　　青山学院大学国際政治経済学部教授（ロシア政治論・比較文化論）．
　　主な業績：『新生ロシア　混迷から再生へ』（時事通信社，1994 年），『ロシア・ソ連・ロシア——断絶と継承の軌跡』（彩流社，2000 年）．

渡邉昭夫（わたなべ・あきお）
　　1932 年生まれ．オーストラリア国立大学高等研究所国際関係学科修了．Ph. D.（国際関係学）
　　青山学院大学国際政治経済学部教授（国際関係論）．
　　主な業績：『アジア・太平洋の国際関係と日本』（東京大学出版会，1992 年），『大国日本の揺らぎ』（中央公論新社，2000 年）．

アクセス　国際関係論

2000年4月15日　第1刷発行
定価（本体2500円＋税）

編　者　　天　　児　　　　慧
　　　　　押　　村　　　　高
　　　　　河　　野　　　　勝

発行者　　栗　原　哲　也

発行所　　株式会社　日本経済評論社
〒101-0051　東京都千代田区神田神保町3-2
電話03-3230-1661　FAX 03-3265-2993
http://www.nikkeihyo.co.jp
振替 00130-3-157198

装丁・遠藤直樹　　　シナノ印刷・山本製本

落丁本・乱丁本はお取替えいたします　Printed in Japan
© S. Amako, T. Oshimura, M. Kohno et al., 2000
ISBN4-8188-1206-4

R〈日本複写権センター委託出版物〉
本書の全部または一部を無断で複写複製（コピー）することは、著作権法上での例外を除き、禁じられています。本書からの複写を希望される場合は、日本複写権センター（03-3401-2382）にご連絡ください。

| | | |
|---|---|---|
| グローバル時代の歴史社会論<br>近代を超えた国家と社会 | M. オルブロウ著<br>会田彰・佐藤康行訳 | 4300 円 |
| イタリア共産党を変えた男<br>ピエトロ・イングラオ伝 | P. イングラオ著<br>後房雄訳 | 2400 円 |
| 現代ヨーロッパの社会民主主義<br>自己改革と政権党への道 | D. サスーン<br>細井雅夫・富山栄子訳 | 2500 円 |
| サステナブル・デモクラシー | A. プシェヴォルスキ編<br>内山秀夫訳 | 2800 円 |
| 政治的なるものの再興 | C. ムフ著<br>千葉眞ほか訳 | 2800 円 |
| 普遍主義対共同体主義 | D. ラスマッセン著<br>菊池・山口・有賀訳 | 2900 円 |
| 政治と政治学のあいだ | 内山秀夫著 | 2800 円 |
| 現代フランスの権力エリート | D. ビルンボーム著<br>田口富久治監訳 | 3500 円 |
| 民主主義理論と社会主義 | F. カニンガム著<br>中谷義和・重森臣広訳 | 6300 円 |

表示価格は本体価格（税別）です